人生

正能量

Positive Energy of Life

中国致公出版社
China Zhigong Press

图书在版编目（CIP）数据

人生正能量 / 严正言编. -- 北京：中国致公出版社，2016

ISBN 978-7-5145-0998-4

Ⅰ. ①人… Ⅱ. ①严… Ⅲ. ①国有煤炭企业—企业文化—中国 ②国有煤炭企业—政治工作—中国 Ⅳ. ①F426.21 ②D412.62

中国版本图书馆 CIP 数据核字（2016）第 257170 号

人生正能量

严正言　编

责任编辑：宋修华
责任印制：岳　珍

出版发行：	中国致公出版社
地　　址：	北京市朝阳区八里庄西里 100 号住邦 2000 商务中心 1 号楼东区 15 层
邮　　编：	100025
电　　话：	010-85869872（发行部）
经　　销：	全国新华书店
印　　刷：	北京温林源印刷有限公司
开　　本：	787mm×1092mm　1/16
印　　张：	17.5
字　　数：	260 千字
版　　次：	2017 年 1 月第 1 版　2017 年 1 月第 1 次印刷
定　　价：	47.00 元

版权所有，未经书面许可，不得转载、复制、翻印，违者必究。

编委会主任

张玉卓

编委会副主任

凌 文　韩建国

编委会成员

李 东　王金力　卞宝驰　孙文健　解建宁　王永成　张子飞　王树民
张继明　黄 清　张克慧　谢友泉　肖创英

总编审

凌 文

编 审

张光钊　顾大钊　翟日成　王少玉　陈广水　黄耀文　吕志韧　郝建鑫
张宝成　马 军　毛 迅　赵永峰　刘志江　王兴中　梁仕普　丁 涛
黄 冰　周大宇　江建武　李国忠　刘 翔　李太连　冯 宁　高斌义
申 林　刘小奇　许山成　薛 丽　孟 坚　邵俊杰　张子荣　罗梅健
周文泽　秦 泰　刘 涛　车建明　孟繁明　郝精明　卢先福　李俊伟
杨永红

编 撰

树立正确的价值观：李永生　丁郡瑜　纪 伦　张 巍　李 冬　李德泉
　　　　　　　　　姬树水　刘志强　卞恩林　薛二龙　高 宁　余永洲
　　　　　　　　　于守水　张 迪　张小兵
树立正确的人生观：郭 青　李浩荣　樊建平　薛春峰　凌 达　张熙霖
　　　　　　　　　郭建华　杨志军　郝 华　周 贞　姬树水　邬 南
　　　　　　　　　刘艳领
树立正确的事业观：焦海涛　李浩荣　丁郡瑜　纪 伦　王天堃　王 澜
　　　　　　　　　樊德久　郑锐锋　凌 达　张 渊　张熙霖　王有勇
　　　　　　　　　姬树水　周世林
树立正确的家庭观：李浩荣　王海腾　丁郡瑜　于志永　纪 伦　朱建华
　　　　　　　　　王有勇　欧阳羿　张 迪　姬树水　杨太林　姜 凯
　　　　　　　　　郭建华
树立正确的世界观：丁郡瑜　李浩荣　姜茂林　焦海涛　凌 达　于志永
　　　　　　　　　张熙霖　王秀国　王有勇　孙 妍　张苏阳　姬树水
　　　　　　　　　崔维山

序 一

搞好国有企业，解决好思想问题、理论问题非常重要。近年来党中央所倡导的树立社会主义核心价值观，开展的群众路线教育实践活动、"三严三实"、"两学一做"等专题教育，无一不是在针对不同群体进行各层面的思想道德和文化教育。特别是习近平总书记在庆祝中国共产党成立95周年大会上强调，不忘初心、继续前进，坚持中国特色社会主义道路自信、理论自信、制度自信、文化自信，推进中华民族伟大复兴。这四个自信是解决当前党内外各界人士思想认识问题的关键，也是用中国理论解决中国社会问题的有效途径。

神华集团作为中央企业，在国民经济发展中承担着重要任务，在弘扬优秀文化和社会正义方面肩负着义不容辞的责任。针对当前企业乃至社会上存在的种种问题，我们组织编撰了《人生正能量》一书，从树立正确的价值观、人生观、事业观、家庭观、世界观等五个方面进行系统的阐述，作为国有企业文化建设和职工思想建设的一种探索。本书各个专题开篇首先摘录了习近平总书记关于思想道德建设的最新要求，而后选编了大量在群众中广为流传的格言警句，既有民间积淀的传统智慧，又有鲜明的时代特点；既有理想信念的谆谆劝诫，又有为人处世的行为指南；既有工作事业的方式方法，也有平常生活的智慧技巧。在内容上不失为解决思想认识的有益教材。书中没有空泛的大道理，更多的是短小精悍的格言警句，能启迪思维，促人思考，实用性强，在形式上也做到了简洁新颖。

希望广大职工通过对这本书的学习，结合"两学一做"学习教育，进一步增强教育的针对性和有效性，使党员领导干部成为"对党忠诚、个人干净、敢于担当"的党的好干部，使普通党员成为"讲政治有信念、讲规矩有纪律、讲道德有品行、讲奉献有作为"的"四讲四有"合格党员，进而带动全体职工及家属践行社会主义核心价值观，听党的话，跟党走，树立起正确的价值观、人生观、事业观、家庭观、世界观，切实解决好社会及企业发展中的一些实际问题。我相信，只要大家都重视思想文化建设，行动起来，企业就能在健康持续发展的道路上走得更远，发展得更好！

2016年10月1日

张玉卓，博士，中国工程院院士，美国工程院外籍院士，神华集团有限责任公司党组书记、董事长。曾任神华集团有限责任公司总经理、中国神华煤制油化工公司董事长和中国煤炭科学研究总院院长。国家能源专家委员会成员、中国煤炭学会副理事长、中国能源研究会副理事长、中国科协清洁能源学会联合体副理事长兼学术技术委员会主任委员和国际能源署（IEA）煤炭咨询委员会（CIAB）执委。长期从事能源领域的研究与产业化工作，在新型煤化工等领域取得多项科技成果和发明专利，直接组织领导了煤直接液化、煤制烯烃及碳捕获与封存（CCS）等国家示范工程建设并均已成功投入运行。

序 二

神华集团的张玉卓同志找到我，征求对他们编撰的《人生正能量》书稿的意见，我院组织有关人员对其草稿进行了审读。神华集团结合党的群众路线教育实践活动、"三严三实"专题教育、"两学一做"和习近平总书记在庆祝中国共产党成立95周年大会上讲话的精神，联系实际，编撰出了有针对性的、有国有企业特色的教育材料，内容丰富，形式新颖。

内容符合中国特色社会主义理论体系要求，方向正确。编写的"树立正确的价值观、人生观、事业观、家庭观、世界观"五方面内容开篇摘录习近平总书记的相关论述，作为每名职工为之努力的基本方向和根本要求。本书内容丰富，形式创新，编撰者们精心搜集整理的各方面资料，多以短小精悍、富有哲理、深入浅出、容易记忆的格言呈现出来，对党的群众路线教育实践活动和"三严三实"专题教育进行了更加通俗的诠释，具有较强的可读性，是对党员和职工教育的创新和有益探索。

对本书的不妥之处，我们进行了修改及完善，相信通过对该书的学习宣传，会进一步增强广大干部职工对国有企业的制度自信和道路自信，真正听党的话，跟党走，在国有企业的改革发展中，发挥越来越重要的作用。

邓纯东

2016年10月1日

邓纯东，中国社会科学院马克思主义研究院党委书记、院长，研究员。

前　言

近年来，在家庭、企业乃至社会，有时会听到一些这样的议论：住的楼越来越高，但工作生活的情绪越来越低落；走的路越来越宽，但眼光更加狭隘；接触的知识越来越多，但判断力变差；财富不断增加，人的价值却在减少；收入年年提高，道德却在堕落；社会服务越来越完善，家庭破碎却越来越多。而且还时常看到一些不良现象：一是各类因诈骗、经济纠纷、贩毒吸毒、拐卖儿童、医患纠纷等导致的刑事案件增多，同时，不想活而制造事端者也时有出现。二是编造散布谎言，蛊惑人心，聚众闹事现象时有发生。三是公开或隐蔽的环境污染问题屡见不鲜。四是国企生产安全事故在减少，但社会上无情之水火、交通事故还不断出现。五是发牢骚、散发负能量的人在增多。六是为官不为、有位不为、消极怠工现象仍然不少。七是家庭不稳定因素在增多，表现为对上不赡养老人，对下放松或放弃对孩子的教育，中间则是夫妻不和甚至离婚。八是言行不一、口是心非、不按规矩办事的人，急功近利、想一夜暴富、一鸣惊人的人有增无减。九是近两年巡视国企央企发现有很多发人深省的问题，这些问题在个别党员干部身上有不同程度的存在。

上述问题在历史上曾不同程度地出现过，一些发达国家也曾遇到过类似困境。在我国出现这些问题的原因是多方面的，表面上看有改革开放、市场经济冲击的原因，有新媒体信息传递的原因，有不良风气影响的原因，有违法不究、执法不严的原因等，但根本原因是问题制造者心理失衡导致的。进一步查找，实质是价值观错位、人生观偏离、事业观扭曲、家庭观异化、世界观虚化造成的。

针对这些社会问题，中共中央已提出践行社会主义核心价值观的要求，神华集团党组责成有关人员从中央文件精神到名人大家的哲理语录，从时代精神要求到民间积淀的优秀名言警句中摘编，编写了《人生正能量》(含"树立正确的价值观""树立正确的人生观""树立正确的事业观""树立正确的家庭观""树立正确的世界观"五个部分)一书。从党员教育入手，带动职工及家属践行社会主义核心价值观，倡导先进文化，树立起正确的价值观、人生观、事业观、家庭观、世界观，切实解决好社会及企业发展中的问题，这是企业每个职工的责任，也是全社会每个成员的责任。特别要从中青年抓起，只有大家都重视起来，行动起来，才能实现中华民族的伟大复兴，国家才能兴旺发达，企业才能实现健康持续发展；也只有这样，中华民族的每个成员才能受益，企业的职工才能受益！

  此书历时三年多，先后经过五次修改及完善，特别是邀请原中共中央党校党建教研部主任、现全国党建研究会常务理事、副秘书长卢先福教授，中共中央党校教授、福建省龙岩市挂职副市长李俊伟教授等修改评审。几位专家对本书进行了客观评价，提出了许多宝贵意见。尤其是卢先福教授年近70岁，仍不辞辛苦，一字一句阅读，不仅就观点、表述、语言等细节问题直接进行了修改，还对全书进一步完善提出了许多建议。在百余人撰写修改的基础上，又邀请中国社会科学院马克思主义研究院和全国党建研究会的领导和专家指导修改，现已成稿付梓。希望广大党员和全体职工结合中共中央系列文件精神，联系自身实际，学习研究，消化吸收，使践行社会主义核心价值观成为大家的自觉行动。

目录

序一 ······ 001
序二 ······ 003
前言 ······ 005

树立正确的价值观

一、习近平总书记要求 ······ 003
 （一）核心价值观的重要性 ······ 003
 （二）七一讲话和"两学一做"相关要求 ······ 003
 （三）不同群体践行社会主义核心价值观的要求 ······ 004

二、内涵外延 ······ 015
 （一）价值 ······ 015
 （二）价值观念 ······ 015
 （三）价值裁定 ······ 017
 （四）价值体现 ······ 017
 （五）价值延续 ······ 019

三、行为价值 ······ 020
 （一）行为动机 ······ 020
 （二）行为利益 ······ 022
 （三）行为适度 ······ 025
 （四）自由与法规 ······ 028

（五）追求公平 …………………………………… 031
（六）公与私 ……………………………………… 033
（七）得与失 ……………………………………… 034
（八）对与错 ……………………………………… 038
（九）真与伪 ……………………………………… 040
（十）正与邪 ……………………………………… 041
（十一）好与坏 …………………………………… 042
（十二）优与劣 …………………………………… 044
（十三）明与暗 …………………………………… 046
（十四）创新动力 ………………………………… 046
（十五）说话做事 ………………………………… 051
（十六）成与败 …………………………………… 052
（十七）美与丑 …………………………………… 058
（十八）快乐与仇恨 ……………………………… 059
（十九）幸福与不幸 ……………………………… 062

树立正确的人生观

一、习近平总书记要求 ……………………………… 069
（一）坚定理想信念 ……………………………… 069
（二）加强道德修养 ……………………………… 070
（三）依靠学习走向未来 ………………………… 071
（四）弘扬艰苦奋斗精神 ………………………… 072
（五）七一讲话和"两学一做"相关要求 ………… 073

二、学做人 ······ 075
- （一）人生 ······ 075
- （二）人心 ······ 080
- （三）生活 ······ 084
- （四）辨识 ······ 086
- （五）生命 ······ 086
- （六）变化 ······ 088
- （七）未来 ······ 092

三、树品德 ······ 094
- （一）理想 ······ 094
- （二）道德 ······ 097
- （三）扬善 ······ 099
- （四）廉洁 ······ 103
- （五）谦虚 ······ 106
- （六）宽容 ······ 108
- （七）谨慎 ······ 110
- （八）认真 ······ 110
- （九）自尊 ······ 112

四、要认知 ······ 113
- （一）学习 ······ 113
- （二）智慧 ······ 117
- （三）真理 ······ 118

五、要奋斗 ……………………………… 122
（一）立志 ………………………………… 122
（二）信心 ………………………………… 123
（三）奋斗 ………………………………… 125
（四）磨砺 ………………………………… 125

树立正确的事业观

一、习近平总书记要求 ……………………… 131
（一）树立正确的事业观 ………………… 131
（二）树立正确的权力观 ………………… 132
（三）处理好公与私的关系 ……………… 133
（四）做好"三严三实" …………………… 134
（五）七一讲话和"两学一做"相关要求 …… 135

二、敬业与创业 ……………………………… 137
（一）能力 ………………………………… 137
（二）敬业 ………………………………… 139
（三）有为有位 …………………………… 141

三、选好目标 ………………………………… 143
（一）目标 ………………………………… 143
（二）竞争 ………………………………… 146

（三）道路选择 ………………………………………… 148

四、如何成才 …………………………………………… 155

（一）人才内涵 ………………………………………… 155
（二）人才的类型 ……………………………………… 155
（三）人才与环境 ……………………………………… 156
（四）人才与成长 ……………………………………… 156

五、领导工作 …………………………………………… 158

（一）领导公心 ………………………………………… 158
（二）官德 ……………………………………………… 162
（三）决策 ……………………………………………… 165
（四）领导定位 ………………………………………… 168
（五）选用人 …………………………………………… 174

树立正确的家庭观

一、习近平总书记要求 ………………………………… 181

（一）重视家庭建设 …………………………………… 181
（二）家风和家教 ……………………………………… 181

二、爱情与恋爱 ………………………………………… 183

（一）爱情 ……………………………………………… 183

（二）恋爱 ·· 187
　　（三）男人与女人 ·· 193

三、婚姻与夫妻 ·· 196
　　（一）恋爱与婚姻 ·· 196
　　（二）婚姻 ·· 198
　　（三）夫妻 ·· 203

四、家庭与家教 ·· 209
　　（一）家庭的内涵 ·· 209
　　（二）家庭生活 ·· 211
　　（三）家庭与亲邻 ·· 213
　　（四）家教 ·· 213

树立正确的世界观

一、习近平总书记要求 ······································ 221
　　（一）坚持历史唯物主义世界观和方法论 ······ 221
　　（二）坚持辩证唯物主义世界观和方法论 ······ 222
　　（三）七一讲话和"两学一做"相关要求 ······ 224

二、物质与精神 ·· 225
　　（一）认识世界 ·· 225

（二）时间规律 ································· 229
　　（三）新陈代谢 ································· 230

三、认知社会 ································· 232
　　（一）社会发展 ································· 232
　　（二）环境变化 ································· 235
　　（三）命运转化 ································· 240
　　（四）机遇得失 ································· 242
　　（五）珍惜舞台 ································· 245

四、人际关系 ································· 247
　　（一）交往 ······································· 247
　　（二）为人 ······································· 253
　　（三）辩论 ······································· 257

参考书目 ··· 260

人 生 正 能 量
Positive Energy of Life

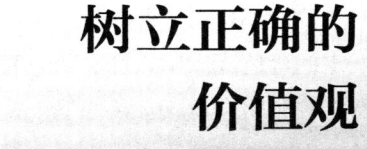

树立正确的
价值观

价值观是认定事物、辨别是非的一种思维或取向，从而体现出"人、事、物"一定的价值或作用。价值观一般有三个特点：一是相对的稳定性和持久性。在特定的时间、地点、条件下，人们的价值观总是相对稳定和持久的。比如，对某种人或事物的好坏总有一个看法和评价，在条件不变的情况下这种看法不会改变。二是具有历史性与选择性。在不同时代、不同社会生活环境中形成的价值观是不同的。一个人的价值观是从出生开始，在家庭和社会的影响下，逐步形成的。一个人所处的社会生产方式及其所处的经济地位，对其价值观的形成有决定性的影响。三是具有主观性。用以区分好与坏的标准，是根据个人内心的尺度进行衡量和评价的。

价值观对人们自身行为的定向和调节起着非常重要的作用。价值观决定人的自我认识，它直接影响和决定一个人的理想、信念、生活目标和追求方向的性质。在大变革的社会中，价值观趋向于多元和复杂，虽然在某种意义上说，价值观的改变是困难的、缓慢的，但这更需要用一种先进的观念去教育和引导社会，逐渐摒弃错误观念，共同营造积极向上的价值观念，为实现"中国梦"集聚正能量。

一、习近平总书记要求

（一）核心价值观的重要性

2014年5月4日，习近平总书记在北京大学师生座谈会上系统阐述了核心价值观的内涵、重要性以及如何培育和践行社会主义核心价值观。他说：

> 对一个民族、一个国家来说，最持久、最深层的力量是全社会共同认可的核心价值观。核心价值观，承载着一个民族、一个国家的精神追求，体现着一个社会评判是非曲直的价值标准。核心价值观，其实就是一种德，既是个人的德，也是一种大德，就是国家的德、社会的德。国无德不兴，人无德不立。
>
> 如果一个民族、一个国家没有共同的核心价值观，莫衷一是，行无依归，那这个民族、这个国家就无法前进。我国是一个有着13亿多人口、56个民族的大国，确立反映全国各族人民共同认同的价值观"最大公约数"，使全体人民同心同德、团结奋进，关乎国家前途命运，关乎人民幸福安康，要把培育和弘扬社会主义核心价值观作为凝魂聚气、强基固本的基础工程。（《人民日报》2014年5月5日）

2014年2月25日，习近平总书记在中央政治局第十三次集体学习时指出：

> 核心价值观是文化软实力的灵魂、文化软实力建设的重点。这是决定文化性质和方向的最深层次要素。一个国家的文化软实力，从根本上说，取决于其核心价值观的生命力、凝聚力、感召力。
>
> 培育和弘扬核心价值观，有效整合社会意识，是社会系统得以正常运转、社会秩序得以有效维护的重要途径，也是国家治理体系和治理能力的重要方面。（《人民日报》2014年2月26日）

（二）七一讲话和"两学一做"相关要求

2016年7月1日，习近平总书记在中国共产党成立95周年大会上发表

重要讲话，同时结合"两学一做"教育实践活动，对价值观相关内容提出新的要求：

> 核心价值观在一定社会的文化中是起中轴作用的，是决定文化性质和方向的最深层次要素，是一个国家的重要稳定器。文化是民族生存和发展的重要力量。人类社会每一次跃进，人类文明每一次升华，无不伴随着文化的历史性进步。中华民族创造了源远流长的中华文化，中华民族也一定能够创造出中华文化新的辉煌。
>
> 文化自信，是更基础、更广泛、更深厚的自信。在5000多年文明中孕育的中华优秀传统文化，在党和人民伟大斗争中孕育的革命文化和社会主义先进文化，积淀着中华民族最深层的精神追求，代表着中华民族独特的精神标识。文明要弘扬社会主义核心价值观，弘扬以爱国主义为核心的民族精神和以改革创新为核心的时代精神，不断增强全党全国各族人民的精神力量。
>
> 坚持不忘初心、继续前进，就是要坚信党的根基在人民、党的力量在人民，坚持一切为了人民、一切依靠人民，充分发挥广大人民群众的积极性、主动性、创造性，不断把为人民造福事业推向前进。
>
> 全党同志要把人民放在心中最高位置，坚持全心全意为人民服务的宗旨，实现好、维护好、发展好最广大人民根本利益，把人民拥护不拥护、赞成不赞成、高兴不高兴、答应不答应作为衡量一切工作得失的根本标准，使我们党始终拥有不竭的力量源泉。（《人民日报》2016年7月2日）

（三）不同群体践行社会主义核心价值观的要求

习近平总书记强调：

> 要注意把社会主义核心价值观日常化、具体化、形象化、生活化，使每个人都能感知它、领悟它，内化为精神追求，外化为实际行动，做到明大德、守公德、严私德。（《人民日报》2014年5月25日）

他在不同场合面向党内外36个不同社会群体提出践行社会主义核心价值观明确而具体的要求。

2012年11月16日习近平总书记在十八届中央政治局常委同中外记者见面时的讲话中提出：

中央政治局常委一定要始终与人民心心相印，与人民同甘共苦，与人民团结奋斗，夙夜在公，勤勉工作，努力向历史、向人民交出一份合格的答卷。①

2013年6月22日至25日习近平总书记在中央政治局召开的专门会议上的讲话中提出：

中央政治局处在党和国家政治生活最高层，必须识民情、接地气。要坚持人民主体地位，发挥人民首创精神，着力解决好人民群众最关心最直接最现实的利益问题，不断让人民群众得到实实在在的利益，充分调动人民群众的积极性、主动性、创造性。(《人民日报》2013年6月26日)

2014年6月28日习近平总书记在全国组织工作会议上的讲话中提出：

好干部要做到信念坚定、为民服务、勤政务实、敢于担当、清正廉洁。②

2014年6月30日习近平总书记在主持中央政治局第十六次集体学习和2015年1月13日在第十八届中央纪律检查委员会第五次全体会议上的讲话中提出：

营造良好从政环境，要从各级领导干部首先是高级干部做起。各级领导干部特别是高级干部要牢固树立纪律和规矩意识，在守纪律、讲规矩上作表率，自觉做政治上的"明白人"。(《人民日报》2015年1月14日)

2014年6月30日习近平总书记在主持中央政治局第十六次集体学习和2015年1月13日在第十八届中央纪律检查委员会第五次全体会议上的讲话中提出：

---

① 习近平. 习近平谈治国理政. 北京：外文出版社，2014.
② 中共中央文献研究室. 十八大以来重要文献选编（上册）. 北京：中央文献出版社，2014.

  领导干部要坚守正道、弘扬正气、襟怀坦白、光明磊落、坚持原则、恪守规矩、严肃纲纪、疾恶如仇、艰苦奋斗、清正廉洁。(《人民日报》2014年7月1日)

2015年1月12日习近平总书记同中共中央党校县委书记研修班学员座谈时和2015年6月30日会见全国优秀县委书记时的讲话中分别提出：

  县委书记要始终做到心中有党、心中有民、心中有责、心中有戒，做政治的"明白人"、发展的"开路人"、群众的"贴心人"、班子的"带头人"。(《人民日报》2015年1月13日)

2014年5月9日，习近平总书记在指导兰考县委常委班子党的群众路线教育实践活动时，还对县一级领导同志提出"珍惜岗位，秉公用权，安身、安心、安业，多为老百姓造福"(《人民日报》2014年5月10日)的要求。

2015年1月13日习近平总书记在第十八届中央纪律检查委员会第五次全体会议上的讲话中提出：

  广大纪检监察干部要敢于担当、敢于监督、敢于负责，牢固树立忠诚于党、忠诚于纪检监察事业的政治信念，努力成为一支忠诚、干净、担当的纪检监察队伍。(《人民日报》2015年1月14日)

2013年6月28日习近平总书记在全国组织工作会议上的讲话中提出：

  组织部门改进作风，最核心的是坚持公道正派。要着眼于党的事业发展需要选人用人，公道对待干部，公平评价干部，公正使用干部。要努力把各级组织部门建设成为讲政治、重公道、业务精、作风好的模范部门。①

---

① 习近平. 习近平谈治国理政. 北京：外文出版社，2014.

2013年8月19日习近平总书记在全国宣传思想工作会议上的讲话中提出：

  各级宣传部门领导同志要加强学习、加强实践，真正成为让人信服的行家里手。(《人民日报》2013年8月20日)

2015年5月18日习近平总书记在中央统战工作会议上的讲话中提出：

  统战干部要发扬优良作风，做到诚恳谦和、平等待人、廉洁奉公，真正赢得党外人士尊重和认同，团结他们同中国共产党一起奋斗。(《人民日报》2015年5月19日)

2014年5月8日习近平总书记视察中共中央办公厅并同中办各单位班子成员和干部职工代表座谈时的讲话中提出：

  中央办公厅干部要坚持绝对忠诚的政治品格、坚持高度自觉的大局意识、坚持极端负责的工作作风、坚持无怨无悔的奉献精神、坚持廉洁自律的道德操守。(《人民日报》2014年5月9日)

2014年1月7日习近平总书记在中央政法工作会议上的讲话中提出：

  政法干部要永葆忠于党、忠于国家、忠于人民、忠于法律的政治本色。要按照政治过硬、业务过硬、责任过硬、纪律过硬、作风过硬的要求，努力建设一支信念坚定、执法为民、敢于担当、清正廉洁的政法队伍。(《人民日报》2014年1月8日)

2015年5月19日习近平总书记会见全国国家安全机关总结表彰大会全体与会代表时的讲话中提出：

  国家安全机关干部要坚定理想信念，对党绝对忠诚。要努力打造一支坚定纯洁、让党放心、甘于奉献、能拼善赢的干部队伍。(《人民日报》2015年5月20日)

2015年7月6日习近平总书记在中央党的群团工作会议上的讲话中提出：

广大群团干部要加强思想道德修养，坚定理想信念，严格要求自己，自觉践行"三严三实"，自觉抵制和纠正"四风"问题。（《人民日报》2015年7月7日）

2014年10月31日习近平总书记在全军政治会议上的讲话中提出：

军队好干部要做到对党忠诚、善谋打仗、敢于担当、实绩突出、清正廉洁。（《人民日报》2014年11月2日）

2014年12月14日习近平总书记视察南京军区机关时的讲话中提出：

要打造强军文化，坚定官兵革命意志、升华官兵思想境界、纯洁官兵道德情操，引导他们努力成长为有灵魂、有本事、有血性、有品德的新一代革命军人。（《人民日报》2014年12月15日）

2014年5月27日习近平总书记在会见第六次全国军转表彰大会暨受表彰代表时的讲话中提出：

广大军转干部要到党和人民最需要的地方去，积极适应改革开放时代大潮，牢记生命中有了当兵的历史，自觉弘扬人民军队光荣传统和优良作风，在人生的不同阶段、不同岗位上继续出色工作、活出精彩人生。（《人民日报》2014年5月28日）

2014年11月26日习近平总书记在会见全国离退休干部先进集体和先进个人代表时的讲话中提出：

广大老同志要珍惜光荣历史、永葆政治本色，发挥自己的政治优势、经验优势、威望优势，讲好中国故事、弘扬中国精神、传播中国好声音，推动全党全社会更好培育和践行社会主义核心价值观。（《人民日报》2014年11月27日）

2015年6月16日习近平总书记在贵州考察工作时的讲话中提出：

广大基层干部要深入改进作风，提高发展经济能力、改革创新能力、依法办事能力、化解矛盾能力、带领群众能力，扎根基层、爱岗敬业、争创一流。（《人民日报》2015年6月17日）

2013年4月28日习近平总书记同全国劳动模范代表座谈时的讲话中提出：

广大劳动模范和先进人物要珍惜荣誉、再接再厉，爱岗敬业、无私奉献，做坚定理想信念的模范、勤奋劳动的模范、增进团结的模范。当代中国工人不仅要有力量，还要有智慧、有技术，能发明、会创新，以实际行动奏响时代主旋律。（《人民日报》2013年4月29日）

2013年9月2日习近平总书记在辽宁考察时的讲话中提出：

年轻一代高技能人才要坚定创新超越、产业报国的远大志向，为支撑中国制造、中国创造，发展壮大实体经济多作贡献。（《人民日报》（海外版）2013年9月2日）

2014年6月9日习近平总书记在中国科学院第十七次院士大会、中国工程院第十二次院士大会上的讲话中提出：

广大科技工作者在新一轮科技革命和产业变革中，要敢于担当、勇于超越、找准方向、扭住不放，敢于走别人没有走过的路，勇于创造引领世界潮流的科技成果，成为新的竞赛规则的重要制定者、新的竞赛场地的重要主导者。（《人民日报》2014年6月10日）

习近平总书记还希望广大院士"坚守学术操守和道德理念，把学问和人格融合在一起，既赢得崇高学术声望，又展示高尚人格风范；在攻坚克难、崇德向善中做到学为人师、行为世范，带动科技界乃至全社会践行社会主义核心价值观"。（《人民日报》2014年6月10日）

2014年8月18日习近平总书记主持召开中央全面深化改革领导小组第四次会议时的讲话中提出：

中央企业负责人肩负着搞好国有企业、壮大国有经济的使命，要强化担当意识、责任意识、奉献意识，正确对待、积极支持国有企业改革包括中央管理企业主要负责人薪酬制度改革。（《人民日报》2014年8月19日）

2015年5月18日习近平总书记在中央统战工作会议上的讲话中提出：

新媒体中的代表性人士要在净化网络空间、弘扬主旋律等方面展现正能量。（《人民日报》2015年5月19日）

2015年5月18日习近平总书记在中央统战工作会议上的讲话中提出：

党外代表人士要自觉接受中国共产党领导，坚定不移地走中国特色社会主义道路，具有较强代表性和参政议政能力。（《人民日报》2015年5月19日）

2013年3月17日习近平总书记在第十二届全国人民代表大会第一次会议上的讲话中提出：

非公有制经济人士和其他新的社会阶层人士，要发扬劳动创造精神和创业精神，回馈社会，造福人民，做合格的中国特色社会主义事业的建设者。（《人民日报》2013年3月18日）

2015年5月18日，习近平总书记在中央统战工作会议上的讲话中提出：

要"引导非公有制经济人士特别是年轻一代致富思源、富而思进，做到爱国、敬业、创新、守法、诚信、贡献"。（《人民日报》2015年5月10日）

2013年10月21日习近平总书记在欧美同学会成立100周年庆祝大会上的讲话中提出：

广大留学人员要把爱国之情、强国之志、报国之行统一起来，坚守爱国主义精神，矢志刻苦学习，奋力创新创造，积极促进对外交流。(《人民日报》2013年10月22日)

2014年10月15日习近平总书记在文艺工作座谈会上的讲话中提出：

广大文艺工作者要自觉坚守艺术理想，不断提高学养、涵养、修养，加强思想积累、知识储备、文化修养、艺术训练，讲品位，重艺德，为历史存正气，为世人弘美德，努力以高尚的职业操守、良好的社会形象、文质兼美的优秀作品赢得人民喜爱和欢迎。(《人民日报》2014年10月16日)

2014年9月9日习近平总书记同北京师范大学师生代表座谈时的讲话中提出：

好老师要有理想信念、有道德情操、有扎实学识、有仁爱之心。要造就一支师德高尚、业务精湛、结构合理、充满活力的高素质专业化教师队伍。(《人民日报》2014年9月10日)

2014年5月4日习近平总书记在北京大学师生座谈会上的讲话中提出：

广大青年要做到勤学、修德、明辨、笃实，以执着的信念、优良的品德、丰富的知识、过硬的本领，同全国各族人民一道，担负起历史重任。①

2013年5月4日，习近平总书记在同各界优秀青年代表座谈时的讲话中还提出：

---

① 习近平.习近平谈治国理政.北京：外文出版社，2014.

  广大青年要坚定理想信念、练就过硬本领、勇于创新创造、矢志艰苦奋斗、锤炼高尚品格，努力在实现中华民族伟大复兴的中国梦的生动实践中放飞青春梦想。①

2014年5月30日习近平总书记在北京市海淀区民族小学主持召开座谈会时的讲话中提出：

  少年儿童要立志向、有梦想，爱学习、爱劳动、爱祖国，从小自觉培育和践行社会主义核心价值观。(《人民日报》2014年5月31日)

2015年6月1日，习近平总书记又在会见中国少年先锋队第七次全国代表大会全体代表时的讲话中，寄语全国各族少年儿童"从小学习做人、从小学习立志、从小学习创造"，要"注意树立正确的人生目标，培养好思想、好品行、好习惯，今天做祖国的好儿童，明天做祖国的建设者"。(《人民日报》2015年6月2日)

2014年5月16日习近平总书记在会见第五次全国自强模范暨助残先进集体和个人表彰大会受表彰代表时的讲话中提出：

  广大残疾人要自尊、自信、自强、自立，更加勇敢地迎接生活的挑战，更加坚强地为实现人生梦想、为实现我们的共同梦想而努力。(《人民日报》2014年5月17日)

2013年3月17日习近平总书记在第十二届全国人民代表大会第一次会议上的讲话和2014年9月22日会见香港工商界专业界访京团时的讲话中提出：

  香港特别行政区同胞、澳门特别行政区同胞，要以国家和香港、澳门整体利益为重，共同维护和促进香港、澳门长期繁荣稳定，为国家的现代化建设和中华民族伟大复兴作出新的更大贡献。(《人民日报》2013年3月18日)

---

① 习近平.习近平谈治国理政.北京：外文出版社，2014.

2014年2月18日习近平总书记在会见中国国民党荣誉主席连战及随访的台湾各界人士时的讲话中提出：

> 中国梦是两岸同胞共同的梦。两岸同胞要相互扶持，不分党派，不分阶层，不分宗教，不分地域，都参与到民族复兴的进程中来，让我们共同的中国梦早日成真。（《人民日报》2014年2月19日）

2014年6月6日习近平总书记在会见第七届世界华侨华人社团联谊大会代表时的讲话中提出：

> 广大海外侨胞有着赤忱的爱国情怀、雄厚的经济实力、丰富的智力资源、广泛的商业人脉，是实现中国梦的重要力量。要运用自身优势和条件，积极为住在国同中国各领域交流合作牵线搭桥，更好融入和回馈当地社会，为促进世界和平与发展不断作出新贡献。（《人民日报》2014年6月7日）

通观习近平总书记对36个社会不同群体提出的要求，从中蕴涵着5个方面具有共性的价值观、道德观要求。

一是对理想信念的强调。无论是对好干部的界定，还是对县委书记、办公厅干部、政法干部、国安干部、群团干部、基层干部、老同志和新一代革命军人的希望，以及对广大劳动模范和先进人物、广大青少年和文艺工作者等不同人群的期待，都突出了这方面的共性要求，因为理想信念的坚定是最重要的坚定、理想信念的滑坡是最危险的滑坡。

二是对共同梦想的强调。比如，广大青年和少年儿童要"有梦想"；广大残疾人要"更加坚强地为实现人生梦想、为实现我们的共同梦想而努力"；广大军转干部要"在人生的不同阶段、不同岗位上继续出色工作、活出精彩人生"；广大港澳台同胞和海外侨胞"是实现中国梦的重要力量"，要为"中华民族伟大复兴作出新的更大贡献"，同时还要把实现梦想同热爱祖国结合起来，因为中国梦归根到底是中国人民自己的梦。

三是对良好品德的强调。比如，对各类干部都提出了"清正廉洁"和"永葆政治本色"的要求；对广大文艺工作者提出了"讲品位，重艺德"的要求；对广大教师提出了"师德高尚"的要求；对广大院士提出了"既赢得崇高学术

声望,又展示高尚人格风范"的要求;对广大少年儿童提出了"培养好思想、好品行、好习惯"的要求;对广大非公有制经济人士和其他新的社会阶层人士提出了"爱国、敬业、创新、守法、诚信、贡献"的要求。

四是对担当意识的强调。比如,对好干部包括军队好干部和政法干部都明确提出了"敢于担当"的要求;对县委书记提出了"心中有责"的要求;对中央企业负责人提出了"强化担当意识、责任意识、奉献意识"的要求;对广大青年提出了"担负起历史重任"的要求。

五是对能力素养的强调。比如,好干部就要做到"勤政务实";军队好干部就要做到"善谋打仗";政法干部不仅要"政治过硬""责任过硬、纪律过硬、作风过硬",而且要"业务过硬";新一代革命军人不仅要"有灵魂""有血性、有品德",而且要"有本事";基层干部不仅要"深入改进作风",而且要提高五个方面的能力;当代中国工人不仅要"有力量",还要"有智慧、有技术,能发明、会创新";好老师既要"师德高尚"、有仁爱之心,又要"业务精湛"、有扎实学识。

习近平总书记多次强调底线思维。在社会主义核心价值观建设和道德建设上,坚持底线思维同样很重要、很管用。对广大公民提出当好人的要求,就是一种底线思维。当好人、做好公民,就是要求人们在家里要做个好儿子好女儿、好丈夫好妻子、好父亲好母亲,在单位里要做个好职工、好公务员,在领导岗位上要做个好干部。把面向全体社会公众开展的社会主义核心价值观建设和道德建设的要求放低,放到最底线的要求,让大家先踏上这个底线,然后一个一个台阶往上走、往上提升就比较好办。如果一下子就把大家拽到云里雾里,人们实际上做不到,那就如同鲁迅先生说的"用自己的手拔着头发,要离开地球一样"。久而久之会变成两张皮。

二、内涵外延

（一）价值

人的社会价值体现在奉献、索取两个方面，只有对奉献、付出心甘情愿，而对索取、获得倍加珍惜，才称得上有价值的人和有价值的人生。

个人的价值是向社会的索取与对社会的奉献的差值。因此，只有奉献大、索取小的人，才具有最大的人生价值。由此才说，人的价值本质上在于奉献，而不在于索取。由此才说，无休止地奉献，有节制地索取，是一个真正的人的人生真谛。

如果你总是能够愉快地给予他人，而总是耻于从他人那里获得，那么你就是一个有价值的人。

人活着都要为他人服务，同时他人也在为自己服务，这就是我为人人，人人为我。

（二）价值观念

"生不带来，死不带去。"就精神而言，那倒未必。一个人一生下来，就戴着父母的光环；一个人死了之后，他的光环还会戴在子女头上，甚至也会戴在孙子、亲戚朋友、同事的身上。看来人死后还不会一了百了。

奉献来自责任，奉献来自无意，奉献来自享乐，奉献来自强迫，这就是不同人的不同价值观。

人的一生，就是应该为了自己和他人都生活得更美好。这个范围扩展得越大，人生也就越有价值。

奉献的快乐远远大于索取的快乐，只是一些人享受不到而已。

寂寞耕耘者无声，默默奉献者无形，良将良相者无名。凡是具有优良品格素质的人，都养成了极其良好的习惯。他们以天下为己任，以分外为分内，各种为他人谋利益的行为习以为常。反之，一个一心为了出名的人，是不会一辈子做好事而不做坏事的。

对人生价值不屑一顾的人，认为人格能值几何的人，一定是一个卑劣的人。

要珍惜已经拥有的有价值的东西，不要等到失去了才感到惋惜。只要是失去了会感到惋惜，那么这个东西就一定有价值。

为了出名，不惜犯罪；不顾及大家，要求不公平；投机取巧，要两面派；明哲保身，不问是非；为了利益，穷凶极恶等，都是由扭曲的价值观念引发的扭曲行为。

人之所以会用生命去殉自己追求的事业，那是为了创造更大的人生价值。

一个人如果把功名利禄作为向社会奉献的工具，那么功名利禄就会戴上圣洁的光环；一个人如果把功名利禄作为向社会索取的筹码，那么功名利禄就会变成魔鬼的画皮。

金钱总是千方百计地想把人们变成它的奴仆，而相当多的人总是心甘情愿地去做金钱的奴隶。

如果你是一颗优良的种子，那就千方百计地让它变成丰硕的果实。

"好雨知时节"，只有在需要雨的地方、需要雨的时候下雨，才算得上是一件好事。

人生在世，一个人一个价值取向。但是以奉献为重的人会被人称道，以索取为重的人会被人贬低。然而讲奉献的人十分在意这个称道，而讲索取的人却根本不在乎那种贬低。

只有那些相信自己又相信他人的人，只有那些爱自己又爱他人的人，才会是一个真正的富有者，才会是一个有价值的人。

不仅在前人栽出的树下乘凉，而且也为后人栽树的人，才活得有价值。

只有爱他人，他人才会爱你；只有关心他人，他人才会关心你。对他人的爱和关心，都必须是只管付出不求回报，否则就不如不去关心，不去爱。

只有用爱才能换来爱，只有用给予才能换来给予，但是这种爱和给予都应当是主动的、无私的，否则就会因为得不到回报而中止。

给予是人的价值行为的最高表现。给予体现了一个人的能力，给予体现了一个人的富有，不管这种能力和富有是物质的还是精神的。

有些人像蜜蜂，辛勤地劳作，而酿出来的蜜，却不是为了自己。

对于你喜爱他人也喜爱的东西，如果你让给了他人，结果自然是大家都快乐。他人的快乐来自于获得，你的快乐来自于付出。"舒心"的"舒"就是"舍得给予"。

给予的目的如果是为了他人的生命价值，那么在他人生命增值的同时，也就提高了自我的生命价值。

能使自己快乐的，是自己的恰当付出得到了他人的相应认可；能使他人快乐的，是在他人急需的情况下自己给予了恰当的帮助。

希望被他人注意，是人们的最重要精神需求之一，因为他人的注意程度是自身价值的一种体现。

一个人的价值观念如果非常淡薄，自身的价值量又非常低下，那就难免被人愚弄。

（三）价值裁定

任何人都在追求自己的人生价值。然而许多人却不懂得：你的人生价值是在与社会的交往中，由社会来体现的。

你如果十分看重自己的人生价值，你就得为社会、为他人创造更多的价值，因为你的人生价值是由社会和他人裁定的。

献身于社会的人，社会会评定和认可他的价值；只有社会认可的人，他的生命才会更有意义。

作为个体，你一定感到自己很重要。但是，你是否真的很重要，那要由他人来判定。

施惠于人的价值量不是用货币可以衡量的。给快要饿死的人送去一碗饭的价值量，和给富甲天下的人送去一碗黄金的价值量相比，前者要远大于后者。

人的任何社会行为都具有社会属性，人的任何社会行为的价值，都会通过群体的棱镜折射出来。

"公平出于众议"，只有为广大群众所认可，你才会有一个有意义、有价值的人生。

（四）价值体现

人生价值包括两个方面：一方面是个人对社会的责任和贡献；另一方面是社会对个人的尊重和满足。人的价值就在于创造价值，就在于对社会的责任和贡献。人要在劳动和奉献中创造价值，要在个人与社会的统一中实现价值（社会提供的客观条件是实现人生价值的基础），在砥砺自我中走向成功（需要充分发挥主观能动性、顽强拼搏、自强不息的精神；努力发展自己的才能，全面提高个人素质；有坚定的理想信念和正确价值观的指引）。

　　不论多大年纪，不论身在何方，只要是愿意奉献，就总会有人需要。如果是一味索取，那么就必然成为孤家寡人。

　　从人生的角度看，人生的价值在于奉献。从社会的角度看，社会应该努力为所有的奉献者创造出更多的机遇和条件。从个人的角度看，要想提高自我的人生价值，就要不断地提高自我为社会奉献的能力。

　　人的价值是在进行社会交往中实现的，人的价值是在践行社会职责中实现的，人的价值也是在履行社会义务中实现的。

　　一个人要想知道自己的人生价值，就要估算一下自己为社会尽了多少义务。

　　同样的奉献，却不一定具有同样的价值，所以价值不仅要看奉献者的付出程度，同时也要看社会的需要程度。

　　奉献大于索取的人居多数，这正是人类社会得以存在并不断发展的根本原因之一。

　　在社会生活中，人人都想占据对自己有利的位置，以标定自己的人生意义和价值。

　　自信是自我价值的总体肯定，自卑是对自我价值的总体否定，自谦是对自我价值的有意低估，自负是对自我价值的无据高估。

　　当你尚不具有自己的价值系统时，你就应该遵循多数人的价值观念。当你决心要改变现存的价值体系时，你就要有不怕一切的心理和不顾一切的勇气。

　　一个人为了自身的健康而一事无成，未必活得有意义；一个人为了自身的事业而失去健康，也未必活得有更大的价值。

　　"知足者常乐。"从数量上说，知足者不会贪得无厌；从能力上说，知足者不会追求自己能力之外的收获；从比较上说，知足者只求自己满意并不以超越他人为满足。所以说只要是知足者，自然有一个良好的心境，自然生活得快乐。

　　一个人只要是能够把自己的能量，包括显现的和潜在的能量全部发挥出来，就能够实现自己最大的人生价值。

　　农业经济时代，人们的财富观念是物质；工业经济时代，人们的财富观念是金钱；知识经济时代，人们的财富观念是知识。所以，一切向"钱"看，是工业经济时代的产物。

　　一个真正的人是一心施惠于人的人，一个真正的人是受惠不忘报答的人，一个真正的人是在受惠的同时就已经想到自己有没有能力回报的人。

　　世间，凡是活得有价值的人，都是能够为他人减轻负担的人。"天地之间有杆秤，那秤砣是老百姓。"衡量一个人人生价值的最好天平，就是一个人在群众心中的分量。分量越重，人生价值越高。

一个只为自己活着的人，不论怎样标榜，也改变不了他在人群中的可悲境地。

出人头地不是坏事，出人头地不是站在他人头上欺压他人，而是以良好的动机和效果创造出超乎常人的价值。

（五）价值延续

有人说，上一代人活得太累了。其实哪一代人都不会全都活得太累，哪一代人也不会全都活得那么轻松。在任何一代人中，那些活得太累的人，有的是为了他人的轻松付出得太多，有的是为了自己的轻松掠夺得太多。

岳飞的过错、秦桧的机智、孔明的迂腐、李白的败笔都埋葬九泉，而他们的忠信、奸诈、聪慧和佳作却留在了人间。

如果你为社会创造的价值，不仅使同代人受益，而且会使后来人受益，那么你就会英名永存。

真正能与世长存的不是那些高官巨贾，而是那些有创造性的科学家、思想家、政治家、艺术家。

人之所以会流芳百世，是因为后人在不断地享受着前人留下的恩惠；人之所以会遗臭万年，是因为后人无论如何也洗刷不掉前人留下的耻辱。谁都会以岳飞的子孙为荣，谁也不会挖空心思去证明自己是秦桧的嫡系后代。

人们常常会因为有一个名声显赫的先祖而引以为荣，这是因为先祖的生命价值还在延续。

那些自认为名声显赫的人物，都想为自己树碑立传，殊不知多少显赫一时的帝王将相，都成了历史的匆匆过客。只有那些为了祖国、为了民族、为了人民做出杰出贡献的人，才会在后人的心中留下不朽的丰碑。

三、行为价值

（一）行为动机

需要是行为的动力，需要是人生的动力，需要也是社会发展的动力。

只有掌握了人们的需要，才能够预测人们的动机；只有掌握了人们的需要和动机，才能够引导人们的行为。

需要具有社会历史性，不论何时何地，人们最普遍的问题一定是人们最普遍的需要。

人都会有求于人，这是因为自身的需要。但是在物质利益方面求人时，一定要自尊自爱，一定要注重人格。而在精神利益方面求人时，却要礼贤下士，却要不耻下问。

千篇一律的赞扬声中，不乏真诚，也不乏虚伪和奸诈。不实事求是的赞扬，有的是有求于人，有的是用心险恶，有的是变相咒骂。

对事业的执着追求，对目标的强烈向往，是任何一种周而复始的枯燥行为得以持之以恒的动力。

要从众多人的优美中，去寻找自我完善的目标。不是效仿，而是借鉴。

行为的目的是为了社会，为了群体，才是最可取的。

想在他人的脑海中留下自己的印象这也是人性之一，但是以此为动机所引发的行为结果，却往往是印象未必深刻也未必良好。

人所以会羡慕鹰击长空、鱼翔浅底，是因为自身的行为能力所不及。殊不知飞行和游泳，只是生物生存的本领，而不是生物生存的目的。正因为如此，才不会有不停飞翔的鹰和不断游泳的鱼。

所有的宴请都有目的性。朋友之间是为了增进友谊，上下级之间是为了感情投资，敌我之间是为了消除前嫌，商人之间是为了瓜分利益。

佛陀认为人人都可以成佛，于是佛才被人信仰；伟人认为人人都可以成伟人，于是伟人才被人崇拜。

被一万个人拥护不如被一个人赏识，这就是千古以来拍马者经久不衰的奥秘所在。

任何拍马者都只对上不对下，对上的目的是为了自己能拍上去。因为自己是拍上去的，所以也就喜欢下级拍自己。为此拍马者就组成了纵向系列结构。

拍马者虽为大众所不齿，但却还大有人在。一些人所以会乐此不疲，是因为"拍马"本身只是一种手段，而"骑马"才是目的。

为了无足轻重的小事，而毁掉自己的一生，不论加上多么冠冕堂皇的理由也都是一种愚蠢。

一个人良好的行为和习惯，反映了这个人思想意识的正确、高尚、坚定和成熟。

只要行为动机高尚，即使行为结果不佳，也会得到人们的谅解。

花言巧语只是一种廉价的投资，任何花言巧语的背后都有着真实的利益动机。

一个人的真正动机，如果从表情上看不出来，从言论上看不出来，从行动上也看不出来，那么这个人就是居心叵测。

立身不求无患，身无患则贪欲必生；处世不求无难，世无难则骄奢必起；谋事不求易成，事易则志存轻慢；施德不求望报，施德望报则意有所图。

一个人不论做什么事，只要是不愿意去做，那就一定不会取得好的效果。

作为一个有理智的人，就要洞察社会、适应环境，从而做出明智的行为选择。

当你受到他人伤害时，是还击还是宽恕？当你的事业受到挫折时，是坚持还是转向？都要对各种行为后果进行精心思考、认真比较，然后再依据利大于弊的原则采取行动。

当好的动机引出坏的结果并身处绝境时，首先不要绝望，然后再努力把损失减少到最低程度。

任何行为在开始之前，就要想到后果；深陷后果中不能自拔，很可能就源于开始时的一念之差。

动机选择不当，行为失败之后，人们就会后悔；只有单一动机，不论行为结果如何，人们都不会后悔。

因为世间买不到后悔药，所以在动机选择过程中要慎之又慎，这样一旦行为失败，也只是应该吸取教训，而无需为动机选择错误而后悔。

英雄无悔是必然的，因为英雄的行为不论成败都是正义的事业，都是非凡的壮举。人生无悔是不大可能的，因为在人生历程中，不会事事都正确，事事都顺心。

希望获得事业的成功，希望获得生活的幸福，希望成为成就卓著的人才，希望自己具有重要性并能被肯定，这是人们共同的心理特征。

越是不让看的东西，人们越是想看，越是不让做的事情，人们越是想做，

这是出于人们的好奇心理。

受他人恩惠太多的人易施恩于人，受他人暴力太多的人易施暴于人，受他人欺骗太多的人易施骗于人。

一个任劳任怨的人会默默地劳作，但是如果从始至终没有一个人对他的劳动价值给予肯定，他也会心存怨气，只是未必公开发泄罢了。

一个人如果对一件事过于在意，就会紧张、兴奋乃至手足无措。

（二）行为利益

利益的竞争，是调动人们热情的最好方式。

人的行为是人与环境交互作用的产物和表现。为此，多数个体行为总是和他人、集体、社会紧密相联的，都属于社会行为。

人的任何社会行为都是为了利益而发生的，或者是为了个人利益，或者是为了他人利益。

就社会行为而言，可以说：需要是尚未获得的某些利益，引发行为的动机是想要获得的某种利益，行为是为了获得某种利益所采取的方式。

人的行为是使用价值与价值的统一。你为社会提供了使用价值即为社会创造了利益，社会就会支付给你价值，即使你获得相应的利益——任何正当的社会行为都不会是单向的。

有能力为群体谋利者就是合格的领导者，有能力为国家谋利者就是好的领袖。

人是一个十分复杂的综合体，七情六欲集于一身，善恶荣辱载于一体。要扬其善而抑其恶，为了社会的、公众的、他人的利益要能够抑制乃至损失自己的利益，这就是神圣。如果是隐其善而显其恶，为了自己的利益不惜损害社会的、公众的、他人的利益，那就是"鬼怪"。

世间中，只有绝对无害又说不定有些益处的事，人们才会毫无顾忌地去追求。风俗如此，信仰如此，宗教也如此。人们供奉神佛而不供奉鬼怪应源于此。

要么做利益的主人，要么做利益的奴仆，除此没有第三条路可走。

在长远利益和眼前利益发生冲突时，为了眼前利益而放弃长远利益的人是愚者，为了长远利益而放弃眼前利益的人是智者。

不论眼前利益具有多么强大的吸引力，只要是和自己的长远利益发生了冲突，那就要毫不犹豫地放弃掉。

在利益问题上，不要以多为荣，而要以够用为度。在利益问题上，也不可以少为荣。所谓知足，是不存非分之想，而不是求不足。

自己应该得到的，应以不伤及他人和集体，乃至国家的利益为原则。

不能说没有得到就是吃亏，只有应该得到而没有得到，才算是吃了亏。

把金钱放在口袋里，用不着的时候就会把它忘掉；把金钱放在头脑里，再想去追寻真理，就没有了空间；把金钱放在眼睛里，那么除了金钱之外，就再也看不到别的了。

两人追逐的东西被一个人得到了，他会假意地客气；多人诅咒的东西被一个人得到了，他会真心地抛弃；众人望尘莫及的东西被一个人得到了，他会百般地谦虚。

对于那些一般利益，人们获得了就会兴高采烈，失去了也会愁眉不展。对于某些特殊利益，本身具有时就会向他人炫耀。

你也许不清楚自己是个什么样的人，但当你面对金钱、权力和人生是非的选择时，会让你知道真正的自己是什么样的人。

商店挣的是人们的享受钱，保险公司挣的是人们的放心钱，不正当手段拿到的是担惊受怕钱。

人类的任何发明创造行为，都是为了人类自身的利益，而不是为了毁灭人类自身。

损人当然是为了利己，然而损人者又往往并不利己。

老虎无所顾忌，猎豹善于奔跑，狐狸瞻前顾后，兔子多处洞穴，世间万物各有各的行为方式，而每种特有的行为方式都是为了更有利于自身的生存。

人要生存不能没有钱，人要发展也不能没有钱，但本质上是人要生存和发展，而不是要更多的钱。

人要为了生存和发展活着，而不要为了钱活着。当然人要活着没有钱不行，但人要是为钱活着，也就活得没有多大意义了。

虚荣心过重的人往往死要面子，殊不知在面子与利益发生冲突时，面子能值几何？

争则不足，让则有余，这是处理利益问题的原则。如果有人让，有人争，那么让的人就吃亏了，争的人就占了便宜吗？

自己不应该获得的利益不要巧取豪夺；自己应该获得的利益，他人也应该获得时不要与人争利；自己应该获得的利益又不危及他人，但一时还无条件获得时，要积极争取。

人的欲望像火，过于强烈会自焚其身，过于淡漠会毫无情趣。所以欲望无

穷是自寻烦恼，抛弃欲望也是自寻烦恼。

人要有欲望，但也要节制自己的欲望，既不要做纵欲主义者，也不要做禁欲主义者。

对私欲的追求如果不加节制，那就会像流浪汉一样永无定所；如果一个人成了自身欲望的奴隶，那么他的人生就难免可悲。

要珍惜已经拥有的，要放弃不能拥有的，要禁绝不该拥有的。

因为利益就是好处，所以人人都想得到。如果换成瘟疫，尽管你费尽心机去包装、造势，人们也唯恐避之不及。

狂热地追求物质利益的人可能会沦为精神乞丐，狂热地追求精神利益的人可能会成为物质乞丐。然而世上还是常人多，常人不会走入任何一个极端。

公中有私，私中有公，这是前人造字的妙处。在利益问题上，公与私很难分开，也很难分清。然而，难不等于不能，于是人群才分出了层次。那些大公无私的至圣者就是神，那些先公后私的众生就是人，那些为私废公的苟且者就是罪人。

追求物质利益的本身，并不具有善与恶的属性，关键在于聚财的手段是否有道，散财的去处是否有益。这个道，就是必须合规合法，合情合理。

在小事上不守信用的人，在大事上更不会守信用，因为大事比小事涉及的个人利益更多。

贪食者伤身，贪杯者伤命，凡事皆不可贪。

同样的利益给予不同的人其结果大不相同。漂母之食送给韩信受到终生感激；漂母之食要是送给霸王，恐怕就会招来杀身之祸。

自我不等于自私，社会是由自我组成的，而不是由自私组成的；没有自我，就没有人类社会，没有自私，人类社会会更加美好。为此，要弘扬自我，要抑制自私。

谦虚的人往往会获得更多的知识，谨慎的人往往会获得更多的利益。

因为有人需要溜须，才会有人拍马，两者在本质上都是为了获得利益。

一些人为了获得利益会巧取豪夺，一些人为了获得利益会明枪暗箭，于是就有了种种采用不正当手段获得利益的行为。

金钱的第一奴仆是守财奴，这种人只知道拼命攒钱，不知道合理用钱。金钱的第二奴仆是败家子，这种人只知道随意花钱，不知道如何挣钱。

自私的人一心只想着个人的利益，但是在利益冲突中受到威胁的往往正是那些个人利益。为此我们才说，自私的人往往被自私所害。

如果你的所有正当需要都得到了正当满足，那么你就是一个富有者。如果你再去拼命追求你根本不需要的东西，那么你就是一个贪婪者。

知足的人，从物质上看未必富有，但精神上一定富有。贪婪的人，从物质上看未必不富有，但精神上一定贫穷。

人人都会有各种各样的需要，物质的、精神的、生存的、发展的；合理的、不合理的；正当的、不正当的。只有那些十分有诱惑力的不合理需要，才会把人引入歧途；只有那些难以割舍的不正当需要，才足以摧毁人生。

在对待利益问题上，要知足又不知足。在为己的利益上要知足，在为人的利益上要不知足，由此发生的行为才会是高尚的。

知足常乐，是讲不要去奢求自己得不到、自己不该得到或自己得到后会伤及国家、集体和他人的利益，而不是不思进取。

知足者常乐，常乐源于知足，常乐难在知足。清心寡欲、淡泊名利的人必然知足。

知足者往往是在利益问题上有所节制的人，他们也往往不是进取者。只有在利益上知足，在事业上不知足的人，才是一个真正的知足者。

一个人如果总在想着自己所没有的，而不是想着自己所拥有的，他就会感到不幸；一个人如果总在想着自己所拥有的，而不是想着自己所没有的，他就会感到满足。

有时候我们遇到特别大的好事、特别大的恩惠，这时候不应该得意忘形，不要认为这就是自己该得的，不妨有诚惶诚恐的心情，始终有一颗感恩的心，哪怕没有具体的报恩对象。

（三）行为适度

人之所以会容光焕发，那是对前程充满希望；人之所以会萎靡不振，那是对未来悲观失望。

处处助人为乐，会经常保持有益身心健康的心理状态；事事斤斤计较，会经常处于紧张争斗的心理状态。

自己喜欢向他人挑战，却不喜欢他人向自己挑战；自己喜欢命令他人，却不喜欢他人命令自己。这是由自身心理上的不平衡导致行为上的不平衡。

任何人的人生目的只能由自己来确立，任何人的人生意义只能靠自己去开创。

你喜欢学习吗？你喜欢工作吗？你喜欢交际吗？你喜欢独处吗？不论你喜

欢什么都尽管去做就是了，只要是不伤及他人就行。

如果你不想成为科学家、思想家、艺术家，那么还是拥有自己的生活，还是处好你的同事、家人和邻居为妙。

人的性格都具有两重性。争强好胜，可以增强自信心、韧性、勇气和毅力；争强好胜，同时又会助长虚荣心和骄傲情绪。

暴躁是一种性格表现，但暴躁的性格也不是一成不变的。在高贵者、敬仰者面前，该暴躁也会不暴躁；在低微者、卑下者面前，不该暴躁也会暴躁。所以从本质上说，暴躁是看不起对方的一种表现。

暴躁，与其说是一种性格，不如说是一种形式。暴躁如果源于自身的强大，就表现为专横跋扈；暴躁如果源于自身的失误，就表现为恼羞成怒；暴躁如果源于自身的胆怯，就表现为虚张声势。

再猛烈的火势，燃烧之后也会熄灭；再暴烈的性格，发泄之后也会平静。无修养的人会经过短暂的暴烈而恢复平静，有修养的人会克服短暂的暴烈而保持平静。

大吵大嚷，不仅来自于性格的暴躁，而且还来自于自身的怯懦和愚蠢。

活泼开朗的人，心胸宽广，情感强烈；坦荡刚强的人，坚定自信，磊落大方；沉静谨慎的人，含而不露，能而不狂；文雅刚毅的人，沉着稳重，恭谨端庄。

粗暴无礼的人，目中无人，咄咄逼人；趋炎附势的人，卑躬屈膝，奴相十足；飘忽不定的人，毫无主见，游离恍惚；软弱忧郁的人，多愁善感，恬淡沉闷。

胆小怕事、孤僻怯懦的人，精神易分裂；心胸狭窄、自私自利的人，精神易失常。

开朗之中不要伴随轻浮，热情之中不要伴随做作，各种外在的性格都表现着人们内在的气质。

经常挂在一个人嘴上的事，一定是这个人体验最深的事，不论在表达这种事时他使用的是什么样的口吻。

当你的语言积极正面的时候，你的情绪也是正面的；当你的语言悲观消极的时候，你的情绪也是低落的。真实的情感和行为，背叛不了你内在的声音。

来自上级，或者来自群体的强大压力，往往会使人们产生恐慌心理和从众行为，于是就会有无原则的附和、无主见的苟同、无根据的表态，殊不知此类行为最终都会伤及自身。

在行为没有发生之前，行为人都要想想他人、想想子孙，在确信不伤及他人及后人利益时，行为才不会招来非议。

要想纠正一个人的不正常行为，那就一定要找到形成这种行为的原因，否则就会无的放矢。

世间的事总是有得有失、有利有弊、有成有败、有好有坏，事件的当事人也总是有荣有辱、有喜有忧，只有等到事情过去之后，人们才又恢复了常态。为此，对过去的事情要在总结之后忘却，对未来的事情要在想清楚之后忘却，对现在的事情要在解决了之后忘却，这样就可以经常保持良好的心态。

聪明人做事很难成功的原因：一是不愿下笨功夫；二是没有找到自己价值体系中最重要的事情去做，所以内心缺少全力以赴的动力。

同样的手段，当行为正义时表现为智慧，当行为邪恶时表现为奸诈。同样的方法，当行为正义时表现为策略，当行为邪恶时表现为阴谋。

为什么会产生意想不到的结果？为什么不是原来设想的那个样子？这是需要、动机、行为与结果不相一致时，人们自然会产生的心理困惑。

愚蠢的人做了一件蠢事，聪明的人也不会嘲笑，因为尽在情理之中；聪明的人做了一件蠢事，愚蠢的人会感到吃惊，因为出乎意料之外。

由无意识行为，到有意识行为，再到无意识行为，也是一种否定之否定。如果高级无意识行为都是善行的话，那么这个人就是圣人。

一个巴掌拍不响，这似乎是常识之内的事情。然而从声音的角度看，一个巴掌拍不响只是人们听不到而已；从矛盾的角度看，一个巴掌挥去，即使没有遇到公开的对手，也不会没有反应；从管理的角度看，一个人表面上到了一手遮天的地步，实质上已经树立了许多的对手。

对事抱有热心，对人一片苦心，对己存有良心，就会有好报。

人生在世，都要用自己的言行书写自己的历史。你自身实施的行为，只要问心无愧，就不要在乎他人如何评价。

你和他人一起竞争，或者你虽然超过了他人但还没有形成绝对优势时，你必然会受到各种攻击；你如果远远地超过了他人，对他人已经不构成任何竞争威胁，你必然会受到各种赞扬；你如果心甘情愿地生活在一个不起眼的角落里，那就会既无人攻击也无人赞赏，因为他人对你会不屑一顾。

动机和效果相统一时，评价行为要以效果为主；动机和效果不相统一时，评价行为也要以效果为主。

同样的话，同样的事，发生在不同的人身上，效果会大不相同。这是因为不同人的综合素质不同。

行为"四看"：大事难事看担当，逆境顺境看襟怀，临喜临怒看涵养，群

行群止看协作。

向往真善美，摒弃假恶丑，是改变行为的根本途径。

要使认识成分中赞成或反对等思想因素对客体的评价态度发生变化，要使情感成分中讨厌或喜欢等情感因素对客体的情感体验发生变化，要使意向成分中做或不做等预向因素对客体的反应倾向发生变化，就可以改变行为。

在事情没有搞清楚之前和把事情弄清楚之后，人们对当事人的喜欢或厌恶情感显然是大不相同的。为此，面对任何事情，还是待问题搞清楚之后，再表明你的态度。

行为正确时，谈不上改变行为；行为受挫时，则必须改变行为，否则就会继续失败。

同样的学识条件，在同样的环境中，却有着完全不同的行为结果。这不仅是因为人们各自的自我激励方式和程度不同，也是因为人们各自的自我毁灭方式和程度不同。

凡事皆有度，对好事的称赞如果过了度，就会招来非议；对坏事的惩罚如果过了度，就会招来同情。

"人参杀人无过，大黄救命无功。"好的东西也不可以过，过即无益；看似不好的东西，只要用得得当，也自有益处。

任何拥有都是通过追求得到的，任何追求都是为了更多的拥有；不论是追求还是拥有，都要适可而止。

美味佳肴之美之佳都在于适度，如果其味过重，那么味就不会再美，如果其肴过精，那么肴也就不会再佳。

放弃并不意味着软弱，反而说明你有足够的坚强去放手、去舍弃。

（四）自由与法规

自由与纪律是对立的统一。自由是个体的自由，纪律是群体的自由。只有当个体的自由不危害群体的自由时，个体的自由才会得以存在；而当个体的自由危及群体的自由时，个体就会失去自由。

只有在不自由的时候，人们才会认识到自由的可贵；只有在不自由的时候，人们才能领悟到自由的真谛。

不维护自己的自由，就失去了人生的意义；不维护他人的自由，自己也难以自由。

法律和纪律只会限制人们不要去破坏他人的自由，这也是保护个人应有的自由。

在所有的秩序中，时间是个总纲。时间有序，工作、生活才会有序。

要养成良好的行为习惯。家庭要有秩序，单位要有秩序，生活要有规矩，工作要有规矩。如果没有秩序，许多有用的东西会变得无用；如果没有规矩，许多有效的东西会变得无效。

遵纪守法是人的一种责任、一种义务，同时也是一条健康的人生之路。

如果把遵章守纪看成是一种责任、一种行为习惯，那么人们就不会犯认识范畴之外的错误。

没有自由就没有发展，没有自由就没有创造，没有自由就什么都不会有。

自由是个人向社会的一种争取，自由也是社会向个人的一种释放。只有当个人的自由与社会的自由融为一体时，人们才会获得真正的自由。

自由是社会给予人们的以不危害他人利益为前提的活动空间。没有这种空间就没有自由，侵犯了他人的空间也会失去自由。

如果说任性也是一种自由，那么由于它破坏了他人的自由，最终自身还是不会自由。

自由就像放风筝，如果想不受约束，那就会像断了线的风筝一样，从自由的天空中跌落下来。

法以理为基础，但执法不讲常理；法以情为借鉴，但执法不容私情。

要立足于世就要讲理，同时也要讲法、讲情。在劳动关系上要讲理、讲法，但不能讲情；在人际关系上要讲情，但也不能悖理忘法。

完全按理行事，有些事就不近人情；完全按情行事，有些事就不合道理。完全按照众人意志行事，任何事都无法统一；完全按照个人意志行事，任何人都无法交往。为此凡事皆不可走向极端。

只讲情不讲理不行，只讲理不讲情也不行，还是要合情合理，入情入理。

在情与理之间，要以理为重，重理即重情。

人间要有真情。但个人与个人之间的真情是小真情，个人与社会之间的真情才是大真情。小真情表现为情意，大真情表现为正义。

法、术、势皆可用。要以法来规范环境，要以术来消除反对派，要以势来充任社会角色。

生活中总有道理可讲，但生活中的人却谁也不会完全按着道理活着。

在群体中，有的人智商高，有的人情商高。智商高的人重理，情商高的人

重情；情商高的人善于交往，智商高的人善于创造。

人类是有理性的动物，人类又是有情感的动物，于是人类就成了无时不处在自身矛盾之中的动物。

权力必须是一个闭合的、封闭的链，无高无低，无始无终。如果权力出现了顶峰和终极，那就不可能实现法治。

在情与法之间，法不容情。在法律面前人人平等，任何人都不得徇私枉法。

为法绝情的人是正直的人，为法忘情的人是忠诚的人，为情枉法的人是愚昧的人。

在法与情之间，选择前者会伤害朋友，选择后者会伤害道义。权与法较量的结果，如果权大于法，这是人治社会；如果法大于权，才算得上法治社会。

如果法大于权，社会就会有相对的公平；如果权大于法，社会公平与否就只有依靠权了。

法律对于好人永无伤害作用，又可以阻止好人学坏；道德对于坏人毫无震慑作用，但却可以引导坏人学好。

人们习惯于把人分为好人与坏人，好人与坏人之间的一般关系，就是坏人欺负好人，好人吃亏。社会具有两种基本职能，一是用法治的手段强迫坏人不得侵犯好人的利益，一是用德治的手段引导好人继续做好人。

当一个社会的法治手段失灵，德治标准失衡，于是坏人欺负好人的链就会加重，歪风邪气就会上升，社会就会不稳定。

当一个社会法治手段有力，德治手段有效，于是坏人欺负好人的链就会被掐断，正气上升，坏人就会收敛或者变好，社会就会稳定。

祝愿好人一生平安，是因为好人往往不平安。好人之所以会不平安，就因为有坏人存在。要想使好人平安，就要大大加强对坏人的惩治力度。

世间绝大多数人是要用德来治理的，只有少数人需要用法来治理。所以，以德为本，使多数人心悦诚服。所以，既要以德治国，还必须依法治国。

法律应该对守法者有益无害，法律应该对违法者有害无益；法律不能惩治违法者，守法者就必然受到伤害。

法治是社会得以正常运行的基础，也是志士仁人和平民百姓的共同期望。

因为要规范行为，于是才在马路上设置了红灯、黄灯和绿灯。

面对任何一种制度，都会有反叛者。一种好的制度，反叛者少，因为它代表了多数人的利益；一种不好的制度，反叛者多，因为它只代表了少数人的利益。

立法是为了规范行为，如果有法不依、执法不严、违法不纠，那么有法倒不如无法。

对于任何不正当获利行为，都必须施之以法纪，这是生活在任何社会中的人们的共同要求，否则社会就不会安定。

法律是悬在歧路上的利刃，它对于走正路的人应该毫无妨碍。然而，当踏上歧路的人，面对头上悬着的利刃毫无惧色时，歧路变成坦途，正路却会布满荆棘。

"恶人自有恶人磨"，恶有恶报。恶人不会报应于善人之手，恶人不为恶人所灭，就会为法律所灭。这是一切恶人的最终下场，也是法律的主要功能。

任何违规行为，一般都源于侥幸心理。如果说今天违规明天就杀头，那么今天就不会发生任何越轨行为，因为谁都不肯用生命的代价做只输不赢的赌注。

铤而走险看似胆大妄为，其实只是一种侥幸心理。

金钱不等于犯罪，但犯罪却大部分是为了金钱。所以一定要讲究君子爱财，取之有道。谁要想发不义之财，他就是想走向犯罪。

不义行为越多，伤害的人也就越多，同时对自己的伤害也就越大。所以，就结局而言，真正不幸的还是那些多行不义的人。

出于惧怕法律而不犯法的人，也会有失足的可能；只有出于对真善美的崇尚而不犯法的人，刑罚才会同他无关。

人可以犯错，因为错误属于认识范畴；人不可以犯罪，因为罪行属于法律范畴。

功可以抵过，因为它们性质相同；功不可以抵罪，因为它们性质不同。

要打击犯罪，以保护社会的安定，同时也要努力铲除产生犯罪的土壤，后者比前者更重要，也更艰难。

好好一个细胞，就是因为发生了癌变，于是就危及整个肌体；好好一个人，就是因为把持不住自己，于是就变成了社会的蛀虫。

守法和有良心的人，即使有迫切的需要也不会偷窃。可是，即使把百万金元给了盗贼，也没法儿指望他从此不偷不盗。

（五）追求公平

所谓社会公平，就是社会公认的合理差别；所谓合理差别，就是在公平的尺度下，社会允许存在的不一致。

社会公平是一个历史概念。不同的生产力发展水平，不同的社会历史时期，不同的经济时代，公平有其特定的标准和内涵，任何超越社会客观存在的社会公平，都不会存在，也不可能存在。

社会公平是一个发展概念、比较概念和相对概念。对社会公平不要做绝对化的理解，值得提倡的行为是投身到改变社会不公平的斗争中去，使社会公平不断发展、不断进化、不断在更高层次上得到体现。

人们最根本的权利是享受，人们最根本的义务是劳动。但是没有劳动能力的人也应该分享劳动成果，这就是人性的特点，这就是社会的倾斜，这也是社会的公平。

机会均等是一种社会公平，但这只是竞争起点的公平，并且它还必然会造成竞争结果的不公平。

摆正个人与社会之间的利益关系为公，摆正个人与他人之间的利益关系为平。非公正难以做人，非公平难以处世。

公平的社会环境是有所作为的关键所在。

人世间从来就没有自然而然的绝对公平。也许正因为如此，才会产生志士仁人；也许正因为追求公平绝非易事，志士仁人才显得格外可贵。

不公平的社会生活，可以令强者奋发。然而奋发的目的，是为了多数人的利益去追求社会公平，还是为了自己的利益去制造新的社会不公，却是强者和强盗的分水岭。

如果说社会上存在着一条公平线，那么在公平线之下的是广大群众，在公平线之上的是特权阶层。广大群众要求公平，是因为现状对他们不公平，特权阶层要求不公平，是因为现状对他们"公平"。谁要想提高社会公平线的水准，谁就会伤及特权阶层的利益，但同时也会得到广大群众的赞许。

人与人之间的道德是诚信，人与社会之间的道德是正义。没有正义就没有社会的公平公正，没有正义就没有天下的太平安定。

差别是客观存在，平等只是一种主观愿望。只有用差别的观念来看待平等，平等才可能存在，只有用平等的观念来对待差别，差别才可能有度。

平等地分配社会的好处与坏处，平等地分配社会的权利与义务，就是社会公平。所谓平等并不是绝对平均。好处多的人坏处也要多，权力大的人义务也要大。除此之外，对不同势能的群体还要有适度的倾斜，这样才会有社会心理平衡所带来的平等。

由于不同的社会背景，资质相似的人要取得同等的成功，需要付出不同的努力,这是一种社会不公。因此,要想获得更大的成就,就要努力走出一条属于自己的路,不论开辟这条道路将何等艰难。

(六)公与私

要分清一种行为的公私性质,必须把它放到更大的公的环境中去衡量,才能做出正确的评价。

从个人利益来看,正当的个人利益为公,不正当的个人利益为私。

从公利来看,国家利益为大公,正当的个人利益为小公;集体利益对于个人为大公,对于国家又为小公。

在对待利益问题上,公众的利益必须得到维护,公众利益的分配必须确保公平,他人的利益也不可有丝毫侵犯,只有不涉及公众和他人的个人利益才应该努力获得。

社会财富就像一块大蛋糕。人们只用较少的时间与他人做横向比较,看看已经分配的部分是否分得公平;人们会用更多的时间盯着剩下的部分,看看未分配的部分自己是否还会有所得。

官吏是蛋糕生产的组织者,他们工作的原则是把蛋糕做得越大越好;官吏也是蛋糕分配的操刀者,他们分配的原则是分得越公平越好。法律不仅要保证公平,而且要保证各人手中的蛋糕不被他人夺去,法律更要保护剩下的蛋糕不要被人窃走。法律最难对付的不是生产者也不是消费者,而是操刀的官吏,于是才出现了腐败现象。

创造财富是人类最光荣的事,分配财富是人类最头疼的事。许多时候就是由于分配不当,于是好事就变成了坏事。

人的社会性行为,会造成社会影响。这种影响既有大小之分,又有好坏之分。人们做任何事情时,都要顾及到社会影响,不顾及不行,把它看得过重也不行,因为两者都会令你一事无成。

个体生存在群体之中,群体存在于社会之中。为此,个体与个体,个体与群体,群体与群体,个体、群体与社会都难免发生矛盾。一个人只有识大局、顾大体,才称得上公道;如果不顾大局,即使在小利上能够摆平,也不能算正派。

聪明要是和私心结缘,小则可以毁掉自己的人格,大则可以毁掉公众的事业。

为了人类、为了社会、为了他人,才会有真善美;为了自己的长生不老、

为了自己的来生来世，恐怕就用不上真善美了。

每个人的生存都要依赖周围的人，每个人也都为周围的人所依赖。所以任何人的行为都要受到环境的制约，不可以也不可能我行我素。

只要大家感到公平，那么即使环境艰难，人们也会精神愉快、干劲十足；只要大家感到不公平，那么即使收益丰厚，人们也会愤愤不平、心怀不满。

一个人如果为众人谋了利益，那他就会为众人所推崇；一个人如果侵犯了众人利益，那他的行为就会为众人所不齿。

在一个充满竞争，人人都为自己的利益奔波的世界上，只有那些愿意帮助他人的人，才会得到众人的信任。

（七）得与失

物质上富有的人可能会沦为乞丐，精神上富有的人却不会无家可归。

物质的匮乏往往带来心灵的充实，因为人们会把全部身心投入到匮乏物质的获得上，同时谁都不会也不敢有过多的奢望。物质的丰富往往带来心灵的空虚，因为追求精神上的富有，不仅不那么容易，反而更难。

物质上的富有是常人的期盼，于是就你争我夺；精神上的富有是仁人的期盼，于是就安贫乐道。

淡泊名利，不是不需要名利，而是不要刻意去追逐名利。要把人生看作一段旅途，而名利则是旅途中遇到的遗物，遇到了不妨把它捡起来，遇不到也无意求索。

要求利，但又不能一味求利，更不能贪利；要求名，但又不能一味求名，更不能求虚名。

要做到为利又不为利，为名又不为名。正当的个人利益是需要的，不正当的利是不能要的；正当的健康的名是需要的，沽名钓誉是不可为的。

不要起贪心。生命与钱财相比，生命重要；名声与钱财相比，名声重要；人格与钱财相比，人格重要。

在人生旅途上，往往会遇到一些大的挫折。这样的挫折有的可能会改变人生的方向，有的甚至可以改变做人的准则。

在社会生活中，人与人之间的纷争是一种自然现象，今天你胜了他败了，明天他胜了你败了。当你取胜的时候，应该多看到这是对方的失败，而不是自身的完美；当你失败的时候，应该多看到这是自身的失策，而不完全是对方的阴谋。

过度地挑剔他人会产生对抗，过度地挑剔自己会产生自卑。

任何总想毁掉他人的人也同时在毁掉自己。

有意义的争论会产生思想火花，从而使双方受益；无聊的争辩，只能伤害自己，同时也伤害他人。

对善意的有道理的批评不可以置之不理，否则你就会失去人心；对恶意的无理的攻击却不可以十分在意，否则你的人气指数也会下降。

现代人如何面对千变万化的外在世界而内心不变，如果没有内心的定力，就会随波逐流，丧失自我；但如果我行我素，桀骜不驯，又会被社会所不容。

人不应该被外物所役使、所左右，顺乎自然，就能获得人生的幸福快乐。当心灵保持这样的状态时，我们会以一种最清明的理性看见世界，也看见了自己。

贪欲往往折损了人的本性，使人成为物质的奴隶。人的欲望是没有止境的，如果一个人丢失了自己的本性，在疯狂地追求物质利益的同时，灾难也会随之而至。

谁推卸本该由自己承担的责任，谁就会把自己推入到孤家寡人的境地。反之，谁敢于承担责任，谁就会争得人心，因为别人与你相处时会有安全感。

不要以工作的结果为重，而要以自身的工作能力和工作态度为重；不要以他人的好恶为重，而要以自身的人格和自身的品质为重。这样他人才会喜欢你，你也一定会喜欢他人。

与人合作共事，要多付出、少索取，从而在他人的尊重中获得心灵的满足，在他人获利的同时自己也获得利益。

不愿意脚踏实地地做事情的人，既容易去欺骗他人，也容易被他人欺骗。

在药材中，黄连很苦；在生活中，"后悔药"比黄连还苦。

心里想着他人，愿意为他人服务的人会产生热忱的心境。不论是谁，这种心境只能从他人的友善反馈中获得。

在顺境中一味地骄狂，在逆境中一味地烦恼，都会使人毁灭。

人们常常喜欢追求意外，包括意外之财、意外之运。所谓意外就是没有付出艰辛的劳动就能有不对等的收获。殊不知来得容易的东西，失之必速。因为不仅得来时没有根基，而且失去时也不会珍惜。

落入陷阱之内才怀念平川大道，卷入激流之中才珍惜摆渡之舟，似乎有些晚了。

人人都会后悔。人生无悔，是指在鱼和熊掌不可兼得的情况下选择了后者。

但是在得到熊掌之后，失鱼之痛也会是人生的一种遗憾。

世间没有卖后悔药的。医治后悔的唯一方法，那就是重新开始。如果已经不能再重新开始了，那就把它作为教训警示他人，也可以减轻自身的心理负担。

由自我行为结果所产生的利与弊，由他人对自我行为评价所产生的毁与誉，由自身情感对行为结果所产生的苦与乐，都是左右人心的力量。能不为利弊、毁誉、苦乐所动的人，必然是一个为大众所敬重的人。

荣也好，辱也好，都是自身行为的结果。同样，高尚与卑鄙，志向与野心，也都是自我行为分化的结果。

能上能下，能屈能伸，方为大丈夫。

在人世间只有自己搞垮自己的事，而没有被他人整垮的人。他人摧毁性的力量，莫过于秦桧以莫须有的罪名在风波亭害死岳飞，然而岳飞没有死，他的英名活在历代人的心中，秦桧却甚至没有活过，他的身躯永远跪伴武穆青冢。

什么是光荣？光荣就是奉献，光荣就是牺牲。说当兵光荣，是因为他们要用生命来保卫祖国；说教师光荣，是因为他们要像蜡烛一样燃烧自己照亮他人。

物质的东西越多，人的精神越容易迷惑。

不惑就是用减法，不该得的不得，不该交的朋友不交。

人人都希望过上幸福快乐的生活，而幸福快乐只是一种感觉，与贫富无关，同内心相连。

现在我们的眼睛，看外界太多，看心灵太少。

关爱别人就是仁慈，了解别人就是智慧。

没有道德的勇敢是这个世界上最大的灾害。勇敢有时候表现为一种理性制约下内心的自信与镇定。

生活中会有许多不如意甚至不合理，也许凭个人的力量无法改变，但却可以改变自己的心情和态度。从某种意义上说，一个人心中有什么，他看到的就是什么。

对半瓶好酒，悲观的人想：这么好的酒为什么只有半瓶；乐观的人想：这么好的酒还留半瓶真好。

虚荣心是一种变态的自尊心，虚荣心是消费欲望过高、而支付能力偏低导致的结果。

人生的许多失败，往往不是因为条件所致，也不是因为能力所致，而是源于自身的虚荣心。只是为了让他人看得起，于是就戴上假面具，专门去干自己赔本的蠢事。

人们常常炫耀自己的目的，仅仅是为了听一句他人的称赞，以满足虚荣的心理需求。

如果说贪婪是罪恶之本，那么虚荣是精神上的贪婪；如果说伪善是罪恶之表，那么虚荣就是道德上的伪善。

为人不可以放纵虚荣。在虚荣心的驱使下，真理可以成为谬误，善良可以变为恶劣，优美可以转为丑陋。在虚荣心的驱使下，人们不但可以出卖肉体，甚至可以出卖灵魂。

好大喜功的人必然爱慕虚荣，爱慕虚荣的人就会不择手段。无聊的举止、乏味的言行，必然令人生厌。放大一点说，浪费了他人的生命；缩小一点说，剥夺了他人的快乐。

健康的羞耻心都是同他人利益相关联的，因此也是可以见得了人的，这种东西即使公之于众也会得到他人的理解，受到他人的尊重。

不善于交往又比较好强，不善于学习又缺乏灵活性，于是就固执己见。

如果对任何事都愿意表态，包括自己不熟悉的事也不听取他人的意见，那么这个人不是狂妄就是野心过大。

越认为自己重要的人，越喜欢表现自己；越喜欢表现自己的人，形象就越是渺小。

人们之所以会为了小事而大斗，其实为的并不一定是物质利益，而是为了一点自尊，甚至是一点虚荣，一点面子。要知道在常人眼里面子可不是小事。

出于首因效应，一个人表了态之后，都会坚持下去，与其说这是自尊的需要，不如说是怕伤了面子。

对有成就的人大肆攻击，是一些人满足自我虚荣心的一种手段。

一个人如果仅仅为了争一点面子，保一分虚荣，就与人以死相拼，实在是愚昧至极。为此，爱面子、要面子是自尊自重的行为，有时也是爱慕虚荣的表现。

为了面子，常人可以拼命劳作，也可能拼命抗争。然而能够事事讲道理而不讲面子的人，也只有圣人了。

有人为了一点小事而大动干戈，于是就有了许多的刑事案件。有些人为了自己的面子而与他人争斗，争斗的结果不是伤害他人，就是被他人伤害。争斗之前不妨扪心自问，是失掉一点面子好呢？还是丢掉性命好呢？

在动物界中，人类是唯一知道羞耻者。如果一个人不知道羞耻，那就说明他还没有进化。

健康的羞耻可以限制不良行为，鼓励优良行为。不健康的羞耻是一种危害

性极大的情感，它可以导致人的行为扭曲。

不知道羞耻的人不会有美德，羞耻心是人的品格的制动器和保护阀。

一个人要是到了不知道羞耻的地步，那就没有任何良药可治了。

树要没皮，必死无疑。人要是没有脸皮，虽不至于必死，但是灵魂肯定已经被蛀空了。

知羞耻的人不会搬弄是非，所以容易被人信任，容易与人相处，也容易交到忠实的朋友。

知羞耻的人多文静，更善于听他人讲话，多听则多思，所以更易明白事理。

真心送，只有一个也舍得给。真心给，哪怕千万也不够用。骗朋友仅是一次，伤自己却是终身。

人生百年，有所得，就有所失；有所失，就有所得。既然如此，就要达观处事，豁达为人。

（八）对与错

人们只有在什么都不做的时候，才不会犯错误，然而什么都不做本身就是错误。

假如他人是你的父母妻儿，假如他人是你的兄弟姐妹，假如他人是你的亲朋好友，做过一系列的假设之后，再决定面对的事情该如何处理，一般不会出大错。

只要是正当的行为就要坚持下去，只要坚持到胜利，任何非议都将会转化为赞赏。

做事勤快机敏，必然人人喜欢；张口废话连篇，必然人人讨厌。一个自认为从不改变主意的人，如果自己不是傻瓜，那就是为了欺骗傻瓜。

你没有权力停止他人对你的攻击，你却有能力决定他人的攻击对你有无伤害。

他人错了，不要指责，那是为了尊重他人的需要和自己事业的需要；自己错了，不要搪塞，那是为了尊重自己的需要和自己事业的需要。

"走自己的路，让他人去说吧。"只要选择的路是对的，这句话就是真理；如果选择的路是错的，这句话就是谬误。

你的行为是对是错，是好是坏，既不在于自我感觉如何，也不在于支持者的多寡，而在于实践的检验和时间的认可。

手握剑柄，利刃朝外，可以御敌；手握利刃，授人以柄，等于自杀。

内疚是人们对自己过失行为的情感反应。

关注别人的缺点，本质上是为了取得自己的心理平衡。

一个人如果对一件事深信不疑，那么你就很难改变他的看法，不论这种深信是对还是错。

一个一点缺点都没有的人，不会去注意他人身上的缺点。正因为自身都有缺点，所以对他人的缺点才格外关注。

为自己的错误辩解，那是多数人的正常行为；不为自己的错误辩解并坦然面对，那是少数人的高尚行为。

面对可以预见的过失，不论付出多么大的代价也要避免。人人都会犯错，但并不是人人都肯认错。多数人犯错后都会在私下里后悔，只有少数肯于在大庭广众面前认错的人才能够主宰他人。

自己主动承认错误，并非人人可以做到；逼迫他人承认错误，几乎人人都可以做到。

人的一生不可能不犯错误，但要尽量避免大的、全局性的、长期性的错误，因为这种失误会令人遗恨终生。

人可以犯错误，但不可以犯法；人可以犯认识上的错误，但不可以犯品质上的错误。一旦犯了认识范畴之外的错误，痛改前非，总比固执错误好，但是痛改前非也不如事前无非。

人们往往容易在最努力、最卖力的时候出现错误。因为对一件事的专心致志，就可能顾此失彼，就可能产生漏洞，就可能出现偏差。

不要要求批评自己的人本身没有错误。如果以此为标准，那么世界上就不会有可以批评他人的人。因此，要求他人完美，本身就是一种错误。

犯了错误，首先要认错，而不要去攻击他人指出自己错误的态度和方式。

人可以进步，那是在错误被改正之后；草可以肥田，那是在杂草被除掉之后。

有错是错，不肯认错会错上加错；有错是错，认错并改正就又无错。

当自己的行为已经对他人构成危害时，就会招来非议和批评；当自己听到不利于自己的信息时，就应该调节自己的行为。

人的行为总会有对有错。有错就要知错，知错就要认错，认错就要改错。知错不改，不如不知。

对待自身的失误要敢于承认，并勇于改正，承认自己的错误是一种美德。但是如果以承认错误为名，行损害他人之实，那就不是美德而是缺德了。

（九）真与伪

"色厉内荏。"表面上看起来很强大、很厉害的事物，也许实质上很软弱、很空虚。因此表面强大的事物可能是强大的，也可能是在用强大的外在假象来掩饰内在的虚弱实质。

有些分歧表面上看起来很严重，其实倒也未必，只要是互相沟通，双方就会发现有许多相互一致的地方。

"装相儿"就是假象。位高于人而技不如人者装，为的是一点尊严；金玉其外而败絮其中者装，为的是一点面子。然而装相儿也并非全都又假又恶又丑，在癌症病人面前装相儿是善，而不装倒成了恶；在戏剧舞台上装相儿是美，而不装则成了丑。

要讲真话，不要讲假话，不要讲官话，不要讲套话。假话没有人信，官话没有人听，套话没有人学。

鹦鹉的可爱之处，在于它会学舌，可人不是鹦鹉。

掺了水的酒自然十分难喝，可是掺了水的话却显得格外动听。为此当他人百般恭维你的时候，不仅要仔细地分析这些话里有多少水分，而且一定要完全弄清楚恭维者的真实目的。

说真话会伤人，说假话会伤心；伤人的事容易和解，伤心的事很难平复。

在巨大的压力面前，装得镇定自若，可以稳定军心；在濒临死亡的患者面前，装作若无其事，可以减轻病人的痛苦；在敌人精心设计的陷阱面前，装作愚昧无知，可以减少祸患；在不能匹敌的强权面前，装作软弱可欺，可以免遭祸殃。这些都是无可奈何的善装。

只要是社会需要，人们还会继续地装下去，因为利害攸关；只有当社会环境变得令任何乔装都有害无益时，才可能恢复人类那种纯真的人性。

要认真地对待生活，要严肃地对待生活，这无疑是重要的。然而必要的逢场作戏也是生活的一种需要，只是不可以游戏人生罢了。演木偶戏离不开围台布，变魔术离不开障眼布。

"君子坦荡荡"也只是做人的一种努力方向而已，世间每一个活生生的人都会有不同程度、不同内容的隐私，只要这种隐私不是见不得人的亏心事就好。

明明是满腹草莽，却要装作斯斯文文；明明是心存狡诈，却要装成忠诚信义；明明在落井下石，却要装得悲悲戚戚；明明是内心空虚，却硬要装腔作势。这些都是处心积虑的恶装。

被他人抛弃了，也能装得若无其事；被他人击败了，也要装得满不在乎。这就是骄傲而又自负的人。

在人际交往中，谁也看不清他本来面目的人，就是一个阴险奸诈的人。

真的东西往往并不美丽，因为它不需要任何伪装；假的东西往往格外动人，因为离开伪装它就会一无是处。

见人只说三分话，是为了明哲保身；打掉牙往肚里咽，是为了保全面子。这些都是世俗相袭的伪装。

对上一个样，对下一个样；今天一个样，明天一个样；此处一个样，彼处一个样：这就是所谓的投机分子。

在门洞里叫得最凶的，是离开主人不敢出门的狗；对某种事物特别敏感的，正是对该事物最有经验的人。

（十）正与邪

一个光明磊落、坦荡无私的人，不会有任何畏惧，因为不论是明枪还是暗箭，都伤害不了通体透明的人；然而这种情操却来之不易，于是人们才盛赞这种品格。

人生在世总要同社会、同他人打交道，如果在社会交往中不是以损人的目的开始，就不会以害己的结果告终。

世间无鬼，心中有鬼；心中无鬼，何来惭愧？如果见得了人，怕从何来？如果见不得人，怕有何用？就总体而言，就历史而言，总是邪不压正；就个体而言，就现实而言，邪胜于正的事并不少见。即使如此，做一个真正的人，还应该走人间正道。

世间有正气就必有邪气，当邪气侵入人体时，必将致病；当邪气侵入社会生活时，必将致乱。

鄙视邪恶，也要有战胜邪恶的信心、勇气、智慧和能力，否则就会正不压邪。

"多行不义必自毙。"不义之事本不可为，不可为之事若多为之，必然处于众目睽睽之下，必然处于众人声讨声中。

人言可畏，是因为自身无病，人言有病；人言可贵，是因为自身有病，人言无病。无病而畏人言就是有病，有病而贵人言就是无病。前者之病，病在心理；后者之病，病在生理。

人的行为有正邪之分，由邪恶转变为正义那是浪子回头，由正义转变为邪

恶那是不走正道。同样是背叛，性质却截然不同。

酒助英雄胆，借着酒劲骂上一通，吹上一通，胸中怒气荡然无存，心情格外舒畅。酒劲一过，发觉酒后失言，一股英雄气飞到九霄云外，于是乎追悔莫及。其实，酒能乱性倒是真的，酒后失言却是假的。

（十一）好与坏

害人之心不可有，有心就会有行为，有行为就会有后果，而且后果必然与人与己两不利。防人之心不可无，你无害人之心，就认为人无害己之意，那是愚蠢；人有害己之心，己亦有害人之心，那是同等恶劣；虽无害人之心，但却被人所害，那是愚昧；既无害人之心，又不为他人所害，那才是智慧。

做善人会有善报，做恶人必有恶报。做善人外界不报，内心也报；做恶人社会不报，灵魂也报。

好人有好报。从客观上说，世上总是好人多，所以善有善报，行善者总会面对感激之情。从主观上说，好人乐善好施，不图回报，所以总是存有内心的安宁和身心的和谐。

一个人所以会受到他人的尊重，那是因为由于他的原因使他人的生活变得更美好；一个人所以会受到社会的尊重，那是因为由于他的原因使社会风气变得更纯正。

最好的给予，是给予别人希望；最好的帮助，是帮助别人实现理想。

只做好事，自然没有恶报；不图回报，自然心无烦恼。

婆婆嘴不可多，因为谁都讨厌无休止的唠叨；婆婆心不可少，因为谁都希望得到他人的关怀。

听到吉祥的话，人们也未必事事如意；听到诅咒的话，人们也未必事事倒霉，但是人们还是愿意听那些吉利话。

攻击好人的人不会有市场，赞美坏人的人不会有人相信。

虽说是物以类聚、人以群分，但是只有在好人之间才能坦诚相见，而在坏人之间必然勾心斗角。

小人也想把自己装扮成君子，殊不知君子并不是装扮出来的。

历史是现实的一面镜子。纵观历史，那些为国为民者，被人们尊为忠良；那些害国害民者，被人们贬为奸佞。

好人没长寿，并不是说好人不能寿终正寝，而是人们希望好人的寿命长之又长;反之,并不是说坏人不会夭折。即便如此,人们也认为坏人活得太长了。

要做春雨,不做三春的冰雹;要做春风,不做初春的沙尘暴。

如果一个人无论优秀或卑劣,都会令他人记忆终生。即便如此,还是应该努力地把自己塑造成一个优秀的人。

"人到无求品自高。"这是相对而言的,人生在世,不可能无求。只要做到不苛求于人,不滥求于人,就可以称为上乘人品。

再好的人也有自身的利益,全无个人利益者是神而不是人,因为只有神才不食人间烟火。

好人并不是没有缺点的人,而是不断抑恶扬善的人。

蛇要是咬人,可以用药来医;人要是咬人,就得用法来治了。

罪恶和金钱没有必然的联系,只有当一个人把全部的爱都给了金钱的时候,罪恶才会和金钱有不解之缘。

做好人难,做坏人也难。做好人难是因为有坏人,做坏人难是因为有法律。其实做坏人比做好人更难,一旦误入歧途,想迷途知返都不容易。

在哲学领域里,哲学家之间的根本分歧不可调合。但是在做人这一点上,所有的哲人观点都比较一致,都崇尚品格高尚的人。

送给社会一份清白,献给他人一份爱心,留给自己一份坦荡。要同情他人,理解他人,谅解他人。要同情他人的不幸,理解他人的苦衷,谅解他人的失误。在自我的人生词典中,不宜有怨恨二字。

好人做事的基点不是为了图好报,为了好报而行善者,未必就是好人。

因为他给了你利益,所以他是好人;因为他损害了你的利益,所以他是坏人。这往往就是某些人衡量好人与坏人的标准。

认为一切都好的人心地过于善良,认为一切都坏的人心地过于阴暗,而对一切都无动于衷的人心地又过于冷漠,这些类型的人都不足以效仿。

一个人做了一件亏心的事,会一夜不得安宁;一个人做了一件黑心的事,会一生不得安宁。

中国人历来重官轻商,现在似乎重商轻官了,其实大可不必有重有轻。在社会上生活的人,适宜做什么就做什么,不论做什么都要讲职业道德,否则就会为富不仁,就会为官不正,就会为什么都不义。

好事不出门,坏事传千里。不仅在于许多人有散布流言的兴致,而且还在于只有坏事加上流言才会格外动听。

对于恶毒的东西,不一定非要以毒攻毒,因为这样做会伤及自身。

表面上称兄道弟，背地里落井下石，这也是一种人，不过不能称为好人。

在君子群体中可以找到小人，因为有伪君子；在小人群体中却找不到君子，因为没有伪小人。

在人群中，好人会怕坏人，坏人会怕更坏的人。坏人遇到好人必有所得，好人遇到坏人必有所失。

坏人之所以会肆无忌惮，因为他们没有善念，也因为他人唯恐避之不及；好人之所以防不胜防，因为他们没有恶念，也因为他人只图明哲保身。

（十二）优与劣

原谅他人是一种美德，原谅自己是一种堕落。

一个人如果能够做到任何行为都无愧于心，那么这个人必然光明磊落。

身为一张白纸并不可悲，可悲的是纸张上已经涂满了丑恶。同样去杀人，有的人是凶手，有的人是英雄；同样是死亡，有的人是人渣，有的人是烈士。

眼高手低的人必然傲慢，言过其实的人必然自吹，缺乏责任心的人必然回避过错，讨好他人的人必然不肯卖力，达不到目的的人必然抱怨他人。

骄横的人十分任性，粗暴的人最易冲动，过分自负的人全都会刚愎自用。

习惯不是与生俱来的，习惯有好坏之分，好习惯可以把人铸成神灵，坏习惯可以把人铸成魔鬼。

任何人都有自己的行为习惯，如果一个人以奉献为习惯则会为人所爱，如果一个人以自私为习惯则会为人所弃，如果一个人以剥夺为习惯则会为人所恨。

由于怕不如人，于是就用炫耀护短；由于反应迟钝，于是就用沉默护短；由于感情脆弱，于是就用冷漠护短；由于内心痛苦，于是就用劳作护短。其实护短不如扬长。

作为个体的人，真正可取的是出污泥而不染。作为社会的人，则要努力净化自我的生存空间，净化自我脚下的一片土地。

人的可贵之处不仅在于真，不仅在于行为不加任何修饰，更在于任何不加修饰的行为都十分高尚。

一个人如果能够把自己的优点发挥得十分显著，那么他的缺点就已经不重要了。

吹牛和拍马都是一种投资，做的都是无本生意。所不同的是：吹牛者依靠自己，拍马者借助他人。

"玩物丧志，玩人丧德。"以玩为生的人，在玩弄了他人的同时也玩弄了自己。人生最宝贵的东西，或者是友谊，或者是人格，或者是心灵。

通向天堂的路为创造者敞开着，通向地狱的门为破坏者敞开着，其他的人既进不了天堂，也进不了地狱。

既然心地光明，那就不要生活在角落里；如果心地龌龊，那就很难生活在阳光下。

如果你必须同一个恶棍打交道，一种办法是你要比他更恶，一种办法是你要把他装扮成正人君子。

尊敬与恭维有本质的区别，尊敬发自内心，恭维却只不过挂在嘴上。

人总是把善和美的一面尽量地展示给他人，而将恶和丑的一面千方百计地隐藏起来，这本来也无可非议。不可取的做法是：有些人用抬高自己的手法，来掩盖自己的低能；有些人用贬低他人的手法，把行为高尚的人拉入到和自己一样的平庸之列。

想通过侮辱他人抬高自己，结果会适得其反；想运用流言来打击对手，多数会造成自身的不安。

利用窥视他人隐私的手段，来达到支配他人目的的人，一定是一个卑鄙无耻的小人。

对于一个十分恶劣但声称自己很优秀的人，你必须说他优秀，否则你就不要再想和他打交道。

谁播种道德，谁就会成就大业；谁播种理想，谁就会收获希望；谁播种勤奋，谁就会收获辉煌；谁播种仇恨，谁就会得到忧伤；谁播种罪恶，谁就会得到灭亡。

人在社会生活中，都有一张关系网。这张网如果是以道义为基础，就会有一片坚实的土地；如果是以邪恶为目的，那就早晚会树倒猢狲散。

任何以损害他人利益为目的的行为，自身都要付出代价，对他人伤害得越重，自身付出的代价也就越大。

多才多艺应该比无才无艺要好，但是才艺如果是用来危害社会，那么多才多艺倒不如无才无艺。

为人处事，一心想坑害他人，目的达到了，人格却丧失了；目的达不到，心力却交瘁了，反正总是不会有好下场的。

风度是举止大方、言谈文雅、刚健洒脱、温文尔雅、严肃庄重、慈祥和蔼的别名。

风度是一个人内在素质综合修养的外在表现，只有品质高尚才能光彩照人，只有才华横溢才会风度翩翩。人要有风度，没有风度的人难免轻浮。

（十三）明与暗

黑暗与光明就像影子与人。在阳光下，影子离开人就不能存在，然而在黑暗中，影子就再也不需要依附于人了。

在阳光下，任何物体都会有阴影，任何物体的阴影都不会覆盖物体本身。但是，如果一个物体进入了另一个物体的阴影之中，那么它就会失去光明。

当夜幕降临的时候，奔波了一天的人们都进入了梦乡。在黑夜里睡去的人们不是为了陪伴黑暗，而是为了积蓄迎接光明的力量。

在阳光下，从明处看暗处，会一无所得；从暗处看明处，会一览无余。

（十四）创新动力

创业就是开创新事业。创业是要搞活，而不是要搞死；创业是要搞新搞好，而不是要搞乱。

所谓开拓创新，就是向困难和风险挑战。动荡时代最大的危险不是动荡本身，而是仍然用过去的逻辑做事。

把不可能的事变成可能，把不现实的事变成现实，这就是开拓创新。

所有的人都博学多才，不如每个人能在一技之长的基础上有所发明创造；所有的人都循规蹈矩，不如每个人能在自我个性的基础上开创新的文明。

能够标新立异，那是创造的动机，也是创造的结果；喜欢标新立异，那是故意的做作，也是刻意的猎奇。

创新贵在新。但是世界上从来没有的东西，可能是新生事物，可能是旧事物的改头换面。

在这个商业模式不断被颠覆的时代，往往是商业模式背后的价值观支撑着创业者不断调整他们的商业模式，以不断适应变化的环境。一个企业的价值观比这个企业商业模式的生命力更持久，力量也更大。

创新的实质是对陈旧事物的否定，否定成功了，就产生了一个新事物。

任何发明都是把知识由未知领域向已知领域转化，任何创造都是把需要从理想状态向现实状态转变。

越是禁止的地方，人们越是希望窥探；越是神秘的地方，人们越是喜欢探秘；越是艰难的地方，人们越是有兴趣探索。

科学研究发现，人的力量来源于两个方面：一是思考，二是创造。

创新是内在的突破，因而必定能够创造出新的价值。

征服世界不难，征服自己却难。人往往是这样：进步快时，就是对自己要求严的时候，反之就慢，甚至倒退。

生命的全部意义在于发现和创造，在于不断地发现自我、创造自我，在于不断地发现世界、创造世界。

科学家通过反复的实践去提炼真，道德家用虔诚的说教去追求善，艺术家用辛勤的劳动去创造美。

推动人类社会不断发展的就是科学家，推动人类社会不断有序的就是政治家，推动人类社会不断文明的就是思想家。

一个人创造了一份事业，就是为他人创造了一份利益，为自己创造了一份光荣，为社会创造了一份辉煌。

只有创新才是推动社会发展的永恒动力。所以学校教育中，重中之重的任务是创新能力的培养。

以致富为目的的人成功，那是个人的成功；以创新为目的的人成功，那是社会的成功。

一个人的一生会遇到无数关口，一个人一生中闯过去的关越多，人生就会越多姿多彩。

生活中的开拓者，在物质上不会比一般人更富有，但是在精神上却一定会比常人更充实。

在任何环境条件下，都会有人受益，也同时有人受害，可见环境条件和人的主观能动性相比，许多时候后者还是处于主导地位。

千万人的完美重复，不如每个人都开创一点新意。

只有常人到不了的去处，才会有无限风光。

根植于美好的目标，执着于自己的信念，就会为他人创造出更多的美好来。

只要是全身心地投入到一项事业中去，任何人都可能创造出奇迹。

人类生活的本质内容就是不断地创新，不断地扫荡陈旧腐朽，不断地催生新的生命。

做什么事情都要力争上游，都要不服输，都要开拓进取。

人迹罕见之处，才是开拓者的乐园。

前进是一个循序渐进的过程，也是一个弃旧图新的过程。只有接连不断，才可能始终站在行进队伍的前列。

有时候，往往是外行才能打破旧有的藩篱，发现全新的事实，从而实现看似不可能的超越。

放弃那些你根本无法改变的事，离开那些谁都不能改变的事，改变那些只有你自己才能改变的事，这就是造就伟大的成功之路。

追求卓越而不为卓越所惑，追求风流而不为风流所迷，追求情感而不为情感所陷，追求成功而不为成功所累，就达到了人生的至高境界。

只有具备足够的勇气和胆识，去做那些常人认为是傻事的事，才有可能取得开创性的成功。

有序的环境有利于生存，无序的环境有利于创造。

没有机会创造机会，没有条件创造条件，没有环境创造环境，这才是生活中的强者。

容忍零乱就易于专注，不追求完满就易于转向，不严格规范就易于突破。专注、转向和突破都可能实现创新。

事事有条不紊的人，适于管理，不适于创造；创造性的东西大多是从混乱中产生出来的。

对事业的执着和热爱，可以保持始终如一的激情。始终如一的激情，是创造卓越的前提条件。

只要能够更好地调动生产者的主动性、积极性和创造性，只要能够使人们有更大的兴趣去创造财富，不管什么样的经济机制都是好的。

科学精神不崇拜任何权威，科学精神就是实事求是精神。

要求实，就要不断解放思想，就要不断更新观念，就要不断超前思维。

实事求是，不仅要披露事物的本来面目，从而去认识它；而且还要把握它，利用它为自己服务，为社会服务。

一边倒不好，说好就没有一点反对意见；一风吹不好，说错就一无是处；一刀切也不好，说干就一个模式。这是计划经济条件下长期形成的形而上学的思维方式和形式主义的行为习惯，其根源就在于不实事求是。

要讲实话，办实事，谋实效，求实绩。讲实话不是怎么想就怎么说，办实事也不是怎么说就怎么做。实话应该是符合事物发展规律的话，军事上的诡诈为实，商业上的精明为实，朋友间的诚信为实。实事也应该是具备了客观条件的事，只有在这个前提下，才可能见实效，获实绩。

遇到问题后，首先要弄清事情的真相。有时在没有弄清真相之前，你会咬牙切齿，等到弄清真相之后，你会啼笑皆非。

没有离经叛道，就没有创新，就没有进步，但并不是所有的离经叛道都具有创新和进步的性质。

保持永恒的好奇心是创新的源泉，由好奇心到产生浓厚的兴趣是创新的动力，由好奇、兴趣到不达目的不罢休的努力是创新的途径。

追求新奇是一种健康的心理状态，然而追求新奇也同样需要脚踏实地。要使好奇心与生命共存。只有好奇才会去研究，才会去探索，才能去创造，才是点燃生命火花的火种。

没有怀疑就没有探索，没有怀疑就没有创新，没有怀疑就没有进步，只要怀疑不是为了个人私利，那就一定有可取之处。

做任何工作如果不注重信息，都容易产生偏差。在知识经济条件下，把信息看作财富，把信息看作动力，把信息看作力量，把信息看作什么都不过分。

只有把探索和创造看作人生最大乐趣的人，才会有一个辉煌的人生。

要有驾驭生活的本领。有知识、有本领的人才可能敢为天下先；有学问、有能力的人才可能敢创天下先。

有创造能力的人都会与众不同，这就是所谓的怪。殊不知创造本身就是一种怪。

"关"是通向另一个世界很窄的门，不通过努力就见不到关，不通过艰苦卓绝的努力就攻不克关。见不到关与无力攻关，都注定一个人不能够进入另一个崭新的天地。

只有成就了在常人看来不可能成就的事业时，才可以证明你的创造才能，人类社会最需要的就是创造性人才。

要创新，就要不怕失败，不怕困难，不怕打击，不怕孤立。要创新，不仅要敢于还要善于，只敢不善会碰得头破血流，只善不敢会丧失有利时机，敢而且善，创新才会成功。

谨慎可以避开风险，但也同时避开了成就大业的机会。

如果等到有了十分把握才去行动，那么机遇早就被只有几分把握的人抢走了。

"无限风光在险峰"，无限危险也在险峰。征服险峰之后，可能铸就辉煌；征服险峰之时，也可能一败涂地。

在平坦大路上昂首阔步的人不会是勇士，在温室里茁壮成长的人不会成为

英雄。因为英雄和勇士都要面对风险，又有可能牺牲。

探索是从现实世界出发，向理想世界前进；探索是从已知领域起程，向未知领域进军。探索的本身，肯定会遭遇挫折，却未必能够成功。

不敢冒险的人，成就不了大事业；而盲目行动的人，也成不了大器。

当冒险是智慧的宠儿时，就会有创造；当冒险是鲁莽的助手时，就会有破坏。

冒险有冒险的乐趣，起码胆小的人体会不到。

要前进，先要有退路。在极其特殊的情况下，可以背水一战。但背水一战不等于孤注一掷，背水一战也是为了胜利，所以任何险招都不可滥用。

如果你已经满足现状，那就是你人生的一大损失；如果人人都满足现状，那就是社会的巨大损失。

不要班门弄斧。从谦虚的角度看，有一定道理。从事物发展的角度看，则十分不可取。如果不是一代又一代的人不停地"弄斧于班门"，恐怕既不会有现代建筑，也不会有现代科技，那可真是一代不如一代了。

要下决心埋头苦干，一切牢骚都有害无益。一个单位也好，一个人也好，往往都是在犹豫不决的瞬间被他人超越。

外无压力，内无动力，任何人都难免平庸。只有动力，没有压力的人尚可以做学问；只有压力，没有动力的人就什么也做不了了。

压力是外力，动力是内力。压力小于动力则动力不足；压力等于动力则动力不增；压力大于动力，对于有潜力的人而言，会把压力变成动力，从而提高自身的动力水平；对于已无潜力可挖的人来讲，压力大于动力时，会疲于奔命，直到被压垮为止。

要保持自身内在动力和外在压力的平衡，没有外在压力也就没有内在动力，没有内在动力，也不能承受外在压力。内在动力是一种承受力，当外在压力加大到内在动力无法承受的时候，将面临惨痛的失败。要不断地增强自己的内在动力，以承担更大的外在压力，这是一条对立统一又需循序渐进的成功之路。

不论从事什么职业，能够在同行中出类拔萃的人都非常人。他们一方面具备从事某种职业的天赋，一方面付出了常人所难以比拟的辛勤汗水。

困难会成为强者前进道路上的阶梯，也会成为弱者失败后的挡箭牌。缺陷会成为强者奋发图强的动力，也会成为弱者乞求怜悯的工具。

遇到问题之后，人们难免产生忧虑。但首先要想办法，办法想出来了，忧虑问题也就解决了。

经济学家常说，某某经济达到了崩溃的边缘，其实是耸人听闻。任何事物都可能下滑，但不可能无限下滑，滑到谷底之后，接下来只剩下一条路，那就是回升。所以不论身处何境，下滑也好，继续下滑也好，都不可怕，只要是自己的心灵不沉沦，那就总还会有转机。

人都生活在希望之中，人也都生活在挫折之中。只有能够把挫折当成希望的组成部分的人，才会有更大的希望。

一个人的心理和人格健康与否，首先表现在对待挫折问题的能力和方式上。一个连挫折都经受不起的人，不可能在艰难跋涉的道路上成就事业。

事物总是波浪式前进，螺旋式上升的，人也如此。人不能总是直线前进，总会有停顿乃至后退的时候，这就是所谓挫折。其实只要是志向坚定不移，那么挫折就会成为前进中的号角，就像做菜时的作料一样。

小的挫折如水上涟漪，几乎人人津津乐道；大的挫折像惊涛骇浪，几乎人人为之变色。然而风浪过后，海面平静如初。既然风浪对海构不成威胁，那么挫折对人也不应该构成伤害。

遇到挫折时，如果能够克服，那就立即着手；如果无力克服，不妨暂时放一放，转移一下注意力，待心情平静之后，再决定怎么做。

熬不过严冬，就看不到春光的明媚；度不过酷夏，就收不到金秋的硕果。

（十五）说话做事

在职业岗位上，你怎么想的人们不知道，你怎么说的人们也未必全记得，只有你怎么做的人们会一清二楚。

可以只行动而不说话，却不可以只说话而不行动。

对他人说好话也要有度，说的离了谱，就是不离谱，说得太多，也会令人生厌。

人的行为的一个显著特点，就是说与做或者想与做的分离。于是才有了想而不做、做而不想和多想多做、边想边做等不同组合。

讲话时要简明扼要，为了怕他人听不明白而反复强调，那就是自己不明白。

世间最不可靠的是甜言蜜语，然而人们喜欢听；世间最不可避免的是闲言碎语，然而人们喜欢躲；世间最不可少的是轻言细语，然而人们喜欢吵。

对成功者的羡慕，那是眼睛的功能，只有动起手来，你才可能由羡慕他人到被他人羡慕。

能做小事的人未必能做大事，不能做小事的人却一定做不成大事。

做大事业的人不要为小事烦恼，做小事业的人不要为大事烦恼；为小事烦恼的人成不了大事，为大事烦恼的人顾不了小事。

如果你连最简单的事都无能为力，那么就不要去奢望处理更复杂的事；如果你连小事也做不成，那么就不要去奢望做大事。

对于常人，不论是快乐的事，还是不快乐的事，都是小事；对于伟人，不论是快乐的事，还是不快乐的事，都是大事。

要任劳任怨。在社会生活中，有的人任劳任怨，有的人任劳不任怨，有的人任怨不任劳，有的人不任劳又不任怨。任劳不任怨者嘴一份手一份，一边干一边唠叨，活也干了，人也伤了。任怨不任劳者倒有可取之处，任凭怎样批评，绝不反抗，只要是不干就行。不任劳不任怨者最难办，活不去干，话还不准说。第四类人是无赖，第三类人是"滚刀肉"，两者都不可取，第二类人劳而无功也不值得效仿，算来算去只有任劳任怨一条路可走了。

（十六）成与败

成功与失败就像人和影子，形影不离。只有当一件事情完结之后，它们才会同时消失。

凡事都要向坏处着眼，往好处努力。向坏处着眼就是要想到各种不利的结局，往好处努力就是要争取最好的结果。只有成败、福祸都在意料之中，才会胜不骄狂，败不气馁。

人们从挫折中得到的教益，比从胜利中得到的教益要多得多。

世界上没有绝对的成功，也没有绝对的失败。成功中暗藏着失败的危险，失败中预示着成功的可能。为此，不论是在失败之中，还是在成功之后，都要保持清醒的头脑。

一个人之所以会伟大，不在于他获得了多少常人所不具备的知识，而在于它开辟了有利于常人前进的道路，还在于他开创了符合常人利益的业绩。

结果，是目标的实现程度。目标确定之后，就要全力注重目标的实现过程，只要过程不偏离目标，结果只会有数量的增减而不会有性质的变化。

在功劳面前要先人后己，在过失面前要先己后人。

诿过于人是人性中的一种弱点，诿过于人是弱者的专利，不是强者的行为。

酒是成功者面对现实的兴奋剂，酒也是失败者逃避现实的麻醉剂。可见功不在酒，过亦不在酒。

一个人事业上的成败与环境条件有关，而与这个人品质的优劣关系更大。

顺应时代发展的需要就会走向成功，违背时代发展的需要就会走向失败。

在通向事业成功的道路上，有人与自然的关系，有人与人的关系。人与自然的关系比较好处理，一旦发现错误纠正过来就是了；人与人的关系就没有那么简单，因为有人会千方百计地助你成功，也有人会挖空心思地让你失败。所以，从某个角度上说，一些人的成功在于谨慎，而一些人的失败在于大意。

有时成功与失败的界限非常清晰，于是才有满盘皆输的事。有时成功与失败只有一步之遥，这时英雄与懦夫只在一念之间，再坚持一下就可能成功，不去坚持本身就意味着失败。有时候，人与人的意志较量也仅在于谁能够再坚持一下。只要还有一线希望就不要轻易放弃，只要还有一线希望就要努力争取。所以说绝处逢生，也是人们自身努力的结果。

任何人都有缺陷和不足，只要不是本质的东西就不要在乎它；对缺陷太在意，必然导致怯懦，怯懦就会失败；对缺陷不在意，说不定成功之后，缺陷倒成了特征。

智者千虑，必有一失；愚者千虑，必有一得。

成功者与失败者或更大的成功者之间只有一步之差，失败者与成功者或更大的失败者之间也只有一步之遥。

像任何事物一样，失败不会是完全的失败，成功也不会是完全的成功，正确不会是完全的正确，错误也不会是完全的错误。

成功的本身是竞争的结果，但成功的过程却不应该是对竞争对手的伤害。只有这种成功才是通向更大成功的阶梯，只有这种成功的喜悦才能被他人分享。如果以伤害他人为目的，那么那种成功就离失败不会太远，或者说那种成功的本身就是失败。

任何一位伟人都有过失败的经历。伟人与常人不同的是，他们把失败看成是人生的组成部分，因此他们可以超越过去的失败，走向未来的成功。

成功是可贵的，由失败到成功也是可贵的，而不怕失败的品质更是可贵的。

常胜将军是没有的，打了败仗并不可怕，可怕的倒是只能打胜仗而不能打败仗的将军——这种人一旦失败，就会一败涂地，一蹶不振。

成功是需要的，因为它是行为的直接目的。失败也是可以接受的，因为失败会告诉你通向成功的路在哪里。

个人的历史是由个人的言行写成的，个人的历史又是成功与失败的综合。善于变失败为成功的人会得到更大的成功，苦于失败而不能自拔的人将陷入更

大的失败。

在事物发展过程中,内因与外因同时存在,缺一不可,所以不要把成功完全归功于内因,也不要把失败完全归罪于外因。

事业像玫瑰,只有避开遍布的刺,才可以收获美丽的花。

只要还没有到终点,先进者就有失败的可能,落后者也还有胜利的希望。

中国人讲失败是成功之母。只要懂得总结经验吸取教训,失败就会转化为成功;反之,如果一味地蛮干,那么就会导致新的失败。

"行百里者半九十",越是接近成功,越有全盘失败的危险;越是接近顶峰,越有跌进万丈深渊的可能。

因为江河有落差,才形成了瀑布,落差越大,瀑布越壮观。因为事业有成败,才铸就了生命的风采。往往是失败得越惨烈,成功得也就越辉煌。

成功有成功的喜悦,成功会使全部辛苦变为甘甜;失败有失败的情趣,只要是有进无退,勇往直前,失败就必将会转化为成功。

人生最大的快乐,不在于目标实现之后,而在于追求目标实现的过程之中;人生最大的本领,不在于由胜利走向胜利,而在于能够变失败为成功。

经不起失败考验的人和经不起成功考验的人都将成为败军之将。

最得意的时候也往往是最危险的时候,因为得意往往就会忘乎所以,因为过分地得意往往就会招来失意。

急于求成是人性中的通病。那些不急于求成又不断取得成功的人,大多是在失败中磨炼出来的人。

任何伟人的起点都是常人,任何大事业的起点都是小事业,任何大成功的起点都是小成功。

更大的目标,更大的勇气,更大的能力,更大的毅力,意味着更大的成功。

目标高远者成功则大,目标低近者成功则小;为国为民者成功则大,为家为己者成功则小。

新生的事物,社会的时尚,多数人的意志,都可能在不同时期形成不同的社会潮流。只有那些坚定不移、坚忍不拔地沿着自己选定的正确方向拼搏,并不为不断变换的社会潮流所左右的人才可能取得更大的成功。

心要静,静下心来专心致志于学习和工作,就一定会获得成功。心要不静,心浮气躁,就会一事无成。

走向成功的第一要素是方向和目标,只有方向正确、目标可行,才能算得上成功。

走向成功的第二要素是认真，只有认真，才会在相同时间内比他人做得更多更好，做事不认真的人收效必微。

走向成功的第三要素是毅力，是持之以恒，是百折不挠。

因此方向正确加上认真，再加上毅力，就等于成功。成功的前提是目标的正确，成功的条件是坚强的毅力，成功的谋士是经验和教训，成功的伴侣是信心和决心。

任何成功都是要付出代价的，事业越大需要支付的学费越高。

事业的成败不仅取决于智力因素，更取决于心理和人格因素。一个意志力薄弱、人际关系紧张、社会适应能力很差的人，不可能取得大的成就。

不少成功的人，往往是无数次地修改方法，但绝不轻易放弃目标；而总是在修改目标，就是不改方法的人，往往很难取得持续的成功。

奋斗和成功都是人生意义之所在。如果认为只有成功才有意义，那么人生意义就过于渺小；只有认为奋斗比成功的意义更大，生命才会成为一架永动机。

对于要完成的具体任务要胸有成竹，不打无把握之仗，要进行多方案比较，选择最优方案；要处理好意外随机事件，要力求做得更好。

"它山之石，可以攻玉"，我山之石也可以攻玉。不论何山之石，取石在于攻玉，攻玉在于得玉，而非其他。

只管攀登莫问高，这是一种现实的人生态度。不同的人有着不同的环境条件和自身条件，一个人能攀登到什么高度是个人的事，不要和山做比较，也不要和他人做比较，只要是达到了自己的预期目标，那就是一个生活中的成功者。

既然有古往今来，既然是天地四方，那就决定了任何人都不可能成为最杰出、最伟大的人。因此，只要你坚持自己的志向，走出自己的道路，塑造出一个优秀的自我形象，就会获得你自己人生的最大成功。

在通向成功的道路上，除了坚实的脚印，就是劳动的汗水。

智商较高，如果聪明反被聪明误，同样难以成功。智商平常，但有一技之长并持之以恒，同样会取得成功。

任何人都有独立行动的自由。有的人充分利用这种自由，专心致志地朝着既定目标前进；有的人充分享受这种自由，毫无目的地在成功的大门外面徘徊。

不是脚踏实地地去努力，而是处处碰运气，这就是投机。投机带不来真正的成功。

成功的喜悦只是瞬间的体验，而成功的过程则是充满苦难的。要想成功，就要学会忍辱负重。

希望成功,争取成功,但同时也要有不成功的心理准备。

小的成功是用汗水浇灌的,大的成功是用心血浇灌的。一个人决心做一件事,就要把全部身心投入其中。

任何成功都与自己的付出成正比。心胸开朗是成功者的基本素质,只要喜欢自己所做的事,就会加倍努力,就会无视困难,就会取得成功。

兴趣和事业的统一是胜利的保证。对事业没有兴趣,仅凭毅力也可以成功,但不会有大的成功。

如果某种缺点,已经成为你前进道路上的绊脚石,那就不可小视,不可置之不理。除此之外,要永远把发扬你的优点放在首位。

决定今天的不是今天,而是昨天对人生的态度;决定明天的不是明天,而是今天对事业的作为。我们的今天由过去决定,我们的明天由今天决定。

成功的人都喜欢回忆艰苦创业的历程,以此来证明他的成功来之不易和个人的非凡才能。

当一个人需要把心中的不快发泄出来时,首选对象一定是弱者;当一个人需要把自己的成功对人炫耀时,首选对象一定是强者。

对有些人,成功是一种动力,于是又走向新的成功;对有些人,成功是一种阻力,于是就躺在功劳簿上不思进取。

任何事物的发展过程,都不会一帆风顺,也许正因为如此,人们才对来之不易的成果格外珍惜。

即使你取得了空前的成就,但和人类的未来相比,和整个宇宙相比,也还是微不足道、极其渺小的。

一个人在一件事情、一个领域取得成功之后,人们就会蜂拥而至,后来者多数并不是为了学习成功的经验,而是为了分享成功的利益。

成功是攀登高峰时的相互扶持,成功是披荆斩棘时的相互照应,成功是为他人开辟道路,成功是为后人创造福祉。

成功的角色是由合格的演员扮演的,合格的演员是由合格的人充任的。

不怨天尤人,不嫉妒他人的成功,自己才有走向成功的可能。

事业的成功并不等同于职务的攀升。科学家、艺术家都是成功者,而他们手中却没有任何权力。可见权力并不等同于事业,事业的范畴要比权力大得多。

人生如下棋,有赢亦有输。赢者未必常赢,输者未必常输。但是只要输了,一要认输,二要不服输,三要变输为赢。

要有大将风度,失败了就是失败了,无需自我解嘲,更不要做精神乞丐。

一次失败并不意味永远失败，只要有卧薪尝胆的决心和意志，何愁不能东山再起？

实践的失败是经验的开端，试验的失败是发现的开端，工作的失败是成功的开端。

只有遭受过重大失败的人，才不会在乎在工作中遇到的各式各样的困难。

对过去的反思不仅仅是常思己过，它应该包括成功与失败、经验与教训两个方面。但是不论从哪个方面入手，反思都是为了探索，反思本身就是一种探索，它是以反思的形式探索现存问题的解决途径。

人们所以会遭受挫折乃至失败，主要是对客观对象做出了错误的判断，对主观能力做出了过高的估计。

超越了客观条件的可能，超越了自身条件的限度，必然导致失败。

事业的失败，往往不是来自环境的艰难，而是来自信心的动摇。信心一动摇必然灰心，一旦心灰意冷，失败便会接踵而至。

从失败的阴影中走出来，重新开始创造成功的转换瞬间，最需要的是自身的勇气和他人的鼓励，只有它们才具有特殊神奇的力量。

摔倒之后，在同样的地方再摔倒，与摔倒之后干脆不再爬起来的人一样的愚蠢。

不论出于多么良好的动机，只要效果不好，那就是一种失败。

对于工作的失误，不论如何众说纷纭，当事者都不可为自己寻找托词，否则就会加重失误。跳不出这个圈子的人永远也不会成熟。要勇于承担责任，尽快地找到问题的症结之所在。只有那些从主观上找原因的人，才可能不会再犯同样的错误。

面对失败，聪明人会反问自己为什么会失败、是否可以避免失败，为什么没有避免、怎样才能避免等问题，于是就变失败为成功。面对失败，愚蠢的人会千方百计地为自己开脱，于是失败之后还会失败。

任何时候都不要灰心丧气，因为它会动摇你的意志。如果意志动摇了，失败的命运也就注定了。

在失败面前，要不断地告别过去，要果断地改变自我，这样才可能产生战胜困难的勇气，才可能产生超越失败的信念。

在不可抗拒的灾害面前，在不可避免的失败面前，在毫无取胜希望的困难面前，能够挺身而出的人，同样是伟大的人。

在前进道路上，哪怕是遇到了巨大的挫折，也并不可怕。只要是经过挫折

之后，精神能为之一振，面貌能为之一新，那就会因祸得福。

经验可以使愚昧的人变得聪明，也可以使聪明的人变得愚昧；教训可以使愚昧的人变得更愚昧，也可以使聪明的人变得更聪明。

大的突破来自于小的发明，大的成功来自于小的成就，这是成功者与失败者共同积累的经验。

已经失去的机会，不会因为你的怨或怒而再来。与其怨天尤人，不如吸取教训。

莫看后路，只管前行，这是一种积极的人生态度。莫看后路，是不要让过去的失败和挫折影响前行的信心和勇气，而不是不总结经验吸取教训。

在人生道路上经验是经验，教训也是经验，它们同样可贵。

总结自己的经验教训，是走向成功的途径；吸取他人的经验教训，是走向成功的捷径。

只有接过他人手中的经验，绕过他人脚下的教训，才能走出一个更加成功的自我。

在人生道路上，总会碰壁摔跤，总有挫折不幸。对于这一切，聪明的人会把它们当作教训，从而向成功的方向转化；愚昧的人会把它们当作经验，从而唯恐避之不及。

人们来自于自身实践的理性认识，往往不是产生于成功的经验，而是产生于失败的教训。

（十七）美与丑

画鬼容易画人难。画鬼容易，易在可以任意虚构；画人难，难在确实实有其人。其实作为艺术家谁都希望画人，只是有些人画人画得不像，才改行画了鬼。

长得很丑的神仙，人们供奉；长得很美的妖类，人们唯恐避之不及。

过去的美，如今有些变成丑陋；现在一般的美，也不一定会永远占据时空。只有真美大美永存于世。人们来到这个世界上，就是为了真美大美去探索追求。

美是一种情感，也是一种力量。人们在美的愉悦中，自然会产生对丑的憎恶，同时也就产生了同丑进行斗争的动力。

美是普通中的特殊，而不是绝对的特殊。因为人类都有鼻子，所以没有鼻子的人就不美；如果人类都没有鼻子，那么长鼻子的人反而成了怪物。

一个人的美，首在品格，次在能力。无德即无真美，无才即无大美。

物要美，必须有美的神韵；人要美，必须有美的品格。

最美好的东西，是珍藏在内心深处的东西。

现实的美只要真实就美，理想的美只要合理就美。

美的东西可以与世长存，像发明创造；道德的美可以与世长存，像人生楷模。

外貌的美会随着时间的推移而逐渐消逝，心灵的美会随着时间的推移而不断升华。

现在的美为美，逝去的美更美；完整的美为美，残缺的美更美；得到的美为美，得不到的美更美。

就像没有人说自己缺德一样，也没有人愿意承认自己丑陋。于是丑才千方百计地想装扮成美，于是以美的形式出现的丑才更加滑稽可笑。

在你与人交往的时候，应该葆有心理年龄。但是在你打扮自己的时候，却千万不要忘了生理年龄。

仪表端庄不仅是一种风度，也是对他人的一种尊重，当然华美的外表应该包裹着的是一颗高尚的心灵。

人们总是希望能够尽善尽美，然而生活当中总会有美中不足。追求美是美的耕耘，创造美是美的收获。

美有时是清晰的，有时是模糊的；有时是现实的，有时是理想的。清晰的、现实的美会洋溢在脸上，模糊的、理想的美多深藏于心中。

在日常生活中，不要不修边幅，因为你的装束虽然与他人无关，但却不能让和你在一起的人感到不舒服。

人的一切都应该是美的。从外貌、衣着到内心、灵魂。然而有些人内外都美，有些人内外都丑，有些人外美内丑，有些人外丑内美。第一种人是真美，第二种人是真丑，第三种人是假美，第四种人是假丑。

（十八）快乐与仇恨

世间没有人会对爱感到满足，世间也没有人会对恨感到缺乏。世间最伟大的情感就是爱，没有爱的语言如同鸟语，没有爱的行为如同兽行，没有爱的群体就像是兵马俑，没有爱的家就像是牢房。

如果你即将离开人世，你一定不会再有仇恨；如果因为仇恨会加速你的死亡，你也一定不会再有仇恨。可见，仇恨是不理智的人用来折磨自己的一种手段。

因为仇恨而食不甘味，因为仇恨而夜不能寐，因为仇恨而日渐衰微，这都

是自己对他人深怀仇恨的结果；而他人呢？却丝毫也没有受到伤害。

一个不喜欢自己的人，也不会喜欢他人；一个人对他人的憎恶，实质上是一种自我厌恶的反映。

仇恨会使人丧失理智，仇恨之火首先烧毁的是自己的神经。当不正常神经支配人的行为时，就会有超常的报复行为，报复的结果不论成败，都会伤及自身。因此冤冤相报并不可取，只有化干戈为玉帛才是明智之举。

当自己对他人产生了恨的时候，要努力做到渐渐地原谅他人；当他人对自己产生了恨的时候，要努力请求他人的谅解。只有原谅和谅解才能消除恨，而恨本身是不会原谅和谅解的。

真诚的微笑最令人倾心，如果没有一个快乐的心境，那么任何形式的笑都将是苦笑。

有良好心境的人会永远快乐，有快乐心境的人会永远真诚微笑，而真诚微笑的人永远受人欢迎。

在欢乐时微笑显得自重，在困难时微笑显得深沉，在失败时微笑显得自信。

哭有多种，但只有新生儿的啼哭才会给人带来喜悦。

男儿的眼泪来自心灵，只要心灵不受到感动或伤害，男儿有泪不轻弹；只要心灵受到了感动或伤害，男儿也会泪如泉涌。正是由于泪源于心，所以男儿之泪才真挚，才悲壮，才动人心魄。

笑也要因时因地而宜，也要活泼而不油滑，庄重而不庸俗。

在人生历程中，每个人都会经历快乐，也会经历苦难。谁要是记住快乐而忘却苦难，谁就会生活得快乐；谁要是记住苦难而忘却快乐，谁就会生活在苦难之中。

孤寂之后的快乐会更快乐，快乐之后的孤寂也会更孤寂。为此快乐时要防止乐极生悲，孤寂时不要忘记安宁闲适。

乐观是人生之宝。有乐观的心情，就有乐观的人生。学会乐观，不如意就会转化为如意。拥有乐观，就拥有了很大的一笔精神财富。

如果你爱护自己、珍惜生命，那就不要去想那些不愉快的事，哪怕是一分钟也好。

只要你还活着，那么不论已经发生或正在发生什么，都不要让它来干扰你愉悦的心境，因为没有什么利益会比你的生命更重要。快乐可以增加人的寿命，忧虑可以减少人的寿命。

追逐快乐的人，会得到快乐；种植快乐的人，会收获快乐之果。在生活中，一心一意地生活；在工作时，一心一意地工作，自然就会感受到人生的快乐。

既然人们每天都要把许多时间花在工作上，那么如果工作不愉快，哪里还会有更多的快乐？

做自己喜欢做的事，当然快乐。然而，把自己不得不去做的事变成喜欢，也会产生快乐。

把全部身心都投入到自己为之奋斗的事业中去，你就不会再有闲暇时光来品尝悲哀、苦恼和不愉快的滋味。

如果你在这个岗位上很快乐，那么就不要到另一个岗位上去；如里你在较低的岗位上很快乐，那么就不要到较高的岗位上去，除非另一个岗位或较高的岗位也会使你快乐。

为了让生活充满情趣，为了令人际关系更加融洽，为了使教育收到最佳效果，最好的手段就是幽默。

与他人共享快乐是一种快乐，分享他人的快乐也是一种快乐。人人都追求快乐，人人都害怕孤独。由于难以从他人身上获得快乐，又不甘于孤独，于是贵妇们才养宠物。

天天想着他人的事情，天天想着他人的快乐，你一定会生活在快乐之中。

快乐可以来自各个方面，从本质上说，快乐来自一颗清白的良心。

欢乐的顶峰有溪泉，悲哀的深渊有圣光。生活就是这样：有的人在成功中退却，有的人却在失败中奋起，也有的人渐渐在习惯中麻木。生活并不完全是一首抒情诗。

人生应该如蜡烛一样，从顶燃到底，一直都是光明的。做人不要像镜子那样反光，要像海绵那样多吸收，吸收有用的，吸收有利于自己强大、有利于为社会及人类做出贡献的能量。

人生的价值，并不是用时间，而是用深度去衡量的。

当一个人用工作去迎接光明，光明很快就会来照耀着他。

先相信你自己，然后别人才会相信你。

自私自利之心，是立人达人之障。

每天务必做一点你所不愿意做的事情。这是一条最宝贵的准则，它可以使你养成认真尽责而不以为苦的习惯。

在公正无私中，你可以发现人生至高无比的乐趣。

你若要提升自己的价值，你就得给世界创造价值。

对人不尊敬，首先就是对自己的不尊敬。

一个人的真正伟大之处就在于他能够认识到自己的渺小。

心灵纯洁的人，生活充满甜蜜和喜悦。

要使别人喜欢你，首先你得改变对人的态度，把精神放得轻松一点，表情自然，笑容可掬，这样别人就会对你产生喜爱的感觉了。

人生最终的价值在于觉醒和思考的能力，而不只在于生存。

在这有限的生命里，不管你是贫穷还是富贵，不论你度过什么样的人生，最不应该扔掉的是欢乐。

（十九）幸福与不幸

人生最大的幸福莫过于得到群体的认可，人生最大的痛苦也莫过于在群体中受到孤立。

幸福和快乐对人的身体健康有益，而痛苦和悲伤却往往可以使人的心灵得到升华。

把自己的幸福，建立在他人痛苦的基础上，那是魔鬼；只顾自己幸福，不管他人痛苦，那是俗人；为了他人幸福，不顾自己痛苦，那是圣人。

幸福是一种自我心理的满足。对自身技能的最大展示，对自身自尊的最大认可，都会由于心理满足而感到幸福。

幸福是一种心灵感悟。由于科学和艺术都需要灵感，所以任何一种由灵感的升华而迸发出来的思想火花，对于科学家、艺术家来讲，都是莫大的幸福。

幸福是人们的一种主观体验，为此它永远也不会有统一的标准。同样在吃饭，多数人不会有特殊感觉，可是那些极其饥饿的人，一定会感到幸福。同样在熟睡，多数人会习以为常，可是那些长期失眠的人，一定会感到幸福。

获得幸福的客观因素，自身难以改变；获得幸福的主观因素，却取决于自身。

幸福不仅是一种比较心理，也是一种心理比较模式。心胸豁达的人总是选择弱者来比较，所以就会满足，就成为乐天派；心地狭窄的人总是选择强者来比较，所以总会不满足，就成了怨天派。

对于一个极其贪婪的人来讲，即使他拥有了整个世界，也不会满足。因此说贪婪就意味着痛苦，贪婪的本身就是痛苦。

许多人的不幸，并不是在不幸时才开始发生的，而是幸运时播下的种子。

实现了的欲望不会导致痛苦；根本无法实现的欲望也不会导致痛苦，应该实现而最终并没有实现的欲望才会导致痛苦。

如果不能把内心的真实情感表述出来，那就会感到痛苦。

欲望过于泛滥，欲望过于强烈，欲望没有止境，都会给人带来痛苦。

痛苦，有的源于肉体，有的则源于心灵。肉体的痛苦显而易见，心灵的痛苦却讳莫如深；肉体的痛苦易于忍受，心灵的痛苦却痛不欲生；肉体的痛苦可以平复如初，心灵的痛苦却难以消除。

保持心理平衡是人性的特征之一。为了改变由自己造成的心理不平衡，于是就忏悔，就乞求；为了改变由他人造成的心理不平衡，于是就发泄，就愤怒。

羞愧又不想接受羞愧的结局，失误又不想承认行为的错误，于是就以攻为守，于是就恼羞成怒。

发怒本质上是软弱而不是强大。

恼怒是在用他人的错误折磨自己，有时也是想把自己的错误强加给他人。

恼怒是一种既可卑又可怜的情感，因为怒气发泄的对象从来都不会是强者。

任何发怒的人都会神经紧张，有的人甚至会丧失理智，从而做出冷静下来之后十分后悔的蠢事。

假如你被激怒，就千方百计地反击，结果必然是一场战争。假如你能友善地对待羞辱，那么真正蒙羞的倒可能是他人。

不要激怒，对于理智而言，激怒比毒药的作用还要大。

"激怒中失理智。"平静时任何人都有理智，激怒时许多人会失去理智。

任何人在盛怒之下，都不可能做出理智的选择。

有些恐惧来自于真正的危险，有些恐惧来自于潜在的危险，而更多的恐惧则来自于自己的预见。由此可见，发自人们内心的恐惧比现实困难带来的恐惧，在数量上要多得多。恐惧的时候会浑身发抖，哪怕是在盛夏；人在羞窘的时候会满头大汗，哪怕是在寒冬。

任何人都不会没有烦恼。人与人的不同之处在于，智慧的人会化解烦恼，愚昧的人会发泄烦恼。

争名夺利也是人生的一种乐趣，但这种乐趣必然伴随着烦恼；淡泊名利倒会有真正的快乐，但那需要有更高的修为。

世上没有无烦恼的人，烦恼也并非就是坏事。没有烦恼的体验就不会有快乐的感受，没有烦恼的纠缠就不会有心灵的觉醒。由此可见，对于智者而言，

烦恼越多，人生的感悟也就越深刻。

有的人在烦恼之前本有清静，有的人在烦恼之中仍有清静，有的人在烦恼过后也有清静，也有的人却是烦恼迟迟不去，清静迟迟不来。

不能够消除忧虑的人，或者没有快乐，或者没有健康，或者没有事业，或者什么都没有。

有各种各样的担心，却很少有人担心长期忧虑下去会降低生命质量，会减少寿命。

行为是快乐的，思想不可能忧郁；思想是忧郁的，行为不可能快乐。

常人会用环境的好坏来左右心情的好坏，圣人会用好的心情去左右不好的环境。

在诸多情感中，爱与恨、苦与乐是最基本的情感。由于快乐情感的需要，才会有对成功的追求，对荣誉的追求。由于痛苦情感的左右，才会有耻辱的感觉，自卑的感觉。由于爱他人，才会有同情心；由于爱自己，才会有自信心；由于过分地爱自己，才会自私；由于恨自己，才会有自残心；由于恨他人，才会有嫉妒心；由于过分地恨，才有报复心。

面对万事万物，人人都会产生情感。并非万事万物对人有情，而是人有情于万事万物。

理智之上的情感才会持久，情感如果代替了理智，结果必然堪忧。

人们的情感像大海的波涛，没有必要阻止潮水的涨落，然而却要提防心灵的堤坝在潮水的猛烈冲击下崩溃。

功名利禄似过眼烟云，在人们心中永存的唯有一片真情。

有研究兴趣的人是幸福的。能够通过研究使自己的精神摆脱妄念，并使自己摆脱虚荣心的人更加幸福。

幸福是一个不断渴望的过程，从一个目标到另一个目标，达到前者就开辟了通向后者的道路。

真正的快乐，是对生活的乐观、对工作的愉快、对事业的兴奋。

当幸福无缘无故地敲你的门的时候，你不应该高兴，而应该警惕，你应该检查一下它的来意。

追求物质的人，所得越多，越不满足。但是，一个懂得享受精神生活的人，他即使在最低限度的物质生活中，也能领略到海阔天空心安理得的快乐。

幸福决不是别人赐予的，而是一点一滴在自己生命之中筑起来的。人生中既有狂风暴雨，也有漫天大雪。只要在你心里的天空中，经常有一轮希望的太阳，幸福之光便会永远照耀你。

　　舒适的享受一旦成为习惯，便使人几乎完全感觉不到乐趣，而变成了人真正的需要。于是，得不到这些享受时的痛苦比得到这些享受时的快乐要大的多，而且有了这些享受并感觉不到幸福，恰恰失掉了这些享受却真感到苦恼了。

　　无论男女，只有把兴趣集中在事业上、学问上、艺术上，抛开渺小的自我，才有快活的可能，才觉得活的有意义。

　　要想自己成为幸福的人，就应当对别人关怀备至，体贴入微，赤诚相见。

　　真正的幸福只有当你真实地认识到人生的价值时，才能体会到。

人 生 正 能 量
Positive Energy of Life

树立正确的人生观

人生观是人们在实践中形成的对于人生目的和意义的根本看法，它决定着人们实践活动的目标、人生道路的方向，也决定着人们行为选择的价值取向和对待生活的态度。人生观主要是通过人生目的、人生态度和人生价值三个方面体现出来的。

人生观的核心问题是认识与处理个人发展同社会进步的关系，即"私"与"公"的关系问题。马克思主义认为，各种人生观都是一定的社会生产力和生产关系的产物。评价一种人生观是进步的还是落后的，根本标准就是在于看它是否符合社会发展的要求，是否能够促进人类共同福祉的进步。

人生观是一个人准备做什么样的人，走什么样的路，做什么样的事的根本立脚点。只有树立了正确的人生观，才能有一个有意义的人生。

一、习近平总书记要求

（一）坚定理想信念

2010年9月1日，习近平总书记在中共中央党校秋季开学典礼上的讲话中指出：

> 领导干部的人生追求和价值目标，应当融入为祖国富强、民族振兴、人民幸福的奋斗之中。真正按照这样的原则对待物质利益和个人追求，才能有正确的是非观念、爱憎观念、善恶观念、美丑观念、得失观念、苦乐观念、荣辱观念，才能使自己变得精神高尚、眼界开阔、胸怀坦荡、生活充实，也才能做到淡泊名利、克己奉公、无私无畏、勇往直前，毫无保留地为国家、为民族、为人民贡献自己的一切力量。(《人民日报》2010年9月2日)

2013年1月5日，习近平总书记在新进中央委员会的委员、候补委员学习贯彻党的十八大精神研讨班上指出：

> 共产党员特别是党员领导干部要做共产主义远大理想和中国特色社会主义共同理想的坚定信仰者和忠实践行者。我们既要坚定走中国特色社会主义道路的信念，也要胸怀共产主义的崇高理想，矢志不移贯彻执行党在社会主义初级阶段的基本路线和基本纲领，做好当前每一项工作。革命理想高于天。没有远大理想，不是合格的共产党员；离开现实工作而空谈远大理想，也不是合格的共产党员。(《人民日报》2013年01月06日)

2013年6月28日，习近平总书记在全国组织工作会议上的讲话中指出：

> 现在，形式主义、官僚主义、享乐主义和奢靡之风为什么盛行？为什么不断有人沦为腐败分子甚至变节投敌，走向犯罪的深渊？说到底，还是理想信念不坚定。我常说，理想信念是共产党人精神上的"钙"，理想信念坚定，骨头就硬，没有理想信念，或理想信念不坚定，精神上就会"缺钙"，

就会得"软骨病"。为此,他提出了好干部的20字标准。其中,理想信念坚定,是好干部第一位的标准,是不是好干部首先看这一条。如果理想信念不坚定,不相信马克思主义,不相信中国特色社会主义,政治上不合格,经不起风浪,这样的干部能耐再大也不是我们党需要的好干部。只有理想信念坚定,用坚定理想信念炼就了"金刚不坏之身",干部才能在大是大非面前旗帜鲜明,在风浪考验面前无所畏惧,在各种诱惑面前立场坚定,在关键时刻靠得住、信得过、能放心。①

(二)加强道德修养

2015年10月,习近平总书记对第五届全国道德模范座谈会作出批示指出:

隆重表彰全国道德模范,对展示社会主义思想道德建设的丰硕成果,彰显中华民族昂扬向上的精神风貌,凝聚全国各族人民团结奋进的力量,具有重要意义。

道德模范是道德实践的榜样。要深入开展宣传学习活动,创新形式、注重实效,把道德模范的榜样力量转化为亿万群众的生动实践,在全社会形成崇德向善、见贤思齐、德行天下的浓厚氛围。要持续深化社会主义思想道德建设,弘扬中华传统美德,弘扬时代新风,用社会主义核心价值观凝魂聚力,更好构筑中国精神、中国价值、中国力量,为中国特色社会主义事业提供源源不断的精神动力和道德滋养。(《人民日报》2015年10月14日)

2014年5月9日至10日,习近平总书记在河南考察调研时指出:

面对纷繁复杂的社会现实,党员干部特别是领导干部务必把加强道德修养作为十分重要的人生必修课,自觉从中华优秀传统文化中汲取营养,老老实实向人民群众学习,时时处处见贤思齐,以严格标准加强自律、接受他律,努力以道德的力量去赢得人心、赢得事业成就。各级党组织要加强对党员干部的教育、管理、监督,用好选人用人考德这根杠杆,引导党员干部堂堂正正做人、老老实实干事、清清白白为官。(《人民日报》2015年5月11日)

---

① 习近平. 习近平谈治国理政. 北京:外文出版社,2014.

2014年5月4日，习近平总书记在北京大学师生座谈会上指出：

> 道德之于个人、之于社会，都具有基础性意义，做人做事第一位的是崇德修身。这就是我们的用人标准为什么是德才兼备、以德为先，因为德是首要、是方向，一个人只有明大德、守公德、严私德，其才方能用得其所。修德，既要立意高远，又要立足平实。要立志报效祖国、服务人民，这是大德，养大德者方可成大业。同时，还得从做好小事、管好小节开始起步，"见善则迁，有过则改"，踏踏实实修好公德、私德，学会劳动、学会勤俭、学会感恩、学会助人、学会谦让、学会宽容、学会自省、学会自律。（《人民日报》2014年5月5日）

（三）依靠学习走向未来

2009年，在中共中央党校春季学期第二批进修班暨专题研讨班开学典礼上，习近平总书记指出：

> 书籍是人类知识的载体，是人类智慧的结晶，是人类进步的阶梯。各级领导干部要深刻认识现代领导活动与读书学习的密切关系，深刻认识领导干部的读书学习水平在很大程度上决定着工作水平和领导水平，真正把读书学习当成一种生活态度、一种工作责任、一种精神追求，自觉做到爱读书读好书善读书，积极推动学习型政党、学习型社会建设。（《人民日报》2009年5月14日）

2013年3月1日，习近平总书记在中共中央党校建校80周年庆祝大会暨2013年春季学期开学典礼上指出：

> 中国共产党人依靠学习走到今天，也必然要依靠学习走向未来。我们的干部要上进，我们的党要上进，我们的国家要上进，我们的民族要上进，就必须大兴学习之风，坚持学习、学习、再学习，坚持实践、实践、再实践。[1]

---

[1] 习近平. 习近平谈治国理政. 北京：外文出版社，2014.

2013年7月11日至12日，习近平总书记在河北调研指导党的群众路线教育实践活动时提出：

调动领导干部和广大群众两个积极性、打牢学习教育和查摆问题两个基础、抓住整改落实和建章立制两个关键，对教育实践活动取得实效至关重要。领导干部要让群众看到自己敢于正视并解决问题的决心，看到自己拜群众为师、向群众求教的襟怀，看到自己以身作则、发挥示范带头作用的行动。(《人民日报》2013年7月13日)

（四）弘扬艰苦奋斗精神

2015年4月28日，习近平总书记在庆祝"五一"国际劳动节暨表彰全国劳动模范和先进工作者大会上发表重要讲话。他指出：

我们要始终弘扬劳模精神、劳动精神，为中国经济社会发展汇聚强大正能量。劳动是人类的本质活动，劳动光荣、创造伟大是对人类文明进步规律的重要诠释。正是因为劳动创造，我们拥有了历史的辉煌；也正是因为劳动创造，我们拥有了今天的成就。我们一定要在全社会大力弘扬劳模精神、劳动精神，引导广大人民群众树立辛勤劳动、诚实劳动、创造性劳动的理念，让劳动光荣、创造伟大成为铿锵的时代强音，让劳动最光荣、劳动最崇高、劳动最伟大、劳动最美丽蔚然成风。在我们社会主义国家，一切劳动，无论是体力劳动还是脑力劳动，都值得尊重和鼓励；一切创造，无论是个人创造还是集体创造，也都值得尊重和鼓励。(《人民日报》2015年4月29日)

2014年5月4日，习近平总书记在北京大学师生座谈会上指出：

道不可坐论，德不能空谈。于实处用力，从知行合一上下功夫，核心价值观才能内化为人们的精神追求，外化为人们的自觉行动。成功的背后，永远是艰辛努力。青年要把艰苦环境作为磨炼自己的机遇，把小事当作大事干，一步一个脚印往前走。滴水可以穿石。只要坚韧不拔、百折不挠，成功就一定在前方等你。(《人民日报》2014年5月5日)

2014年3月17日至18日,习近平总书记在调研指导兰考县党的群众路线教育实践活动时指出:

要特别学习弘扬焦裕禄同志"心中装着全体人民、唯独没有他自己"的公仆情怀,凡事探求就里、"吃别人嚼过的馍没味道"的求实作风,"敢教日月换新天""革命者要在困难面前逞英雄"的奋斗精神,艰苦朴素、廉洁奉公、"任何时候都不搞特殊化"的道德情操。(《人民日报》2014年3月19日)

2013年1月5日,习近平总书记在新进中央委员会的委员、候补委员学习贯彻党的十八大精神研讨班上的讲话中指出:

衡量一名共产党员、一名领导干部是否具有共产主义远大理想,是有客观标准的。那就要看他能否坚持全心全意为人民服务的根本宗旨,能否吃苦在前、享受在后;能否勤奋工作、廉洁奉公;能否为理想而奋不顾身去拼搏、去奋斗、去献出自己的全部精力乃至生命。一切迷惘迟疑的观点,一切及时行乐的思想,一切贪图私利的行为,一切无所作为的作风,都是与此格格不入的。(《人民日报》2013年1月6日)

(五)七一讲话和"两学一做"相关要求

2016年7月1日,习近平总书记在中国共产党成立95周年大会上发表重要讲话,他指出:

中国梦归根到底是人民的梦。中国梦的本质是国家富强、民族复兴、人民幸福。实现中国梦必须坚持走中国道路、弘扬中国精神、凝聚中国力量。
带领人民创造幸福生活,是我们党始终不渝的奋斗目标。志不立,天下无可成之事。(《人民日报》2016年7月2日)

在中共中央党校建校80周年庆祝大会暨2013年春季学期开学典礼上,习近平总书记指出:

  本领不是天生的,是要通过学习和实践来获得的。当今时代,知识更新周期大大缩短,各种新知识、新情况、新事物层出不穷。有人研究过,18世纪以前,知识更新速度为90年左右翻一番;20世纪90年代以来,知识更新加速到3至5年翻一番。近50年来,人类社会创造的知识比过去3000年的总和还要多。还有人说,在农耕时代,一个人读几年书,就可以用一辈子;在工业经济时代,一个人读十几年书,才够用一辈子;到了知识经济时代,一个人必须学习一辈子,才能跟上时代前进的脚步。如果我们不努力提高各方面的知识素养,不自觉学习各种科学文化知识,不主动加快知识更新、优化知识结构、拓宽眼界和视野,那就难以增强本领,也就没有办法赢得主动、赢得优势、赢得未来。

  我们的学习应该是全面的、系统的、富有探索精神的,既要抓住学习重点,也要注意拓展学习领域;既要向书本学习,也要向实践学习;既要向人民群众学习,向专家学者学习,也要向国外有益经验学习。学习有理论知识的学习,也有实践知识的学习。(《人民日报》2013年3月2日)

二、学做人

(一) 人生

对于人而言,一定要学会做人,就是要做一个让众人称道的人。

任何人都不可能彻底地改变自我,任何人也不需要完全地改变自我,只要能够保留住自我的本来面目中的优秀部分,这个人就可以活得很好。

只有发现自我,才能发展自我。发现自我的潜力,予以发挥;发现自我的优势,予以发扬;发现自我的不足,予以弥补,从而塑造理想的自我。

把人类最美好、最优秀的品格汇聚起来,那就是纯真的人性。以纯真的人性为目标,不断地审视自我、塑造自我,就可以不断地创出人生的高境界。

要保持自我的完整性,要保持自我的独立性,不要怕由此而引发的与众不同。

忠实于事实的人,才能够忠实于真理;忠诚于自己的人,才能忠诚于朋友。

认真做好每一天,这是做人的原则之一。人生是一台戏,每个人都是主人公,有时编剧、导演、主演都由自己担任,特别是自导自演的机会非常珍贵。如果编导是他人,你就认真听编导的;如果你是编导,就去指挥他人演好。

一个在事业上不懈追求,而在利益上无所求的人,就是超凡脱俗的人。

只有那些处处能够替他人着想的人,只有那些事事都怕对不起他人的人,才算得上是一个真正品德高尚的人。

只有经过暴风雨洗礼的人,才能够成为一个真正的人,才会有一个真正的人生。

遵纪守法的人是自觉的人,品行端正的人是正派的人,与世无争的人是超脱的人,具有科学态度的人才是老实的人。

实事求是的人是老实人,不得罪人的人是老好人,唯唯诺诺的人是窝囊人。

想着使他人生活得更美好的人是善良的人,能够使他人生活得更美好的人是智慧的人。

理智成为情感的主人者是理智而坚强的人,理智成为情感的仆人者是狂热而懦弱的人。

认为一切人都好的人,是既善良又愚昧的人;认为一切人都坏的人,是既恶劣又野蛮的人。

不知悲哀为何物的快乐者是聪明的人，不知快乐为何物的悲哀者是愚蠢的人。

马的眼睛长在两侧，是为了左顾右盼。青蛙的眼睛长在头上是为了两眼望天；井底之蛙，不仅指其见识短，也许还说明青蛙就适于坐在井底。人的眼睛是长在前面的，那么人就要向前看，朝前看，就要深谋远虑，这不仅说明人有远见，也许还说明人就应该是带领万物向前走的。

牛之所以对人温顺，是因为牛的眼睛把人体放大了；鹅之所以对人不轨，是因为鹅的眼睛把人体缩小了；鸟雀羽毛之所以美丽，是因为它们的眼睛里存有五颜六色；猪狗之所以色彩单调，是因为它们的眼睛里只有黑白两色。

人要与时俱进，狗会与时俱变。当人以狩猎为生时，狗是猎狗；当人以农耕为生时，狗变成了护院狗；当贵夫人出现时，哈巴狗应运而生。随着时间的推移，人类的生活方式还会改变，那么不论如何变化，万变不离其宗，狗还是狗。

大马哈鱼每年都要从江河入海处逆流而上，历经激流险滩后，生还故里者五只有一。它们这样做只是为了繁衍后代，它们这样做了，于是才生生不息。

人类的起点是兽类，它是人类赖以脱胎的母体；人类的终点是天使，是完全脱离了兽性的人性。

人类行进在由兽性通向人性的道路上。在行进过程中，如果有的人超越了人群，他就会受到众人的攻击，因为多数人达不到他那个程度；如果有的人落后于人群，他就会受到众人的非议，因为多数人耻于与之为伍。

既然人类来源于兽类，那么由兽进化到人，也是一个由兽性进化到人性的过程，只不过是前一个过程完结之后，后一个过程还在继续而已。时至今日，一些人身上人性占主导地位，而另一些人身上还是兽性占主导地位。人性占主导地位的人，就同情人、爱护人、帮助人；兽性占主导地位的人就损人、害人、坑人。

由兽性所决定，兽类以体格最强壮者为王；由人性所决定，人群应该是禀赋最优秀者为王。

具有兽性的人与兽类比起来会更加恶劣，因为兽类毕竟还不会奸诈。

人的进步也是进化，所以，倒退是不可取的，也是没有出路的。

物质条件极其匮乏的情况下，大家还能够互相谦让，这才是真正人性的表现。

对于他人给予的很大的恩惠都可能忘却，对于来自他人的很小的怨恨也念念不忘，这也是一种人性，但不是高尚的人性。

对于过去了的事情，人们都渐渐地淡忘了。但是有些事不论自己还是其他当事人，都没有办法忘记。但愿这些不能忘记的事情不是假恶丑类，因为这关系到你的人性。

弱肉强食是动物共有的属性，同情弱者是人类特有的属性。

人真正的能力，应该包括抑制欲望、全力投入工作的克己心。不管一个人有多大的能力，如果不能战胜自己贪图安逸之心，不肯努力奋斗，就是缺乏发挥自己能力的能力。

一个精英，即使尚在年少，也不会只是为了吃饭而活着；一个乞丐，即使到了暮年，也不会怀有奕棋的闲情逸致。

人生是一则感人的故事，故事之所以会感人，在于人生的坎坷。尽管人生坎坷，人们还是不会轻易地改变自己的人生方向。

在相同的时间内，不同的人抱有不同的人生态度，并选择了不同的人生目标，从而获得了不同的人生结果。

因为没有远大的人生目标，做什么事都没有兴趣，于是就混。这种人不妨换一种活法试试，试着为他人活一回。当你为他人创造了价值并得到相应认可时，你一定就会快乐，从而也就有了劲头，有了奔头。

一个人为谁活着，就会得到谁的称道。为子女活着的人，是好父母；为父母活着的人，是好儿女；为夫妻活着的人，是好妻子、好丈夫；为他人活着的人，是好人；为大众活着的人，是好官；要是只为自己活着，那就只能由自己来称道了。

追星也是人生的一种目标。所不同的是：崇拜对象的层次高，自身层次也高；崇拜对象的层次低，自身层次也低。

人总是要吃饭的，悠悠万事，唯此为大。但是人吃饭是为了活着，人活着可不仅仅是为了吃饭。

没有人说，在现实生活中人可以不需要钱，却有人说，不要把追求金钱作为人生的唯一目的。其实许许多多拥有巨额财富的人，追求的也是自身的社会价值；只有那些纵情挥霍的人，才是真正为钱而活着的人。

活得最有意义的人，不是有很多财富的人，不是地位最高的人，也不是年龄最大的人，而是那些最受人尊重的人。

人生的意义，取决于自身获得自由的程度。在认识上，要从必然王国向自由王国转化；在行为上，要从规范王国向自由王国转化；在态度上，要从情感王国向自由王国转化。只有完成了上述转化，才能够达到心中装着万事万物，而万事万物不牵挂于心的境界。

要以自己的聪明才智为天下人服务，就像一棵枝繁叶茂的大树，既可以为世人乘凉，又可以吸收二氧化碳，还可以造氧，这才是人生意义之所在。如果不是这样，就像一棵高大的枯树，为世人所不屑，人生也自然枯萎。

　　意识到自己的责任到勇于承担责任，是一个人成熟的标志。它包括生活的责任，事业的责任，家庭的责任，社会的责任等。正是这些责任，才是一个人生命意义的具体体现。

　　"苍天在上""人生无悔"，人生无悔源于苍天在上，苍天者，群众也。一个人的一生能够为相识者之多数所认可，则不枉此生。

　　生命只有一次，如果不善待人生，如果不塑造一个有意义的人生，那么恐怕连一次生命都算不上拥有。

　　只要活着，就会有希望，只要希望尚存，就会活得有意义；活着受人爱戴，死后被人怀念，就是一个有意义的人生。

　　古今中外无休止的永恒命题就是人生的答卷。不同类型的人会对人生有不同的理解。在赌徒看来，人生就是一处大赌场；在演员看来，人生不过是一场戏；在作家看来，人生都是一个完整的故事。

　　在社会生活中，进取型的人以追求精神需要为主，具有为人的人生观；实惠型的人以追求物质需要为主，具有为己的人生观；拜物型的人，以攫取他人利益为主，具有损人的人生观。

　　"人生如梦，命由天定"，这是悲观主义人生观。悲观的坦途就是厌世，厌世的终极就是轻生。殊不知不论有多少人离开人世，人世间还是红红火火。所以说为人还是好好地活在这红红火火的世间为好。

　　"追逐权力，驾驭他人"，这是权力意志主义人生观。如果为了追逐权力而不择手段，如果得到了权力就凌驾于人群之上，那么一旦失去了权力就会变成孤家寡人。所以说为人还是活在人群之中为好。

　　用眼睛看到的东西是有限的，用心灵悟到的东西是无限的，所以眼睛要由心灵来支配。

　　对于人生，人人都会有所感悟，所不同的只是有多有少、有早有晚而已。那些感悟得多和早的人，人生就顺利，就如意，就幸福，就辉煌；那些至死方悟的人，就只能死不瞑目了。

　　对人生的理解，有些可能来自对他人的观察；但是对人生的真正理解，则来自于自身刻骨铭心的体验。

　　随着生命的结束，一切愉快的、不愉快的事，都将随之结束。为此，要在生命还存续的时候，把那些不愉快的事全部忘掉，只让愉快的事保留下来，这才是明智之举。

　　幸福与痛苦、顺利与挫折、成功与失败都是人生的组成部分，不论少了哪一个方面，都会令人生乏味。

生命中有许多你不想做却不能不做的事，这就是责任；生命中有许多你想做却难做到的事，这就是命运。

漫漫人生路，人总是在不断地发展自己。从出生到死亡，条条道路显示着人的多样性。人生的非线性也让人在困境中看到希望，感受到自主选择的力量。

对人生要看透，看不透活得糊涂，但不要看破，看破了活得没意思。其实真正有意义的人生，来自于既活得有趣又活得明白的人。

对人生不彻不悟，混沌生活的人是傻人；对人生半彻半悟，积极生活的人是常人；对人生大彻大悟，热爱生活的人是超人；对人生似彻似悟，远离生活的人是痴人。

不忘人性，才能谈得上超越人生，才能称得上大彻大悟。

花开自有花落日，世界万物在变，不变的是人越来越老，早晚都要离开这个世界，这是自然法则。

经历过生死关头的人，很容易大彻大悟并热爱人生；那些没有经历过生死关头的人，如果也能有此觉悟，岂不更好？

许多人都希望能够再活上一回，能如此一定会倍加珍惜生命，倍加珍惜人生。人们所以会有如此切肤之痛，在于虚度或错度了今生。

真正属于你的财富，是健康的体魄和丰富的知识；真正属于你的世界，是成功的事业和头脑中的海阔天空。

生活的最高境界——乐；学习的最高境界——悟；修炼的最高境界——空；做人的最高境界——舍；人生的最高境界——静。

你要是热爱人生，人生也热爱你；你要是游戏人生，人生也游戏你。

不断地提示真，不断地宣教善，不断地启迪美，就意味着一个辉煌的人生。

任何人都具有某种比较优势，一般人也会以此作为炫耀的资本。然而只有那些不断发掘自身的比较优势又能谦虚谨慎的人，才有希望铸造辉煌的人生。

不在乎贫困，不追求浮华，不迷失方向，就会有一个无忧无虑的美好人生。

如果每个人的人生都像一支蜡烛，燃烧着自己，照亮了他人；如果每个人的人生都像一把火炬，自己燃烧又传给他人，那么人世间就会更加美好，那么人类就会充满希望。

人生许多美好的东西，都是在极其困难的情况下获得的东西。

不论在梦中遇到多么美好的境地，醒来的时候，你依旧躺在你睡觉的那个地方。

用钱和物筑就的人生，像一个万花筒，千姿百态又变幻莫测，实实在在又虚无飘渺。

做恶梦总会有醒来的时候，然而具有恶梦般人生的人却未必个个觉醒。

人生多梦，得美梦时谁都不愿意醒来，得恶梦时谁都会庆幸原来是梦。人生如梦，美梦做得多了，一旦睡去就会变成恶梦；恶梦做得多了，一旦醒来也会变成美梦。

如果你连眼前的愁事都化不开，心里成天牵挂着，你就是住大别墅也嫌窄小；如果你胸怀开朗，用不着拥有多大的地盘，坐在自家的床上，你都会觉得天地无比宽阔。

有强健之身体，始有耐劳耐苦之精神；有宽厚之气魄，始有不折不挠之意志。

一切的和谐与平衡，健康与健美，成功与幸福，都是由乐观与希望的向上心理产生与造就的。

人生犹如一本书，有人草草翻过，有人细细阅读。为何如此，因为她只能读一次。

（二）人心

要有一颗诚实的心，就是良心；要有一颗同情的心，就是热心；要有一颗向上的心，就是信心；要有一颗执着的心，就是恒心。

要有一颗平常心，要有一颗竞争心，要有一颗同情心。用平常心对待自己，用竞争心对待事业，用同情心对待他人。

遇到困难时，要有一颗坚强的心；遇到弱者时，要有一颗温暖的心；遇到责难时，要有一颗宽容的心；遇到孤独时，要有一颗自省的心。

用上进的心对待事业，用平静的心对待环境，用纯净的心对待自我，用崇敬的心对待他人。

有同情心的人才能利人，有谅解心的人才能容人，有宽容心的人才能做人。

失去了良心就失去了人性，失去了热心就失去了群众，失去了信心就失去了事业，失去了诚心就失去了友谊。

真正的满足是心灵的满足。心灵的满足会产生一种巨大的力量，它不仅可以助长更为远大的东西，它也可以阻挡更为低劣的东西。

真心就是真知的心，真诚的心，真情的心。真知才无虚假，真诚才无邪恶，真情才无丑陋。

眼睛是心灵的窗子，眼睛把外界的刺激传递给心灵，于是就有了七情六欲。

敞开心灵的窗户，阳光才能进来，黑暗才能出去；关闭心灵的窗户，阳光被挡在外面，黑暗却在里面滋生。

只有用心讲话，只有从心底里说出来的话，才能打动他人。

太阳照亮了地上的路，地上的路要用眼睛来识别；知识照亮了人生的路，人生的路要用心灵来识别。

经过努力付出，应该满足的满足了，应该得到的得到了，心灵会十分踏实。不经过努力，不曾做过付出，不应该满足的满足了，不应该得到的得到了，心灵会更加空虚。

心是要经常运动的，心要是不运动了，生命前进的脚步就停止了。

外部的敌人难以战胜我们，我们难以战胜的倒是自己心灵深处的敌人。因为自我认知、自我造就、自我更新、自我超越都是很难办到的事。

不要以小人之心度君子之腹，也不要以君子之心度小人之腹；概而论之，不要以己度人。

由平衡到不平衡，从而给心灵带来一份惊恐、一番波动；由不平衡到平衡，从而使心灵获得一份安宁、一番喜悦。

人生最痛苦的是心灵的创伤，它比任何创伤都更加残酷。

物品破碎了可以想方设法地修复，心灵破碎了就很难再复原了。但任何真正的心灵伤害，都源于自身，而不是出自他人。

锋利之箭可以射伤身体，恶语之箭却会直奔心灵。

对不顺心的事耿耿于怀，实质上是在空耗自己的精力，折磨自己的灵魂。

同样在流泪，有的人心里在哭，有的人心中在笑；同样在流汗，有的人心里燥热，有的人心中凉爽。

同样的世界，各人的感受却各不相同，这是因为不同的人有着不同的心境。

同样的山山水水，同样的皎月流云，有的人流连忘返，有的人兴味索然，这就是心境的差别。

心平气和是一种修养、一种气质，更是一笔难得的财富。

幻想是一种美好的情感。只要在心灵深处保留着这块圣洁的土地，心灵就永远是美好的。

平静的心态来自于不断的人生超越。你超越了常人，那么面对常人的烦恼，就会心如止水；你超越了伟人，那么面对伟人的烦恼，就会心如明镜。

成功人士基本上都比较理智，凡是一个情绪比较浮躁的人，都不能做出正

确的决定。一个人要获得成功，首先就要控制自己浮躁的情绪。

人的心如果像天空，就能容得下展翅的大鹏；人的心如果像大海，就能容得下闹海的蛟龙；人的心如果像针尖，那可就连自己也容不下了。

有多么广阔的胸怀就能够成就多么大的事业，有多么强大的心理承受能力就有多么大的希望。

对世间万物，能深刻认知又豁达大度的人，才是真正的强者。

如果事到胸中如沧海一舟，那么任何烦恼都会离你而去。

天高地厚，海阔天空，人的心应比天还高，比地还厚，比海还阔。心中只装着自己的人，心灵必然空虚；心中装着世界的人，心灵必然充实。

只要有一颗宽厚的心，只要有一个宽广的胸怀，那么即使是处在十分狭小的生存空间，也会感到无比的宽敞。不论身处何种境地，只要是心胸开阔，都会时时有皎月，处处有花香。

一个人只有修炼到一定境界，才能够获得心灵的自由。

天下事，了犹未了，何妨以不了了之；世间人，法无定法，然后知非法法也。要有一种超越的生活哲学，高于有所为、高于定法的一种境界，完美人生，不是没有坎坷，而是用美好超越现实。

善讲又能静听的人是人中奇才，善讲缘于技巧的训练，而静听则缘于人格的修养。

在地形结构上有高山也有峡谷，在人格结构上也应如此：论志向要雄伟挺拔，论态度要虚怀若谷。

只要有健康的人格，哪怕是身外之物全部失去了，心灵也不会空虚。

站在规范之中，成为众人的表率，超出规范之外，仍是众人的表率，于是就产生了人格的魅力。

面对诽谤和攻击能够平心静气的人，会格外地具有人格魅力。

以平静的心态对待由于认识不正确所造成的错误，以平静的心态对待由于非主观故意所造成的错误，以平静的心态对待由于误解所造成的错误，这都会逐渐地使你的人格升华。

自己赞美自己会使自己的人格降低，他人赞美自己会使自己的人格抬高，要是敌人赞美自己那才足以证明自己人格的高尚。

如果你的人格高尚且个性鲜明，那么他人就不会强迫你做有损于你的人格的事。

得人心者得天下，失人心者任何大事业都难以成功，要想得人心，必须有高尚人格。

高尚的人格会把魑魅魍魉拒之身外，卑劣的人格会把牛鬼蛇神放入胸中。

因为是人类社会，因为是人群组织，因为是人际交往，所以只有人格高尚的人才会为众人所尊重，只有人格高尚又有组织才能的人才能出人头地。

剖析自己的灵魂，戳到自己的痛处，是一件痛苦的事，但只有在这种斗争并取得胜利的过程中，才能铸就伟大的人格。

真正完美的人格与财富、地位都不相干，它只源于以品质为基础的素质修养。

一个人要想真正了解别人，就要学会站在别人的角度来看问题和思考问题，设身处地、将心比心地体会他人的情绪和想法，理解他人的立场和感受。

心理学家发现，无论在人际交往中发现什么问题，只要你坚持设身处地、将心比心，尽量了解并重视他人的想法，就比较容易找到解决问题的方法。尤其在发生冲突和误解时，当事人如果能够把自己放在对方的处境中想一想，了解到对方的立场和初衷，就能够求同存异、消除误会。

早在两千多年前，孔子说"己所不欲，勿施于人"。这就是同理心所说的，要做到"推己及人"：一方面自己不喜欢或不愿意接受的东西千万不要强加给别人；另一方面，应该根据自己的喜好推及他人喜好的东西或愿意接受的待遇，并尽量与他人分享这些事物和待遇。西方文化同样也有强调和推崇同理心的传统，即"你们愿意人怎样对你们，你们也要怎样待人"。

想让他人理解自己，就要首先理解他人。同样的时间、地点、事件，而当事人换成自己，也就是设身处地去感受、体谅他人。

人与人的关系没有公式可言，只能以关心为出发点，为双方都留下空间，设想他们所想要、所需求的东西，他们能做的事，及他们自己的生活。人与人之间只是关心还不够，还需要爱，需要对于别人的处境感同身受。有了同理心，就不会处处挑剔对方，取而代之的是赞赏、鼓励、谅解、扶持。这样一来，人与人的相处便变得愉快、和谐。

所有的人际关系都是建立在信任的基础上的。"信任"不是指对个人能力方面的信任（例如，让别人相信我能把某项工作做好），而是指对人格、态度或价值观方面的信任（例如，让别人相信我的出发点是好的，相信在我面前不必刻意设防或掩盖自己的缺点和错误）。从这个意义上说：没有同理心就没有彼此之间的信任，没有信任也就没有顺利的人际交往。

要建立信任关系，就要在人际交往中逐步体现出自己的同理心，并以此证明自己是值得信任的。这是一个长期的不断深化的过程——你对别人越真诚，

越善于倾听、体谅、尊重或宽容别人，别人也就会越真诚和信任。如此形成一个良性循环后，人与人的交往就非常顺利了。

同理心并不要你迎合别人的感情，而是希望你能够理解和尊重别人的感情，希望你在处理问题或做出决定时，充分考虑到别人的感情以及这种感情可能引起的后果。当我们要对他人表达同理心，必须以"理解"为核心，拒绝"同情"。并且要抛开对他人的成见与判断，在理解他人的过程中，拒绝速成的答案。

真诚坦白的人，才是值得信任的人。真情流露的人，才能得到真情回报。

（三）生活

一个志存高远的人，目光一定深邃；一个诡计多端的人，目光一定多变；一个病入膏肓的人，目光一定黯淡；一个情感热烈的人，目光一定灼人。

良好的个性，良好的处事能力和良好的人际关系，是健康的标志。有了良好的个性才会温和、坦荡、坚强；有了良好的处事能力，才能适应客观环境；有了良好的人际关系，才能够宽厚平和。

身体健康与精神健康都很重要，后者又重于前者。

健康是人生的第一财富，健康是学业、事业、生活的基础，离开健康就什么都不存在了。

重病缠身再懂得健康的价值就晚了，要为自己造就一个健康的体魄，这是热爱生命、热爱人生的表现。

不浪费金钱的人，不一定不浪费精力和体力。

久视伤血，久卧伤气，久坐伤肉，久立伤骨，久行伤筋，任何行为都不可以过久。

要保持好奇心，这样不仅可以探求新知识，而且可以健脑。

培养多种积极的、有益的兴趣和爱好，用它们来调节你本来已经绷得很紧的神经。

从生理上说，生命在于运动；从心理上说，生命在于静养。动则体壮，静则神藏。

不断地抛开烦恼去追求快乐，不断地咽下痛苦去追求幸福，不断地克服困难去追求成功，不断地改掉恶习去追求新生，这才是真正的生活。

谁的生活也不会十全十美，只要大的方面是好的，这一天就没有白过；只要主流是好的，这一生就没有白活。

人说难也难，说容易也容易；说累也累，说轻松也轻松。要做一个好人就难，要做一个坏人就容易，要想活得好就累，要想混生活就轻松。这仅是一时一事，是暂时的。从一生衡量是：年轻时，苦学、苦练、苦干的苦痛是暂时的，学不好、练不好、干不好的痛苦则是长期的。

人生在世，总要面对矛盾、困惑、委屈，这是共性；不同的人会采取不同的态度和方式来对待，这是个性。于是在同样的环境条件下，有人活得快乐，有人活得痛苦。

既然人都会逝去，那么活着的时候，为什么不去给他人以快乐，自己也快快乐乐地活着呢？

正因为道路坎坷，人生才有魅力；如果事事如意，生活就会平淡无奇。

生活本来就十分不易，自己再不去寻找快乐，那还有什么意思？

不要去同那些不是通过自身的努力造就高起点的生活的人相比，那样做只会自寻烦恼。要向那些通过自身努力改变自身命运的人学习，这样做才会有生活的快乐。

自己很平常、很平凡，不具有改革创新的能力和勇气，那么就顺应潮流，融入群体，去寻找常人都能得到的幸福生活。

记住该记住的，忘记该忘记的。改变能改变的，接受不能改变的。

能冲刷一切的除了眼泪，就是时间。以时间来推移感情，时间越长，冲突越淡，仿佛不断稀释的茶。

鱼对水说："你看不到我的眼泪，因为我在水里。"水对鱼说："我能感觉到你的眼泪，因为你在我心里。"

人的一生包括优生、优活、优死三个阶段。优生是父母的事，优死是子女的事，只有优活才是自己的事。

不断地咽下痛苦去追求快乐，不断地摒弃黑暗去追求光明，不断地战胜私欲去追求价值，不断地克服困难去磨砺意志，这就是生活中的强者。

生活内容要有品位，生活方式要有情趣，这是精神健康的需要。

既然生活不可能千篇一律，既然人们不希望处处雷同，那么只要是不损害他人利益的任何生活方式都是可取的。

有的人生活充满阳光，有的人生活毫无希望，充满阳光的生活时时都有生机，毫无希望的生活处处都是末路。

像婴儿降生时那样赤裸坦荡，像老人临终时那样珍惜生命，像夜里睡去时那样平静安详，你就能活好每一天。

一招不慎满盘皆输，人生万事概莫能外，国家的政治、经济、军事如此，人们的事业、情感、生活也如此。

每个人的一生都是独特的，崇拜偶像不如认清自己，因为自己永远不可能成为别人。

每个人年龄不同，境遇不同，学养不同，出身不同，走过的道路不同，经历的沧桑各异，所以看法不一致是正常的，这就需要双方多沟通。

很多时候，人们不是输在自己奔跑的速度上，而是输在自己的智商上。

生活的大道理，人生的大境界，有的时候都是从生活的最细微处去发现、去觉悟的。

（四）辨识

天使不敢践踏的地方，蠢材蜂拥而至。

胆小鬼吓唬别人的时候嗓门最高。

讥笑旁人的人，也应当防备别人反过来讥笑自己。

奉承的话比杀人的手还狠。

睡着的人易喊醒，装睡的人难叫醒。

踩着别人脚步走路的人，永远不会留下自己的脚印。

发火是愚人的武器。

聪明的人捡话说，愚蠢的人抢话说。

有能力，不会出风头；无知识，才好摆架子。

唠唠叨叨的人，有用的话少；吹吹拍拍的人，做成事的少。

跳蚤再多，也顶不起被子。

香肠做的链子锁不住狗。

不论怎么呼啸，山都不会动摇。

（五）生命

人生像一个不断扩展的圆，当它由一个点扩展到自我的人生极限之后，这个圆就开始收缩，直到它化作一个小小的句号为止。

生存是艰难的，只有把短暂的生命投入到艰难的生存搏击之中去，才可能使生命更有意义。

从积极心理学的角度来讲，人生的意义就是积极的心态，是一种修行，一种觉悟，一种心灵自由的状态，一种普爱众生的情怀。生命的本质就在不断地修心、用心、关心、知心。

生命的真谛在于忘我，行为的最高境界也在于忘我。

生命最有能量的事情，不是别人的赞许，而是从灵魂深处的自我欣赏。

谁如果不能从集体中吸取营养，谁的生命就会畸形。

如果你只是消极地接受自己生命的境遇，那就会毁灭自己的灵魂；如果你不去积极地创造自己生命的境遇，那就会践踏自己的灵魂。

能够活在这个世界上，本身就十分可贵，所以要珍惜构成生命的时光和体现生命的价值，而不要太在意那些生命之外的东西。

在顺利与挫折、成功与失败、前进与后退、上升与下降、幸运与不幸之间，贯穿着生命的红线。谁都不能始终一帆风顺，谁都不会始终灾难重重。这就是实在的人生，这就是现实的人生，这也就是人生的真谛。也许正因为人生如此，人的生命才绚丽多姿，人的生活才丰富多彩。

人如果失去了精神支柱，失去了信仰追求，失去了人生目标，失去了做人的尊严，那么这个人即使还活着，但实际上已经死了。

我们迷失了本性，不了解自己的本来面目，所以才会四处找寻存在的感觉。

在人生旅途上，会一个压力接着一个压力，一个困难接着一个困难，这种境遇会使强者的生活更加快乐，也会使弱者的生活更加痛苦；会使强者的生命绽放光彩，也会把弱者的生命彻底摧垮。

如果你觉得现在走得辛苦，那就证明你在走上坡路。

生命就像一条河流一样，人的一生只是我们这个生命的河流延续过程中的一个片断、一朵浪花。

在生命的成长中，所有的胜利，与战胜自己的胜利比起来，都是微不足道；所有的失败，与失去自我的失败比起来，更是微不足道。

在有限的时间内，成就无限的事业，这就是生命的真谛。

有死去了的活人，也有活着的死人。

人与其他动物的不同，在于人做某件事时，他了解自己在做什么，并且自觉地在做。正是这种自觉，使他正在做的事对于他有了意义，他做各种事，有各种意义，各种意义合成一个整体，就构成了他的人生意义。

人的生命是质量和数量的统一。高质量高数量的生命是最佳生命，高质量低数量的生命是次佳生命，低质量高数量的生命是平常生命，低质量低数量的

生命是平庸生命。

只有当你对构成生命的时间无愧无悔的时候，你的人生才有意义。

人活在世界上总有一个形象，这个形象往往不是一般的外形样貌，德音占有很重要的分量。一个人去世之后，如果他的德音远播，就会划过历史的长空，超越寂寞的时间长河。

人的生命是短暂的，是不可能永恒的，但是德音是可以远播的，所以这是我们中国人的人生境界中非常重要的一个方面。

不要在一帆风顺的时候，装成修行人；不要在遇到挫折的时候，变回普通人。

走好选择的路，别选择好走的路，你才能拥有真正的自己。

生命往往越浮华的时候，你就越分辨不清、感受不到周围的善恶美丑。

死在酒杯里的人比死在海水里的人要多得多。死在酒杯里的人都心甘情愿，死在海水里的人却拼命挣扎。

人生是一场与任何人无关的独自修行，这是一条悲欢交集的道路，路的尽头一定有礼物，就看你配不配得到。

人生不是一场物质的盛宴，而是一次灵魂的修炼，应使它在谢幕之时比开幕之初更为高尚。

你有信仰就年轻，疑惑就年老；有自信就年轻，畏惧就年老；有希望就年轻，绝望就年老；岁月使你皮肤起皱，但是失去了热忱，就损伤了灵魂。

（六）变化

同龄人有三条人生起跑线。第一条是学习的起跑线，第二条是事业的起跑线，第三条是退休后生命的起跑线。第一轮竞争要看谁的学业有成，第二轮竞争要看谁的事业有成，第三轮竞争要看谁能够健康长寿。

少年时期品尝到人生甘味，中年时期品尝到人生苦味，老年时期品尝到人生涩味，才算经历了完整的人生。

儿童以纯朴为美，成人以智慧为美。成人如果像儿童一样纯朴，就会带着几分傻气；成人如果为了智慧而忘记了纯朴，就会透出几分奸诈。

从心理上看，最难得的是能够在人生各个阶段上，都保有一颗纯洁、善良、童真的心。

人人都希望自己的生命之树长绿，然而幼年的无知、童年的幼稚、少年的不成熟并不为人们所留恋，只有美好的青春才是人们所企求永葆的对象。然而无情的自然流失的岁月，还是把人们一个个地推向了壮年、中年和老年。

有一种动物，它在早晨的时候四条腿，在中午时两条腿，在晚上的时候三条腿，即人生轨迹。

每个人的眼睛都有向外发现和向内观看的两种能力。向外可以发现一个无比辽阔的世界，向内可以发现一个无比深邃的内心。

每个人都应该不断地审视自己，这是我们认识自己的一个重要条件。

正确地认识自己，最重要的是需要有自知之明。

从认识你自己，到倾听你自己，到涵养、孕育你自己，这是一个人美好的人生过程。

儿童的快乐是易于得到的，在他们的心中没有过去，没有将来，甚至连今天早晨和今天晚上都不存在，他们心中只有现在。成人的快乐十分难得，关键在于他们缺少一颗童心。

岁月漫长，这是孩子的心态；人生苦短，这是老人的心态。

该成熟时就要成熟，但不宜追求早熟，早熟未必成才，倒可能早逝。即使是早登高位，由于后继乏力，也会过早地结束竞争的心态和能力。

老年人炫耀过去，有情可原，因为今天已经没有可供他们表演的社会舞台。青年人要是也炫耀过去，那么他的社会生命就过于短暂了。

不要抱怨父母无能，许多家庭条件比你更差的人照样有所作为；不要抱怨社会不公，在任何社会条件下都会产生英雄和伟人；不要抱怨命运不佳，抱怨只能使自己沉沦或毁灭。

如果能够自觉地发扬自身的优点，克服自身的缺点，那么这个人就已经成熟了。如果要是隐匿缺点，炫耀优点，那么这个人就还没有成熟。

青春是美好的，因为青春不是永驻的。生命、情感、事业都是在前人的延续、后人的承继中才显现出它的生机和活力。

青春是生理的青春，青春也是生命的青春。生理的青春是用岁月来计算的，生命的青春是用事业来维系的。生理的青春易逝，生命的青春却可以常在。

既然任何人的一生都有一定的发展局限性，那么人格的早熟未必强于晚熟，事业的早成未必强于晚成。

时间老人会告诉你，青年只是人生路途中的一小段时光。社会老人会告诉你，有理想的人会永远年轻。心理老人会告诉你，心理年轻的人就不会变老。思想老人会告许你，年轻是对时间、对自我的一种超越。

年轻是一个模糊概念，也是一个比较概念。个体的生理年龄与实际年龄相

比较，有的人显得苍老，有的人显得年轻；个体之间的实际年龄相比较，有的人显得苍老，有的人显得年轻；个体的心理年龄与实际年龄相比较，有的人显得苍老，有的人显得年轻。

人的年龄是许多因素的综合。人的实际年龄是由时间来决定的，人的生理年龄是由人的外表来决定的，人的心理年龄是由人的性格和气质来决定的，而人的社会年龄则是由他人来决定的。

日历年龄决定你的岁数，生理年龄决定你的容颜，心理年龄取决于你的心态，社会年龄取决于你的人际关系能力。

老年人代表着历史，代表着昨天和今天；青年人代表着未来，代表着今天和明天，老年人和青年人在今天交汇。

对昨天的否定是因为知识升华了，对昨天的惋惜是因为机会错过了，对昨天的庆幸是因为道路走对了，对昨天的怀念是因为年事已高了。

"我们年轻的时候那是何等的优秀，现在的年轻人该有多么放纵"，爷爷这样说，父亲这样说，等儿子、孙子们做了爷爷或父亲时也会这样说。

老年人和青年人在一起，自己会变得年轻，老年人要想使自己年轻，那就经常到青年人中去。

主宰社会命运的，是那些瞧得起老年人的青年人和瞧得起青年人的老年人。瞧不起青年人的老年人会过早地被社会淘汰，瞧不起老年人的青年人，只是由于生理原因才会被历史稍晚些时候淘汰。

任何老人都年轻过，都有过昔日的辉煌。如今他们最大的快乐也往往是沉浸在对往昔美好时光的回忆之中。既如此，珍爱自己的年轻人，就不要吝惜对老年人年轻时的赞美。

生老病死令人们看到人生的短暂，世事沉浮令人们看到生存的艰难。尽管如此，对于心理健康的人而言，摆在多数青年人面前的总是光辉灿烂的前程，留在多数老年人身后的总是无限美好的回忆。

"看看老年人都那么规矩，再看看青年人很多都不守规矩。"其实竞争都是同代人的竞争，同为青年人，有些人不断地被淘汰了，少数人甚至被法办了，到了老年的时候还在社会舞台上表演的，就都是同一群体中的优秀者了；老年人面对的青年群体还要重复他们走过的路，只不过一些人看不清楚罢了。于是在爷爷眼睛里本来就是败家子的父亲，现在又骂起儿子是败家子来了。

年轻是一种朝气蓬勃的心理状态，是一种不断创新的思想意识，是一种闯荡生活的胆识，是一种超越欲望的气质，是对美好未来的憧憬，也是无穷无尽的渴望。你如果能够永无休止地充满希望和快乐,你如果能够永无休止地充满勇气和力量,那么你就会永远年轻。

对新的东西看不惯,这正是一些老年人的特征,如果你感到自己对新事物越来越不感兴趣,那就说明你已经进入了老年行列。

老年人应该置身世外,只图清静;老年人应该置身事外,以求心静。如果能够以清静、心静养安静,那就自有平静之乐。

到了知天命的年龄,人们也会在自然风光中再现出童真。无论到了什么年龄,人们都想愉快地生活,这倒是人的本性,只可惜人们为自己的情感设下了太多的羁绊。

逝去的一切并不都是美好的,然而经过人们的精心选择,那些美好的东西更加美好,那些不美好的东西也变得美好起来。现存的一切并不都是不美好的,然而对不美好的东西大加指责,对美好的东西缄口不谈,这正是一些老年人的心态。

人们常常把自己的同学、同事中有作为的人,拉到历史的范畴中去,借以证明自己的怀才不遇,却很少有人提起我的同学、同事中有几个蹲过班房的。

从工作岗位上退下来,到离开人世,还有相当长的一段时间,如何安排这一段生活至关重要。老有所养是前提条件,老有所乐是生存目标,无论如何,只要生活得快乐就好。

"老要张狂少要稳"。少年时期本来就处在张狂期,所以还是沉稳些好;老年时期本来已进入沉稳期,所以还是张狂些好。不该张狂时张狂,他人会说你还不成熟;该张狂时你不张狂,他人会说你活得太累。

"我们那时候"这又是一种以古非今的论调,好像真的一代不如一代,其实现在的社会比"我们那时候"不知进步了多少。

上了年纪的人,喜欢过轻松平静的日子。衣着不必时髦,宽松就行;环境不必热闹,安静就行;交往不必争斗,和气就行。

人类是群体动物,所以最怕孤独,尤其是老年人,更不要把自己封闭起来,因为孤独更容易衰老。

一个从领导岗位上退下来的人,由门庭若市一下子变成"门庭冷落车马稀",深感世态炎凉、人心不古。殊不知在位时门庭若市,是因为门庭内有权力,是因为交易者有所求,更是因为众人来拜访的根本不是你,而是你的职位。

一个兢兢业业工作的人退休之后,要渡过生命关,搞得不好,会溘然长逝。由于他们习惯于忙忙碌碌,退休之后,五分钟可以在家里转两圈,之后就无所

事事了,他们不知道在这样的环境中,人将怎么生存。一个对工作三天打鱼两天晒网的人,退休之后如鱼得水,因为他们不理解那些在工作中拼命的人怎么会那么"傻"。越是到了暮年,越是要珍惜为时不多的生命。既然珍惜那就不要追悔,也不要对未来感叹,而是要为今天创造价值。

怀旧是人之常情,当你进入暮年的时候,对往事的无限眷恋是对生活无限热爱的表现。

在对过去的回忆中,人们往往会把不美好的东西,渐渐地淡化成自责,淡化成谅解,淡化成故事。

善良的人们在回首往事的时候,会把那些美好的东西进行精心修饰,使之更加美好,会把那些不美好的东西逐渐淡漠或者转化为美好。恶劣的人们在回首往事的时候,也会念念不忘哀怨和仇恨,也许只有到了弥留之际,他们才会忏悔,来上一个"人之将死,其言也善"吧!

老年人怀旧是对自己过去的肯定,是对自己创造的事物的留恋。旧山旧水、旧物旧情,都会使怀旧者的美好心灵得到升华。怀旧是老年人常有的人间温情。

(七) 未来

不要花太多精力去寻找过去的可爱,还是多用心思去编织未来的美好,把精力和心思用在"现在"上,就会过得愉快。

妄图留住过去的美好,那是曾经创造出这些美好的人;企图在过去的美好中停滞不前,那就会连同过去的美好一同逝去。

不要无休止地埋怨过去,不要无意义地担心未来,要全身心地投入到现实中去,这样的生活才会美好。

不要后悔过去的不成熟,因为过去孕育了现在;不要不珍惜现在,因为现在构成了未来的回忆。

把过去留给前人,把未来留给后人,只把现在留给自己。

在昨天和今天之间设上一道逆止阀,让过去那些美好的东西流向今天,把过去那些不美好的东西留在昨天。在今天和明天之间再设上一道逆止阀,让对未来美好的憧憬进入今天,把对未来的忧虑、恐惧留给明天。那么,你的今天一定十分愉快。这个阀就是你的心境。

在昨天、今天和明天之间,天公有意地在中间加上了两个黑夜,人们也有意地加入了两场睡眠。黑夜和睡眠就是让我们忘记昨天，因为昨天已和我们无关；黑夜和睡眠就是让我们休息好，为明天做好准备，因为明天和我们有关。

人人都有烦恼，不是在烦恼中觉悟，就是在烦恼中消沉。不要记起昨天的烦恼，因为昨天已经过去，并且不会再来。不要想起明天的烦恼，因为明天还未到来，况且烦恼也未必发生。只要今天没有烦恼就不要自寻烦恼，即使今天也有烦恼，也要努力把今天过好。

人生如梦，是说漫长的昨天像是做了一个梦；人生如梦，是说无尽的明天像是未来的一个梦。如此漫长的人生，只有今天才是真实的，才不是梦，然而今天却又如此短暂。

如果你能够静下心来，打开十年前的日记，看一看那些曾经让你惊心动魄、寝食难安的大事，你一定会得出一个结论——那时候真傻。但愿十年后的今天，你不要再冒十年前的那种傻气。

今天的感冒，一定比十年前生的一场大病更令你担心；你不小心造成的手指骨折，一定比千里之外的大地震更让你痛心。

人们所担心发生的事，没有一件是愉快的事，没有人会为愉快而担心。人们所担心的事，大部分并不会发生，少部分也未必发生，即使有些事发生了，担心也没有用。因此还是要活好今天，而不要去担心明天。

真正愚蠢的人是放弃今天等待明天的人，他们会在无尽的等待中了此一生。

对于今天，只要是无法改变的现实，就要接受它、正视它，并努力使它们变成快乐生活的一部分。

把过去的失误化作教训，让它不再发生；把对未来的担心化作措施，让它不能发生，那就会有今天的成功。

三、树品德

（一）理想

没有条件吃饱，那是贫困的生活；没有祖国，必然是屈辱的生活。

国富家兴，国破家亡。没有国就没有真正意义上的家，要爱家必先爱国，只有爱国，才是真正的爱家。

国是大家，家是小国。要爱家先要爱国，要为家先要为国。为国家争取荣誉才会有荣誉，因为真正的荣誉来自于多数人的赞许。为个人争取荣誉，只可能获得一个不会说话的奖杯。

一个由聪明人组成的国家，必然是聪明的国家，一个聪明的国家必然会努力地使自己的人民变得更加聪明。

离开祖国的人才能体会到没有祖国的可怜和没有强大祖国的可悲。

在东方文化、西方文化、穆斯林文化、美国黑人文化以及非洲文化等不同文化体系中，对不同的人际关系命题的重要程度，几乎都有不同的见解，唯独爱国一项，所有的文化体系一致认为重要或非常重要。

爱国主义教育，是品德教育中最重要的课程。不论你进入哪个国度，你都会发现，那里的人们都热爱他们的祖国。

不爱父母的人，不配做朋友；不爱祖国的人，不配做人。

最大的义是忠于祖国，最大的德是热爱祖国。

成才是为了报国，这应该是成才的动力和目的。

人们会怀念为了祖国、民族利益英勇献身的人，不论他们是成功者还是失败者。

做了对国家有利的事，人民会爱戴你；做了对国家不利的事，人民会唾弃你。

爱国不是一句口号、一种声明，而是一种义务、一种行动，更是一种付出、一种牺牲。

爱国主义是民族之魂，爱国主义精神是一个民族自立于世界民族之林的永恒动力。

中国人热爱林则徐，英国人也敬佩林则徐，都因为他有着大义凛然的民族气节。

热爱祖国，这是一种最纯洁、最敏锐、最高尚、最强烈、最温柔、最有情、最温存、最严酷的感情。一个真正热爱祖国的人，在各个方面都是一个真正的人。

一滴水只有放进大海里才永远不会干涸，一个人只有当他把自己和集体事业融合在一起的时候才能最有力量。

一堆沙子是松散的，可是它和水泥、石子、水混合后，比花岗岩还坚硬。

一朵鲜花打扮不出美丽的春天，一个人先进总是单枪匹马，众人先进才能移山填海。

人们往往把任性也叫作自由，但是任性只是非理性的自由。人性的选择和自觉都不是出于意志的理性，而是出于偶然的动机以及这种动机对感性外在世界的依赖。

当今社会干什么都需要理解、谅解、支持、帮助。

真正的仁人志士不怕生活上的穷困，怕的是精神上的潦倒。

人的知识越贫乏，理想就会越少，幻想就会越多；人的知识越丰富，理想就会越多，幻想就会越少。

幻想与理想的差别在于目标能不能实现，野心和雄心的分界在于有没有实现目标的能力。

理想不同于幻想，理想也不同于梦想，理想更不同于妄想。

理想可以使人前进，幻想可以使人创造，而妄想却只能使人烦恼。

理想与幻想产生在人生未来的同一方向上。所不同的是在对未来的期望中，能够实现的就是理想，不能够实现的就是幻想。

幻想在天上，理想在地上，寻找登天的梯子不易，跨越地上的坎坷也难。

要放眼未来，也要立足现实。放眼未来是要有理想，立足现实是不要幻想。

靠幻想过日子的人总是伴随着过度的失望，靠理想过日子的人总是伴随着十足的信心。

要想使自己真正有所作为，就必须从幻想回到现实中来，因为真正可靠的不是天空，而是脚下那片坚实的土地。

崇高的理想是一个人心上的太阳，它能照亮生活中的每一步路。

一个人有了远大的理想，就是在最艰难困苦的时候，也会感到幸福。没有理想的青春，就是没有太阳的早晨。

赢得美名的好射手并非由于他的弓箭，而是由于他的目标准确。

理想是现实性与超前性的统一。没有超前性做依托，就没有理想；没有现实性做基础，那就是幻想。

人人都爱幻想，都喜欢做白日梦，梦幻没有什么不好。但幻想归幻想，行动归行动。只有行动才可能使幻想变成理想，使理想变成现实。

既生活在希望之中，又生活在现实之中，这样才会铸就一个坚强的灵魂。

生活中没有旁观者，生活中的理想就是追求理想的生活，正因为有追求才有忧患，也因为有追求才有欢乐。

完善的道德，可以造就稳定社会秩序的人；远大的理想，可以造就推动社会前进的人。

理想是一种动机，是一种时效性很长的动机，也是一种冲动性超强的动机。所以，由理想导致的行为，较之一般动机引发的行为更为强烈，更为持久。

不能把欲望也视为理想，欲望源于个人需要、个人利益和个人动机，而理想则要以对他人、对社会、对人类有利为基础。

志存高远的人，很少为了志向以外的利益而忘掉理想。哪怕这种利益有十二分的诱惑力，哪怕是这种利益如果失去了谁都会感到十分可惜。

正常的人都会有理想和信念。只有当个人的理想信念同社会的发展方向相一致的时候，事业才会成功，人生才有意义。当个人的理想信念同社会的发展方向格格不入的时候，碰壁之余也许就会全面放弃，于是也就失去了人生的价值。

理想渺茫，信念动摇，人就容易颓废。既然不知道该做什么，自然也就不知道该怎么做，于是对什么也就都没有了兴趣。

理想远大、信念坚定的人，一定不会为身边的琐事烦恼。

只有具备远大理想的人，他的行为才会在同一个方向上发生，那些没有远大理想的人，他的行为方向会杂乱无章。

要把实现远大理想，同从身边的小事做起结合起来，没有远大理想就会迷失方向，就没有持久的动力；不脚踏实地去努力，远大理想也会成为泡影。

信念是人生的支柱，信念的正确是人生之福，信念的坚定是人生之宝。没有坚定正确的信念就没有坚定正确的人生。

不论遇到什么样的艰难险阻都不会动摇，不论得到什么样的结局都不会后悔。除此，不能称其为信念坚定；除此，不会有坚实的人生。

对现实并不存在而未来可能出现的事物的追求就是信仰，如果能够使未来的可能不断地转化为现实，那么这种信仰就会逐步为多数人所接受。

信仰和热爱一样，都是推动人们前进的巨大力量。

信仰和热爱是互为补充的，因为信仰才热爱，因为热爱才信仰。

信仰是一个人的终极追求，是一个人对现实世界发展方向的选择，是对现实世界发展目标的设定，是立足现实、面向未来并为之奋斗的精神力量。

人们所努力追求的目标——财产、虚荣、奢侈的生活——总觉得是庸俗的、可鄙的。只有有远大的理想，为社会、为人类不断地做贡献，才是高尚的。

（二）道德

不同的容器决定着水的状态，不同的道德决定着人生的方向。

要想获得不朽的名誉，不仅要有超人之智，更需要有超人之德。

一个人如果在大庭广众之下表现得毫无廉耻，那么就不要同他谈什么美德了。

没有道德的人可能也很安逸，但是不会长久。没有道德的人可能也会长寿，但是没有意义。

一个有大才的人，未必有很高的德行；一个有大德的人，却必然有很高的才智。

一个人无才不行，无德更不行。因为社会发展需要德才兼备的人，也因为一个有才无德的人比起无才无德的人来，对社会具有更大的破坏力。

有德无才的人一定会崇拜有德有才的人，无德无才的人一定会崇拜有才无德的人。反之，凡属崇拜有德有才者，本人必有德无才；凡属崇拜有才无德者，本人必无德无才。

道德可以弥补人的各种素质缺陷，而道德之外的各种素质都不能弥补人的道德缺陷。

道德是智慧者前行的通行证，道德是忠信者心中的座右铭，道德是善良者背上的包袱，道德是愚昧者颈上的绳索，道德是精明者登天的云梯，道德是奸诈者手中的手电筒，道德是恶劣者脚下的贝壳，道德是野蛮者耳边的清风。

没有道德的人是危险的人，把道德当作捆人绳索的人是阴险的人，被道德绳索套住的人是涉险的人，想要冲破道德防线的人是冒险的人。

中国哲学发挥到极致，就叫平常心之道，荡漾的就是平淡的情怀。平淡的情怀不是无趣的人生，而是解除了物理性、功利性，解除了外在的恍惚不真的世界观念，进入到一种真实世界中。

欲成事，先养气：多读书养才气，重情义养人气，能忍辱养志气，淡名利养正气，不媚俗养骨气，会宽容养大气。

道德是前进的阶梯，也是绞架上的绳索，前者应该属于有道德的人，后者应该属于无道德的人。如果道德成为无道德的人前进的阶梯或者成为有道德的人身上的锁链，就是社会道德的失衡。

道德的本质属性是善，道德的基本动力是爱。

进了单位门由职业道德来管束，进了家门由家庭道德来管束，出了门由社会道德来管束。三德之中，以职业道德为核心，只有当社会上的每一个职业岗位上的人都尽职尽责，社会才会有序运转。

坏人是归法律约束的，好人是归道德约束的。多数的好人为了保护自身的正当权益，造成一种舆论，使邪恶不敢展示在光天化日之下，这就是道德的力量。

一个人如果不能秉德做人，就不可能以德待人；如果不能以德待人，就谈不上以德管理自己的单位，更何况以德治企。

人们往往喜欢窥视他人，窥视他人的生活，窥视他人的情感，窥视他人的隐私。然而也有少数人喜欢审视自己，审视自己的不足，审视自己的贪婪，审视自己的卑下。前者是品格低下的人，后者是品格出众的人。

富贵时见气节，贫贱时更见气节；顺境时见气节，逆境时更见气节，交友时见气节，临敌时更见气节。

要做一棵青竹，生亦有节，死亦有节。胸有成竹，环境可变，形体可变，唯节不变。

百花争奇斗艳，松柏四季长青。百花斗艳时，松柏虽不及它，尚可为伴；岁寒时，松柏其绿犹在，而百花多已荡然无存。

对谁都称赞的人，对谁都不是真心称赞；对谁都奉承的人，对谁都不是真心奉承：这一切都是一个缺乏道德的人在做戏。

人的德性会从三个方面表现出来，一是思想，二是言论，三是行为。

在没有人看到的地方，能够尽力做好事，这不是一般人可以做得到的，这种人的品格肯定优于常人。

对待令自己难堪的恶意行为，或者一笑了之，或者佯装不知，这不是阿Q精神，而是一种修养，一种境界。之所以如此对待，是因为他人的举止足以说明你并非无足轻重，也足以说明他人在嫉妒你。

在利益的驱使下，世间有许多两面人。他们有人一个样，没人一个样；当面一个样，背地一个样；单位一个样，家里一个样。这种矛盾现象，来自于自身的双重道德标准。

不论在什么样的社会环境条件下，一以贯之地以他人利益为重，就是一个品德高尚的人。

一个人待人处事不以名利为前提，自认为该做的事就主动做，不管有没有人知晓，其品质也就臻于完美了。

设身处地地为他人、为集体、为单位与家庭着想，是道德规范中的最高规范。

不要想把自己塑造成完人，而要努力地把自己塑造成一个有用的人。

一个人的品质是长期修养的结果，有了一定的修养，才能够进入以天下为己任，以分外为分内的精神境界。

上不欺天，下不欺地，外不欺人，内不欺己，这种修养就达到了最高境界。

同样才智超群的人，只是由于人品不同，于是就走上了截然相反的人生之路，人品好的人造福社会，人品不好的人破坏社会。环境的变化是绝对的，环境对心灵的污染也是绝对的，所以一个人的修养是无时、无处不在的。

一个人个性形成之后，如果还想提高某些方面的修养，那一定是自己体会最深刻的严重不足之处。

宁可穷而有志，不可富而失节。

如烟往事俱忘却，心底无私天地宽。

外貌美只能取悦一时，内心美才能经久不衰。

人的美并不在于外貌、衣服和发饰，而在于他的本身，在于他的心。要是人没有内心的美，人们反而会厌恶她漂亮的外表。

煤，从不披上华丽的外衣，称它黑子，它毫不介意，赞它乌金，也不沾沾自喜，为了把光明和热能奉献给人类，心甘情愿化为灰烬。

（三）扬善

不为人知的好事才是善行，不求功德的好事才是善举。为了达到某种目的去行善，尤其还念念不忘炫耀自我，那只不过是一种伪善，一种表现形式特殊的私心。

世间绝大多数人不会厌恶的品质，就是善良和谦虚。

善与恶，本质上是人们对待利益的态度和方式。为人即善，损人即恶。

德是善与恶的统一体，取决于向善与向恶不同比重的倾斜。所以，善行与恶行之间，仅有一步之遥。

利人的人必然有利人的动机和行为，损人的人也必然有损人的动机和行为。利人就是善，损人就是恶。

　　善良的人总是看到他人好的一面，时刻审视自己的不足；恶劣的人总是看到他人坏的一面，且十分清楚自己的长处，并随时不会忘记提醒他人。

　　做人自然要以善行为主导。基本做到了就是有德者，大部分做到了就是美德者，全部做到了就是圣德者。一时为善易，终生为善难。这也是圣德者寡之缘由。

　　有善心必须伴有善行才是真善。自己修身，却不做善事，只不过是自私的另外一种表现形式而已。

　　为小善，可以积小善为大善；为小恶，可以积小恶为大恶。

　　一味作恶的人必有恶报，即使没有受到肌体或利益上的损失，也无法再行修复被自我撕裂了的心。

　　到了收获的季节，农夫们在囤积，鼠类们也在囤积，尽管后者囤积的是前者的血汗。换一个角度看，鼠类们自己不能耕作，为了生命的延续，就必然行此鼠窃行为。

　　行善的人是善良的人，不作恶的人也是善良的人。

　　只有默行善事的人，才能够爱人；只有终生默行善事的人，才称得上圣贤。

　　追求善，就是追求神圣；追求真，就是追求至圣。尽管古往今来成为神圣、至圣者寥寥无几，然而人们还是不懈地追求着。这是人类进步的大势。

　　只有把做好事变成人生的一种习惯，才达到了善的至高境界。

　　爱善必然恨恶。一个人如果能达到嫉恶如仇的程度，必然会从善如流。

　　善良的心地像一座美丽的花园，不仅自己美丽，而且众人欣赏。

　　就像不论什么人都喜欢勤劳的人一样，世上不论何种品德的人对善良的人都会一样地尊重。

　　出于良好的动机，善良的行为也可能引发出不良的结果。人们对这种善良的愚昧会感到惋惜，却不会像对待恶劣行为那样痛恨。

　　你为他人做了好事，并接受了回报，就减轻了他人的感激之情；他人对你做了坏事，你报复了他人，也就减轻了他人心理上的道德压力。

　　世上的恶人以奸诈者为最。大奸似忠，大诈似信，奸诈的人都会给人以忠信的外表。对待这种人，即使是一些有才有德的人，也难免上当。

　　任何人都是善与恶的统一体，世上不存在尽善无恶和尽恶无善的人。人的善恶之间的主导面决定人的品质，如果不是这样看问题，那么呈现在人们面前的，就应该是清晰的两种世界。从善去恶，是个人修养的内容；扬善抑恶，最基本的重要手段是教育，抑恶的最大力量是法制。

为世界进文明，为人类造幸福。以青春之我，创建青春之家庭，青春之国家，青春之民族，青春之人类，青春之地球，青春之宇宙，资以乐其无涯之生。

感情有着极大的鼓舞力量，因此，它是一切道德行为的重要前提。

人类被赋予了一种工作，那就是精神的成长。

装饰对于德行也同样是格格不入的，因为德行是灵魂的力量和生气。如果道德败坏了，趣味也必然会堕落。

智者宁可防病于未然，不可治病于已发；宁可勉励克服痛苦，免得为了痛苦而追求慰藉。

处世让一步为高，退步即进步的资本；待人宽一分是福，利人即利己的根基。

要留心，即使当你独自一人时，也不要说坏话或做坏事，而要学得在你自己面前比在别人面前更知耻。

历览前贤国与家，成由勤俭破由奢。

在真诚的基础上，技巧就是艺术；在虚伪的基础上，技巧就是骗术。

最令人感动的不是眼泪，而是诚实；最令人愤怒的不是谩骂，而是欺骗。

你如果是一个诚实的人，你也要千方百计地防止他人骗你；你如果是一个骗子，即使千方百计地伪装成诚实也无济于事。

之所以颂扬诚实，是因为说真话的人太少；人们之所以痛恨欺骗，是因为说假话的人太多。但愿每一个诅咒骗子的人本身，不是骗子，而颂扬诚实的人本身真正诚实。否则，不是诚实的欺骗，就是在欺骗诚实。

人要活得快乐，对他人就要以诚相待，任何欺骗行为都不可能持久，任何狡诈行为都会祸及自身。

人生最大的美德莫过于忠诚。要忠诚于祖国，忠诚于人民，忠诚于事业，忠诚于家庭，忠诚于朋友，忠诚于自己。

做人要表里如一，在人前做得到的事方可以说，在人前说得出的事方可以做。

做人要明暗如一，不可以口是心非，言而无信；不可以上面握手，下面踢脚；不可以明则守法，暗则违规。

做人要始终如一，时间上要过去、现在、将来一个样，空间上要此地、彼地一个样，特别是个人在陌生的地方活动时保持始终如一更为重要。

诚实不仅是不能欺人，而且也不能自欺。

因为诚实不仅是一种品质，还是一种荣誉，所以不诚实的人也会努力地伪装出诚实的假象。

诚实是做人的法宝，没有人会戒备诚实的人，没有人会怀疑诚实的人。

诚实有时也会给人带来痛苦，但长久定会有大益。

由于真诚在社会生活中的匮乏，人们对真诚更加渴望和期待，只有人人都献出一点爱心，只有人人都具有同情弱者的人性，只有人人都多一点奉献精神，我们生存的空间才会更加美好。

诚信是做人之本，处世之本，为官之本。言而有信方为有德，言而无信就是缺乏道德。

没有诚信就没有尊严，没有尊严就没有尊重，没有尊重就没有威信；威来源于权只是现象，威来源于信才是本质。

诚信之所以如此为人称道，在于为之甚难；要诚信，必须表里如一；要表里如一，一切精明、奸诈就都没有了藏身之所。

不可以轻易许诺，许诺了就要一诺千金，否则就会丧失信用，这样不仅做不成事，甚至连人也做不成了。

"言必信，行必果"，这是待人处事的根本准则。言而有信行而有果，则会为众人所拥戴；言而无信行而无果，则会成为孤家寡人。

信是做人之本，诚是立身之本。一个讲信用的人，尽管不用表白，他人也信得过；一个不讲信用的人，尽管信誓旦旦，他人也会心有顾虑。

要视诺言为生命，才能言出必践，才能言而有信，才能令人信服和敬重。

"精诚所至，金石为开"。精为真，诚为信；有精有诚，百事可为；无精无诚，一事无成。

对任何人都不可失信，不守信就是不把对方当回事，也就是不尊重他人，不尊重他人也就是不尊重自己。

撒谎是高等动物共同具有的一种自我保护功能，说谎却是人类的专利。

人之所以要撒谎，是因为采用了不正当手段或者获得了不正当利益。既然不能明说又不能不说，那就只好编造，然而只要是编造出来的东西，都不可能天衣无缝。

来自儿童的真诚的谎言，是孩子进步的表现；来自医生的无奈的谎言，是对病人爱护的表现；来自领导者的操纵性谎言，是心肠冷漠的表现；来自成功者的表白性谎言，是喜欢出风头的表现；来自失败者的逃避性谎言，是推卸责任的表现；来自平常人的自欺性谎言，是保全面子的表现。

面对危险行程若无其事地告别亲人，面对死亡威胁一本正经地安慰病人，这都是一种善意的欺骗。善意的欺骗与恶意的欺骗之间本质的区别在于，前者是为了他人的利益，后者是为了自己的利益。

人生最愚昧之举，莫过于欺骗。掩耳盗铃也好，侥幸心理也好，其实欺人时都在自欺。

做人都难免上当受骗，被欺骗的人损失的是利益，而欺骗人的人损失的是人格。

说谎是自己同他人关系的腐蚀剂，说谎的人也未必不讲真话，但在他人眼中，说谎者说的都是谎话。

爱当面捧人的人一定爱背后骂人，爱背后骂人的人也一定爱当面捧人。

不欺骗他人的人是诚实的人，不被他人欺骗的人是智慧的人。

诚实容易，智慧则难，要想不上当受骗，最好的办法就是多项比较。

低级的谎言，自然漏洞百出；高级的谎言，也必然充满水分。人们之所以会上当受骗，是因为相信自己会从中获得更大的利益。

老实人容易被奸诈的人愚弄，这是生活中常有的事。但是一旦发现上当受骗之后，老实人就会再也不相信愚弄过自己的人。

不要有任何欺骗他人的心理和行为，欺骗人的结果，对自己的心理伤害，比对他人的心理伤害更大。

睁着眼睛说瞎话，且脸不变色心不跳，也是一种功夫，可惜用错了地方。

（四）廉洁

因为贪婪才心存侥幸；因为侥幸才亵渎法纪；因为违法才身陷囹圄；因为并不是所有的贪婪者都会败露，所以才会有人铤而走险；因为一些铤而走险者逃脱了法网，所以贪婪者才屡禁不止。

廉则知耻，贪则无耻。廉者也并非无欲，只是不去纵欲；贪者也并非无忧，只是不去节制。

要想让子女走正道，自己就要去掉私心；要想让部下不贪，自己首先要廉。

骂贪官者是大众，骂廉吏者是污吏。骂只是一种现象，不能因为怎么做都有人骂，就离开了正道。

贪婪者也可能一生都没有受到法律制裁，但却会伴随终生的心灵折磨，因为所有的亏心事，都会造成自我心灵的创伤。

送礼是一种投资，既是物质投资又是感情投资。送礼是为了回报，当目的达到时，收礼者会成为送礼者的笑料；当目的达不到时，收礼者会成为送礼者

的仇家。

茅台酒昂贵，茅台酒瓶的身价也随之抬高。买茅台酒瓶是为了真瓶装假酒，售酒摊上，真茅台酒一个价，假茅台酒一个价，竟然童叟无欺，可谓假亦有道。即便如此，假酒仍然畅销，奇怪之余，不耻下问，此举竟是为了送礼，又是一个假亦有道，可见送礼者该是多么的无奈，而收礼者又该是何等的可怜。

人要有定力，要有自我行为准则，不能因为空气不清新，就去污染空气。

为了匡正世风，有的人赤身而来、赤身而去，可是一些人却认为这种人是傻子。为了人类的解放事业，有的人抛头颅、洒热血，可是一些人却认为这种人是傻子。傻的人和不傻的人都一个个地逝去了。有趣的是，那些后来人，还在重复着前人的故事。

清贫和廉洁是战胜困难，乃至战胜敌人的法宝。

对待钱财的正确态度是"君子爱财，取之有道"。不取无道之财，即为君子。

甘于清贫，是有大志者必须具备的基本品质。只有这样的人才能在世间千变万化之中，始终洁身自好。

让生命化作一节白藕，生在淤泥之中，却不存有淤泥的痕迹。

中国人讲究礼义廉耻，礼义是用来待人的，廉耻是用来律己的。如果不廉，即是无耻；如果无耻，哪还有廉？

只有廉者主政才会有廉政，只有廉者抓廉政，廉政建设才会卓有成效。问题的关键在于廉者如何才能主政，如何才能使主政者都是廉者。

为官就不要想发财，想发财就不要为官。为官发财者会为众人所不齿。

吏治的腐败是最根本的腐败，法治的腐败是最严重的腐败。吏治腐败，必然产生贪官污吏，当它蔓延到社会生活的各个角落时，就成了顽症。法治腐败，执法者必然枉法，当民众有冤无处诉时，就会危及社会安定。

任何权力都必须置于有效的监督之下，没有有效监督的权力必然产生腐败。

腐败现象在经济上的表现是权钱交易，在政治上的表现是权力变质，在思想上的表现是道德失准。

任何投资都是为了得到更大的回报，物质投资、精神投资、感情投资概莫能外。只要是钻进这类人精心编织的投资网，那么不论他是什么样的人，也难以脱身。

阴暗的东西总是与光明的东西相比较而存在的，但是阴暗的东西只应该生存在阴暗的角落里，一旦它们在光天化日之下招摇过市，人们就会大吃一惊、大惑不解、大为不满，从而创造出诸如不正之风、腐败现象等词汇来。

有的人痛恨腐败是因为腐败在危害社会，有的人痛恨腐败是因为腐败危及了自身，也有的人痛恨他人的腐败是因为自己欲腐无门。

腐败现象消除与否，主要看社会风气的净化程度，而不仅仅表现在对腐败分子制裁的多寡。

人们所以对腐败深恶痛绝，是因为腐败本身侵犯了人们的利益。人们由腐败而对社会产生信任危机，是因为社会上还没有一种让人们信服的防腐机制。

面对不正之风横行的社会环境，有扭转乾坤能力的人，可以力挽狂澜；有一定职权的人，可以净化自己的生存空间，净化自己脚下的一片土地；有德行的人，可以净化自己的灵魂。切不可推波助澜，切不可混水摸鱼，切不可心灰意冷。

只要是吞下了香饵，就得任人宰割，这是钓鱼的游戏规则。只要是接受了贿赂，就得任人摆布，这是权钱交易的规则。

在腐败学里，人格就是人的价格。人既然有价格就具有了商品的基本属性。其使用价值就是某个人手中握有可供权钱交易的权力，其价值就是权力可能转换的既得利益，其价格则是以出卖权力为特征的货币计量。

在人格交易过程中，自己的人格多少钱可以出卖，他人的人格多少钱可以购买，是需要经过一番讨价还价和待价而沽的。有的人价格比较便宜，几条烟、几瓶酒就可以供人驱使；有的人价格比较昂贵，几十万、几百万也不收。还有另一种人，任凭你穷尽人间财富，也动不得毫厘。

只要你的人格不被人认可，许多努力都会变成徒劳，甚至出于良好动机的行为，人们也会怀疑你是在耍花招。

权钱交易不同于商品交换之处，在于它是以不等价交换形式进行的。以权换钱的一方做的是无本生意，所以只赚不赔；以钱换权的一方做的是翻本生意，所以吃小亏占大便宜。

价格的实现方式因人而异，多数权钱交易者是投机家，他们把自己分多次变卖，而每一次变卖都是在自认为万无一失的前提下进行的。少数权钱交易者是冒险家，他们把自己一次性变卖，搞得不好就连老本都赔进去了。

一个人追求一己之利，如果到了痴迷的程度，就难免变傻。清朝的和珅所贪之财，富可敌国。这种人即使得以寿终，那么多财富又作何用？以权捞钱与偷钱、抢钱本质上是一样的，都是既爱财又没有能力取之有道的行为。

"良田万顷日进不过三升，广厦千间夜眠不足八尺。"不论什么样的美味佳肴，也只是吃饱为止，谁人还能多用？况且长期多用定会产生疾病。不论多么

好的住宿条件，也只能在一张床上休息，谁人还能多占？

能挣会花只能说是人的一种风格，勤劳节俭才称得上是人的一种美德。

一个对他人的劳动成果毫不珍惜的人，一个对物质的浪费毫不在意的人，不会具有高尚的品格。

奢侈，大多是因为钱财来路不正。因为来得容易，所以去之易速；因为来得艰难，所以倍加珍惜。挥金如土的人，一般是在挥霍他人的血汗。

做任何事都要适度，在正常情况下，过度的节衣缩食和无度的挥霍都是荒唐之举。

省吃俭用可以是美德，视金钱如粪土也可以是美德。关键并不在于行为方式是否可取，而在于行为结果是否具有社会价值。

长期的入不敷出，就可能铤而走险。

对待钱财，有的人越来越大方，这不一定是在浪费，而可能是倾其所有在维护着一种虚荣。有的人越来越小气，这也不一定是在节俭，而可能是在精心看护最终并不属于他的财富。

行贿是用芝麻换西瓜，送香烟——要熏黑肺，送美酒——要腐蚀胃，送吃食——要堵人嘴。行贿往往甜在外，毒在内，劝君莫上当受骗。

节省乃常人的铸币厂，浪费乃富人的陷阱。

爱吃果实，就得珍惜花瓣。

（五）谦虚

谦虚是对知识的谦虚，不是对无知的谦虚，对无知的谦虚就是虚伪。

如果总是想从每一个相处的人身上学到点儿什么，那就是一个谦虚的人；如果认为每一个相处过的人都不如自己，那就是一个骄傲的人。

对骄傲的人谦虚只能助长他的骄傲，对谦虚的人骄傲会使他更加谦虚。

只要是正确的观点，只要是中肯的劝告，就一定要虚心接纳，不论自己是否有那方面的毛病。

要谦虚，尤其是胜利后的谦虚，成功后的谦虚，成名后的谦虚，但谦虚也需要真诚。

一个人如果特别看重功名，那就一定要格外谦虚。这样，众多嫉妒你的人想为你设置的重重障碍才会自动拆除。

在与人交往中，不妨让自己矮上半截，这样才能够从他人身上看到自己的不足，也才能从自己身上看到他人的长处。

一个非常懂礼貌，又很客气、很谦虚的人，很难找到一个劲敌。

决不要陷于骄傲。因为一骄傲，就会在应该同意的场合固执起来；因为一骄傲，就会拒绝别人的忠告和友谊的帮助；因为一骄傲，就会丧失客观标准。

骄傲的人喜欢见依附他的人或谄媚他的人，而厌恶见高尚的人。结果这些人愚弄他，迎合他那软弱的心灵，把他由一个愚人弄成一个狂人。

知道事物应该是什么样，说明你是聪明的人；知道事物实际上是什么样，说明你是有经验的人；知道怎样使事物变得更好，说明你是有才能的人。

天才是由于对事业的热爱感而发展起来的。可以说，天才就其本质而论——只不过是对事业、对工作过程的热爱而已。

一个人的实质，不在于他向你显露的那一面，而在于他所不能向你显露的那一面。因此，如果你想了解他，不要去听他说出的话，而要去听他没有说出的话。

人之所以会骄傲，是因为比无知者有知；人之所以会骄傲，也因为比有知者无知。

对于骄傲的人，最好的办法，就是把他同更骄傲的人放在一起。

任何人的骄傲都源于自身的某些优势，任何骄傲的人也都夸大了自身的那些优势。

没有一个骄傲的人可以正视自己，因为他们只能看到自己强于他人的一面。

傲气会使人丧失人心，傲骨会使人得到尊重；傲气可以使人止步不前，傲骨可以使人成就事业。

大雁高飞，不是为了炫耀翅膀；英雄做事，不是为了让人赞美。

有许多的花儿开在没有人看到的地方。

虚心的人十有九成，自满的人十有九空。

纸花，绚丽多彩却没有芳香；大话，震耳欲聋却没有力量。

葡萄不熟才酸，人无知才傲。

骄傲与失败挂钩，虚心与进步交友；懒惰和愚昧相伴，奋斗跟胜利握手。

微小的知识使人骄傲，丰富的知识使人谦逊。故，空心的禾穗高傲地举头向天，而充实的谷穗则低头向着大地，向着它的母亲，还像在寻求什么。

稻子丰收了，谦逊地低下头；苹果丰收了，羞涩地红着脸。它们告诉人们：谦虚意味着丰收，意味着成熟。

泥人经不起雨打，谎言经不起调查；说谎话犹如紧腰带，紧紧束缚自己；

诚实和勤勉，才是人们永久的伴侣。

（六）宽容

宽容、容忍、忍让是优秀人才的一种标志，在常人看来这样做太委屈，在优秀者看来这才是一种伟大。

容人，就是要以己之长容人之短，如果谁都不能容人之短，加之人人又都有短处，那么任何人都将失去生存的权利。

忍耐是最难养成的一种品格，许多事业常常是成于忍耐而毁于急躁。

能够容常人所不能容，能够忍常人所不能忍，就已经接近于伟大了。如果再加上伟大的事业，灵魂的伟大就会转化为形象的伟大。

双方各进一步，刀兵相见；双方各退一步，海阔天空。此时此刻，先退而又善退的人就是智者，就是高人。

"能忍者自安。"凡事都要做退一步的思考，如果退上一步就可以海阔天空，那又何乐而不为呢？

"宰相肚里能撑船"，是指要有容人之量，是指为宰相者可以容得下常人所容不下的委屈。试想，如果容人之量是指包容好事，哪个普通百姓容不下千件万件？

如果能够像爱护自己一样去爱护他人，如果能够像宽恕自己一样去宽恕他人，那么人们的生活，人们所占有的生存空间都将会更加美好。

宽恕有利于健康，不肯宽恕他人的结果是自己吃苦。当然，对他人的宽恕并不是无条件的，这种条件就是对精神和心理的自我反省和对行为结果的权衡比较。

说弥勒佛"大肚能容，容天下难容之事"，倘若真能如此，哪里还有烦恼，自然时时快乐。

只有在智慧的统领下，宽容才是一种美德，否则它就可能是无知和怯懦。

要容得下压力、挫折、批评、打击、责难、委屈。容，不是逆来顺受，逆来顺受是窝囊；容，不是良莠不分，良莠不分是糊涂。容，是为了排除一切干扰，化解一切矛盾，从而实现自身的目标。

宽容既不是无原则的，也不是无限制的。宗教教义主张宽容任何人，而虔诚的教徒们谁都不那么做，因为他们都知道农夫与蛇的故事。

忍让对于具有远大目标的人来讲，才是一种高尚，如果忍让变成了无目的的习惯，那就是一种卑微。

讲宽容那是高尚人的专利。一个卑劣的人讲宽容，那就是要求他人宽容他的卑劣，那就是一种变换了的害人手段。

宽容和善解人意都需要有很强的修养功底，否则一是不会去那样做，二是想那样做也做不好。

在招致不幸的各种各样的原因中，嫉妒应位列榜首。

嫉妒是用他人的成就、荣誉、幸福、健康等一切优于自己的地方来藐视自己。

嫉妒是对自身的轻蔑，它清楚地告诉他人，自己是一个弱者；嫉妒又是自己为自己设下的羁绊，它会使自己今后更不如人。

嫉妒是人才的天敌，它为明达之士所不齿，因为嫉贤妒能者多是庸俗之辈。

拿他人的成就来折磨自己，那就会嫉妒。不能战胜对方，自己又不服输，不能超越对方，自己又不服气，于是就嫉妒。自身能力不高又不肯或无力去改变现状，于是就嫉妒。

获得者不会去嫉妒失去者，成功者不会去嫉妒失败者，前行者不会去嫉妒落伍者。

嫉妒就是自寻烦恼。要想保持乐观的心态，就要衷心地去赞赏他人的过己之处。

嫉妒是自行处方、自行服下的毒药，它不仅会使自己看不到现在与他人的差距，而且会使自己将来与他人的差距拉得更大。

一个人真正的力量并不表现有某种卓越的才华，某种炫耀的技巧，而是一种和缓的凝聚力。

天无不覆，地无不载。世界上总有路可走，实际上路无处不在，就看你看到看不到。

世界上无所谓垃圾和废物。所谓废物，是放错了地方的财富，但也有很多财富放错了地方。人也如此，绝大多数人都是人才，放错了就不然。

最好时是花未全开月未圆，人与人交往太密切就是疏远的开始，保持距离，掌握分寸；好朋友说了不听，就到此为止。

多思、多想、多看，少指画，少抱怨，才能让你以后少后悔。人往往是用自己的标准来要求对方，你发一次脾气，就往对方心里打个钉子，拔了也留下一个洞。

君子学是为修身学，做最好的自己，困境中也不忘修炼自己。

因为嫉妒源于他人的成功，所以嫉妒是失败者的专利。成功者要想消除他

人对你的嫉妒,那就一定要向失败者示弱。

我不好你也别想好,我不行你也别想行,这就是窝里斗式的内耗。如果调换一下角度,那就会变成:你好你的,我好我的,你好我也要好,我行也让你行。你行他不行时,帮他一把;他行你不行时,学他一招。切不可嫉贤妒能,更不可阴谋陷害。

自己看不到自己的许多地方。你看不到后背,也看不到头顶,更看不到后脑勺,所以每个人都有盲区。

贵要以贱为根本,高要以低下为根基,就是要处下。

镜子落上尘埃就不亮,不落尘埃才亮,这如同人的内心;房子腾空,太阳照进来就清晰,人把心灵腾空就心明眼亮。

君子不是无过,而是有过即改。心灵的残缺比肢体残缺更易陷于困境。

有的人败就败在了心里的在乎上;患得患失时,就发挥不好你的特长;艰难险阻在你看不清的时候,可能就勇敢地过去了;但当你看清楚时,可能就没有那么勇敢了。

在这个世界上,判断力比技巧更重要,智力比技术重要。明白大道,安于大道,认清大道。

(七)谨慎

一个人不听劝告不好,但若听任何人的劝告,则是一千倍的不好。

狼伴你去做客,也许你就是酒肉。

刺耳的话冷静听,奉承的话警惕听,反对的话分析听,批评的话虚心听。

千万别讨厌批评,它是你忠实的门警,假如把它一脚踢开,你的一切将被错误偷尽。

浓烈的美酒,味道是香的,但它能加速贪杯者的沉醉;野地的黄连,味道是苦的,但它能医治病患者的疾病。

恭维是覆盖着鲜花的深渊,批评是跌倒时爬起来的拐杖。

(八)认真

勤奋首先是头脑的勤奋,没有头脑的勤奋只有肌体的勤奋,那就是一个机器人。

谁要能与诚实和勤奋终生相伴，谁就能不断进取。

认真是人的最优秀的品格之一。只有处处认真的人，才会严肃地对待生活；只有时时认真的人，才会在相同的时间内取得更多的成果；只有事事认真的人，才会主宰自己的人生。

对小事认真的人，对大事一定更认真；对大事认真的人，对小事却不一定认真。认真是好的品格，但事无巨细一概认真，也是会令人生厌的。

惰性十足的人，总可以找到一个貌似合理的理由为自己的懒惰开脱。这种办法之所以会被普遍运用，是因为寻找借口比起实际行动来，要容易得多。

同样是听课，认真听讲的人就能够获得更多的知识；同样是劳动，认真工作的人就能够获得更多的技能。推而论之，如果一个人事事认真，事事较他人多得；如果一个人处处认真，处处较他人多知。久而久之，那些落伍者，就不在同一个人才行列之中了。

因为基因不同，所以每个人在世间都是独一无二的。许多人之所以没有开拓出独特的事业，在于他们并不认为自己是独特的人。

一个人必须自立自强，除了你自己之外，在世间谁都不可能给予你事业的成功和生命的辉煌。

要培养自己的独立能力。独立思考，独立工作，独立克服困难。只有独立，才能自立；只有自立，才能奋发有为。

自立要以自重为基础，失去自重的自立会给自己和他人带来灾难。

对自己太满意的人会自傲，对自己太不满意的人会自卑，只有对自己基本满意又不太满意的人才会自信。

不断的失败往往会使人变得自卑，不断的成功往往会使人变得自信。不惧怕不断的失败，又努力获得不断的成功，往往会使人变得自重。

自卑来自于差异，只有较好地利用自身的优势，只有尽力地展示自身的长处，才能消除差异，确立自信。

只有自信才可能排除各种干扰，只有自信才可能克服各种困难，只有自信才可能发挥出意想不到的潜能。

用自信来引导行为，行为才会持久。

人人都具有很大的潜能，有些人没有把自己的潜能充分发挥出来，那是因为他们缺乏自信。

长期的羞涩会导致自卑，长期的自卑会导致怯懦。

自卑的人并非一无是处，而是看不到自己的优势所在。

对于那些强烈渴望得到而又怕得不到的东西，显得不屑一顾，实质上是自卑心理的拙劣掩饰。

与人交往时，不要胆怯和自卑。如果一时克服不了这种心态，就努力增加一点傲骨。

（九）自尊

没有自尊的谦虚就是自卑，没有谦虚的自尊就是自傲。

正视并接受自己、爱护自己，这样才会有自尊、自重。

为了自重，于是人们就喜欢炫耀，炫耀自己，炫耀父辈，炫耀子女，甚至炫耀祖先。为了突出自己的重要性，不同的人会采取不同的炫耀手段。为此，把握住不同的炫耀手段，就可以认识不同的人。

你付出了，但没有得到，人们会用尊重来弥补；你付出了，同时也得到了物质利益，这就意味着你不再需要他人的尊重。

任何人都需要被他人肯定，以此来证明自己的重要或伟大。就是为了这个重要性，于是才有人名垂千古，也有人遗臭万年。

人们往往会认为自己很完美，也往往都觉得自己很可爱，然而真正完美、真正可爱的人，恰恰是那些时刻在觉察自己的美中不足的人。

在尊重面前，人人都会自重；在不尊重面前，有些人会显露出轻浮。

谦虚而不摆架子的人可亲，自尊而不失风度的人可敬。

人人都需要自尊。当你触犯了他人的尊严，他人就会用权威或暴力来保护自尊；当你维护了他人的尊严，他人就会用宽容和仁慈来对待你。

一个真正爱自己的人，必然眼睛盯着自己，如果总是盯着他人，那就不是真正的爱自己。

对他人不要过分的挑剔，如果一定要寻找完人，那么首先应该淘汰的就是自己。

要学会"慎独"，要学会静下心来反思自己，从而使自己的思想更加清晰，使自己的灵魂更加清澈，使自己的心境更加清新。

对自己的要求要尽量完美，对他人却不可如此要求，就像可以要求自己不犯错误，却不能要求他人不犯错误一样。

只要你能够平心静气地对待批评和讽刺，你就会发现它们对于你的好处远远大于坏处，起码它们可以使你自知、自律。

四、要认知

（一）学习

一本好书可以把你载入天堂，一本坏书也会把你拖入地狱。

一本好书，是良药，可以治愚昧；是钥匙，可以打开智慧之门；是灯塔，可以指引航向；是镜子，可以使人自省；是时间，可以礼拜先哲；是接力棒，可以启迪后人。

读好书利己，通过交流也会利人；读坏书害己，通过交流也会害人。

读书要有选择。一本不好的书传递的是错误的信息，它将使无知者误入歧路；一本好书才像海上的灯塔，照亮一个个纯洁的心扉。

书籍是人类进步的阶梯，书是全世界的营养品。生活里没有书籍，就好像没有阳光；智慧里没有书籍，就好像鸟儿没有翅膀。

坚持读好书，会为理智和心灵插上翅膀。

人高不如山高，但山高挡不住人引路。

书犹药也，善读之可以医愚。

学则明，不学则愚。不学习的人，像不长谷物的荒地。

学，要像一只钻头，去开掘知识的深井；问，要像一把钥匙，去开启疑团的大门。

严师好比领路人，学问全在自用心。

最淡的墨水也胜于最强的记忆。

重复是学习之母，不要说读过了，要说懂得了。

学问渊博的人，懂得还要问；不学无术的人，不懂也不问。

努力求学往往愈来愈发觉自己无知。

滴水穿石，不是力量大，而是功夫深；成绩优良，不是天资高，而是努力学。

从兽转变成人，靠的是劳动；从兽性转变成人性，靠的是读好书。

读书是为了求理，读书也是为了明理，读书更是为了行理。

读书，是在用他人的思想确立自己的思想；创造，是在用自己的思想影响他人的思想。

喜欢读书，就等于把生活中寂寞的辰光，换成巨大享受的时刻。

读书不选择，等于人生没有方向；读书不思考，等于人生没有头脑；读书不应用，等于人生没有智慧。

无知者为了装作有知，于是就附庸风雅。挂堂联的古人未必识字，置书橱的今人未必读书。

生活的范围和知识的范围成正比例关系，只有读书才会把人引向无限广阔的天地。

在物质生活与精神生活之间，要找到一个动态的最佳结合点，这样可以使人生更加平和、更加充实，这种寻求的方法就是读书。

没有接近知识殿堂的人，活得最好，他们认为自己无所不知；刚跨进知识殿堂的人活得最傻，他们认为自己几乎一无所知；进入知识殿堂的人活得最累，他们越是拼命地捕捉知识，未知的领域就越是急速地扩展。

要想使自己伟大，就必须更多地接触伟大的人。要接触古今中外伟大的人，就只有到书中去寻找。

对于真正聪明而不是耍小聪明的人来讲，不论是成功还是失败，不论是顺境还是逆境，都可以学到东西。

从错误、失败乃至险境中学到的东西，会令人终生铭记，因为它们具有更大的价值。

每个人迟早都要学到应该学到的各种知识。对于同代人而言，正是那些早学到的人成了那些晚学到的人的师长或领袖。

不能说只要是学习就好，因为荒谬比无知更可悲。无知之地尚可播种，荒谬之地则难以耕耘。

从平凡中找到真理，在深奥处获得真知，这是学习的目的，也是学习的方法。

读书贵在思考，思考贵在明理，明理贵在创新。获得一点点的真知，也比会背一本书更为可贵。

由于人生目标的需要，人们才渴求知识。有人生目标而不渴求知识者，人生目标是虚幻的；只渴求知识而没有人生目标者，知识是凌乱的。

愚蠢的人只知道羡慕有学问的人，而自己却不去努力；聪明的人善于把握时机，使自己变成有学问的人。

人的任何行为都要适度，唯独对知识的追求永无止境。

学习是长功夫、慢功夫，所以持之以恒者少；因为持之以恒者少，所以人与人之间就慢慢地拉开了距离。

强调没有时间学习的人，是没有养成学习习惯又不愿意学习的人。

积极情绪可以开阔人的思路，增强灵活性和创新能力，主要表现为一种行动的倾向。而消极情绪是一种集中求生和批评的能力，主要表现为逃避的倾向。

傲慢自大者，并非因为已经满腹经纶。恰恰相反，只有满腹草絮者，才会装腔作势。

在知识问题上，实而不华是一种高尚，华而不实是一种耻辱。

要一直保存着你的梦想，你永远不知道什么时候会需要它们。

富兰克林曾说："我未曾见过一个早起、勤奋、谨慎、诚实的人抱怨命运不好；良好的品格，优良的习惯，坚强的意志，是不会被假设所谓的命运击败的。"

会学习的人，是只啃骨头不吃肉的人；会写文章的人，是用通俗语言阐明深刻道理的人。

只要每天比他人多学一点，只要每天比他人多做一点，日积月累，你就可以把他人远远地抛在后面。

如果你对一种知识还不能深刻理解，那么你就没有办法真正占有它。

人要在人世间生存，就必须全面打好基础；人要在人世间发展，又不可以追求面面俱到。

随身带上一个小本子，把自己随时产生的思想记录下来，不必觉得难堪，时间长了，必有收获。

人生中有几个人能够静下来回顾自己，反思自己？能够在人生的间隙中，通过另外一种理解和形式，反过来回顾自己的形态，回顾自己的内心，这是人生一大幸事，艺术就有这个功能。

苏格拉底认为，未经理性审视的生活是没有价值的。这里讲的"审视"就是你要不断地反思自己，就是曾子讲的"三省吾身"。一个人只有真正认识到了他自己，才能够实现他自己的这种潜能，这样才能成为一个有德行的人，过有德行的生活。

培养积极思维，有四个心理过程：一个是注意力，一个是解释问题原因的方式，一个是要有提前的准备，再就是保持反思的习惯。

只有跨进知识的殿堂，才会感到自己的不足；只有涉足知识的海洋，才会感到自己的无知。

知之不多，又自认为知之者，好为人师；知之甚多，又自认为不知者，不耻下问。

一个好的商业经营者，库存小、销量大；一个权威的学者，却库存大、销量小。

学然后知不足。人的知识越广博，不知道的东西就越多；人的知识越贫乏，

不知道的东西就越少。

会听讲的人,是能够把握住要点的人;会讲话的人,是能够抓住人心的人。

同样研究一个问题,一个人刨根问底无限扩展,直到边缘和尽头;另一个人只是弄清了问题的直接原因,看似相同,实则差距很大。久而久之,两个人就不会再站在同一个人才层次之上了。

读书时,从思考中得来的知识是活知识,从记忆中得来的知识是死知识。从思考中得来的知识是通向新知识的途径,从记忆中得来的知识是通向工具书的途径。

知识要讲求数量与质量的有机统一。有数量无质量,必然不精不深;有质量无数量,必然不广不博。

如果你拥有的知识如地面积水,那就显得浅薄;如果你拥有的知识如地下甘泉,那就来得深邃。

树要高大,必有深根。世间没有一棵参天大树是没有很深的根基的,世间没有一座摩天大厦是没有很深的地基的,世间没有一个超级人才是没有高深学问的。

当今的知识经济社会,谁掌握的知识多,善于应用实践,谁就会主动,就会在市场竞争中取胜。

知识贫乏的人,幻想也不会丰富;知识丰富的人,幻想也不会贫乏。

知识和财富应兼而有之,但一定要以知识为重。有知识的人,去了财富还有知识在;无知识的人,失去了财富就会一无所有。金钱在使用中会逐步减少,知识在应用中会逐步增多。

知识包括"为什么"的知识,这就要明理;包括"是什么"的知识,这就要实践。可见"知"与"行"同等重要。

承认无知难,掩盖无知更难。承认无知只需要一时的勇气,掩盖无知却需要长期的伪装。

科学不会舍弃真诚爱她的人们,因为爱才会拥有。

虚心是知识的向导,恒心是知识的保管。

人要有三个头脑,天生的一个头脑,从书中得来的一个头脑,从生活中得来的一个头脑。

用珍宝装饰自己,不如用知识充实自己。

力大胜一人,智大胜千万人。

知识是种子,能力是树干。只有种子发了芽,才能长成大树,只有根深才能叶茂。

做人要做望远镜——目标远大。做人要做平面镜——黑白分明。但千万不要像哈哈镜——哗众取宠，搬弄是非。

金钱是另外一种意义上的水，它能载舟，也能覆舟。

聪明的人往往说自己糊涂，糊涂的人却往往要说自己聪明。就如醉了的人说没醉，没醉的人说醉了。

台上一分钟，台下十年功。追求成功的人要学会忍耐，培养韧性，厚积薄发。

帮助了别人，别人可能会喜欢你；求别人帮助，也可能会被喜欢。因此，我们有余力时，应该帮助别人；我们有困难时，也可以求助于人。因为这些都有可能增加别人对我们的喜欢。

要会读有字的书，也要会读无字的书。读活了有字的书，便领悟了前人和他人对人生的理解。读活了无字的书，便产生了自己对人生的感悟。

真正善于学习的人在于质疑，在于质疑基础上的明理，在于明理基础上的应用。

知识的价值不能在占有中发现，只能在使用中产生。

学到了知识，不去或不会用于实践，等于种了树而不结果实。

人人博学，会造就出一个学究的世界，一人有一点创新，才会创造出一个崭新的世界。

自认为无所不知、无所不能的人，其实在任何领域中都可能没有独到之处。

（二）智慧

智慧从学习中产生，从思考中产生，从应用中产生，从实践中产生。不学习、不思考、不应用、不实践就不会产生智慧；不再学习、不再思考、不再应用、不再实践，已经产生的智慧也会渐渐枯竭。

学习和思考之所以会成为人们攻克一切未知领域的利剑，在于知识是前人、今人和自我智慧的结晶。

人的智慧并不是在头脑中自生的。当遇到可以匹敌却又见解不同的对手时能够产生智慧，当遇到可以克服但却矛盾重重的困境时能够产生智慧。为此，一个巨人置身于极其普通的境遇之中，本身就是一种悲哀。

古为今用，洋为中用，关键在于用，关键在于有用。如果没有用处，现存的垃圾就已经不少了，何必再把古和洋的垃圾捡来？

有知识不运用，如同耕地不播种。智慧越是使用，越能够产生新的智慧，这是智慧的特有属性。

知识，尤其是创新型知识，是推动人类社会前进的动力。知识是一把双刃剑，人们既可以利用它行善，也可以利用它作恶。同样是火药，有的人用它来为人类造福，有的人用它来毁灭人类；同样是指南针，有的人用它来开展海外贸易，有的人用它来做海盗。所以，任何一个人离开德行去追求才智，于人、于己都将有害无益。

能够照亮人们前进道路的是书，是知识，更是智慧。

智慧，能够在平常中创造奇迹，能够从平凡中创造伟大。

能让失明的人看见光明的唯一途径，就是用智慧点亮他心中的灯。

人们唯一不愿意承认的不足是品德，人们唯一不能够被人剥夺的东西是本领。

当人们把富有的尺度由物质、金钱提高到知识时，知识才会成为人们普遍追求的对象。

一个人的智慧，只有在为他人、为社会、为人类服务时，才能够充分地体现出来，才能够具有社会价值。

聪明是对真理的悟性，是对未知的灵性。

聪明人也有糊涂的时候，糊涂人也有聪明的时候。任何人如果不把非主要的事放在一边，都不可能集中精力处理好主要的事。只有对非主要的事糊涂一点，才可能在主要的事情上显得聪明，显得有创造力。

文辞由质朴到华丽再到质朴是返璞归真，头脑由愚笨到聪明再到愚笨也是返璞归真。其实由糊涂到聪明很难，由聪明到糊涂更难。

不要去担心可能发生的事，而要去正视正在发生的事。对正在发生的事没有办法解决那是低能，对可能发生的事提心吊胆那是弱智。

（三）真理

听说的东西不等于看见了，看见了的东西不等于认识了。

我们没有能力说我们不会犯错误，我们只有权利说我们不会坚持错误。

每个人都只能理解自己经验范围之内的事情，超越了这个范围就会感到新奇。

同样一件事，有人认为好，有人认为坏，有人从中受到鼓舞，有人从中受到伤害。可见,能够左右人心境的不是事物本身,而是不同人对同一事物的不同认知。

用公认的客观标准去判断事物,比用自己的爱憎去评判事物会更加准确。

人们应该去探索未知领域,而不应该仅仅是向往未知领域。

真的易于识别,假的难于识别,半真半假的更难识别,真真假假的最难识别。

把谬误披上华丽的外衣,是为了伪装真理;把真理弄得眼花缭乱,是为了伪装自己。

把杂乱无章搞得简明扼要,是真知灼见;把简明扼要弄得杂乱无章,是故弄玄虚。把深刻的道理讲得通俗易懂,这是哲人;把浅显的道理说得高深莫测,那是骗子。

人们相信真理,也相信谬误。人们相信真理,是因为只有真理,才能在实践中给他们带来利益。人们相信谬误,是因为只有谬误才能对他们的不佳命运给予满意的解释。

真理有时像夜明珠,在黑暗中光芒四射;真理有时像落入染缸的珍珠,其形不见,其质却不变。

发现谬误比发现真理要容易得多,因此发现谬误是常人的事,而发现真理则是伟人的事。

有谬误存在,就会有真理的行踪,因为谬误是实践的错误认识;有偏见存在,就会有真理的足迹,因为偏见是真理的敌人。

发现那些被实践抛弃了的谬误比较容易,发现那些被实践证明了的真理就不那么容易了。因为前者人人可见,而后者却非人人可为。

因为真理是灿烂的,只要有一个罅隙,就能照亮整个田野。

一个人只要肯深入到事物表面以下去探索,哪怕他自己也许看得不对,却为旁人扫清了道路,甚至能使他的错误也终于为真理的事业服务。

有人遇到有承认自己错误的机会,是最愿意抓住的。这样一种回到真理和理性的精神,比具有最正确无误的判断还要光荣。

有时,当谬误与人们的眼前利益相一致时,真理就很难成为胜利者。

真理不承认任何权威,真理不能够被霸占,哪怕是真理的发现者;真理从不停止前进的脚步,哪怕是在最为不利的环境条件下。如果没有这些品格,那它就不是真理。

千万不要认为只要你手中握有真理,人们就会俯首称臣;也千万不要认为真理一经被发现,就会立即主宰世界。

　　真理既然是真理,那就无需过多地表述;君子既然是君子,那就无需过多地表白。

　　金钱可以收买小人,却不能收买真理。

　　智慧就在于说出真理。

　　为真理而斗争是人最大的乐趣。

　　天平是轻重的衡量器,实践是是非的试金石。

　　谁在言谈中占有真理,谁说的话就有力量;谁在行动中占有真理,谁的生活就有力量。

　　强与弱的较量会胜负立决,对与错的较量则胜负难分,于是真理才显得格外可贵。

　　谁如果只会拿理论四处套用,谁就没有真正拥有真理。

　　一时的胜负未必与真理相关,而由历史论定的胜负则必然在于真理。

　　人最高尚的行为,一个是公开地坚持真理,一个是公开地承认错误。

　　不说谎的人是诚实的人,不背离真理的人是实事求是的人。前者属于道德范畴,后者属于认知范畴。

　　真正科学的态度,只注重追求真理,而不注重占有真理。

　　真理喜欢虚心的人,因此人要自信,但不要自大。

　　自我成见太深,自我私心太重,自我短见太多,真理就会离你而去。

　　不论你信奉不信奉真理,真理都是真理;不论你在不在世间,真理都不会消失。

　　理直则气壮。高尚的人不会害怕真理,害怕真理的人必然卑劣。

　　人在思想上每有所开悟,都是一次翻新;人在志趣上每有所感发,都是一次向上。人生所成就无不在于此。诗人陆游讲:"文章本天成,妙手偶得之。"

　　叫作真理的东西,都是赤裸裸的,因为它无需伪装。

　　只有热爱真理的人,才能算得上热爱人生。一个不热爱真理,但声称热爱人生的人,热爱的不是人生,而是人生的外衣。

　　如果你像追求爱情那样追求真理,就一定会找到真理;如果你的追求终生不渝,那就一定会成为真理的朋友。

　　真理时时披着面纱站在你的面前,就看你有没有能力揭开这层面纱。

　　通过努力,获得真理是幸福的;通过努力,即使是只得到一半真理,哪怕是只见到了真理的影子,也同样不虚此生。

　　爱因斯坦曾说:"不管时代的潮流和社会的风尚怎样,人总可以凭着自己高贵的品质，超脱时代和社会，走自己正确的道路。"

在真理面前只有具体的发现者，而没有永恒的权威。

怀疑本身并不是缺点，因为只有怀疑才会去探索，才可能走向真理。如果只是怀疑而不去探索那就是缺点了，因为这种怀疑的本身，目的不在追求真理，而在向往功利。

在通向谬误的所有道路上，你都找不到真理。

任何错误认识都不会毁灭真理，而是在接近真理，只要人们不带有偏见。

不要怕犯认识上的错误，谁害怕犯这种错误，谁就永远也接近不了真理。

不要怕遇到挫折，正是在一系列的挫折中开拓了通向真理的道路。

五、要奋斗

（一）立志

若是不积极努力，美好未来不会自己走来。

只有伟大的目的才能产生伟大的毅力。

人有了物质才能生存；人有了理想才能谈得上生活。动物生存，而人则生活，这是生存与生活的区别。

每个人都懂得，把语言化为行动，比把行动化为语言困难得多。君子的力量永远是行动的力量，而不是语言的力量。

理想是美好的，但没有意志，理想不过是转瞬即逝的彩虹。

每个人都是自己前途的建筑者。

"有志者事竟成"。有小志者成小事，有大志者成大事。有小志者无大事，有大志者无小事。

志在顶峰的人，不会在半坡留恋；勇于求知的人，决不至于清闲无事。

立志、工作、成功，是人类活动的三大要素，立志是事业的大门，工作是登堂入室的旅程，旅程的尽头就有成功在等待着。

没有志向的青年，就像断线的风筝，只会在空中东摇西晃，最后必然丧失前程。

不敢同冠军较量，就永远争不到冠军。

及时当勉励，岁月不待人。

我们无法左右外在的世界，只有让内心的选择能力更强大。当你明白如何取舍，那么那些烦恼也就没有了，这就是"知者不惑"。

从书本上学，从社会上学，从小学到老，无非是学习一种把握幸福的能力。

在有志者中，绝大部分是成就事业的人；在无志者中，却没有能够成就事业的人。

人既有志，就不能因为贫困而动摇，也不能因为老迈而松懈。

"玩物丧志"，并不是说和"玩"接触和"物"接触就会丧志，而是说如果玩物成了目的时，大志向就会丧失。如果某个人的志向就是玩物，那也就谈不上玩物丧志了。

没有志向的人会随波逐流，从这一点上说他的人生没有逆风；没有志向的人会没成就，从这一点上说他的人生没有顺风。

志向，只有以集体为基础，以天下为己任，才是大志。

人人皆有志向，只是高低、远近、大小不同。有大志者应该站得更高些，看得更远些。

有大才者应该有大志，但并非人人如此。有大志者应该有大才，但也有人志大才疏。

要立志争先，在你生存过的环境中，都要力争上游。读书要争第一，干事业要争第一，讲成就要争第一。只有具备这种精神的人，才是成大才的人，才是干大事的人。

志向既要高远又要坚定，不可以朝三暮四、见异思迁，不可以站在这山望那山高，频频改变方向。否则那就是一只没头苍蝇。

无志常立志，有志立长志。不能善于开始，不善于持久，更不能心高志短，眼高手低。

志向确定之后，不论遇到什么样的困难，绝不可半途而废。

志存高远者，必然加倍努力；加倍努力者，才能必然出众；才能出众者，必然贡献更大。

（二）信心

世间的事不论有多难，总会有解决的办法，问题在于是否有决心和信心。对于一个有志气的人来讲，不论面对何种境遇，都会决不气馁，永不言退。

只有自己有信心，才会对他人有信心；只要他人都有信心，自己也才会信心倍增。

支撑着人们在艰难的环境中跋涉的，支撑着人们在未知的天地里探索的，就是信心。

有一种人，愈是在风雨如晦的时候，心灵愈是宁静。他能穿透所有的混乱和颠倒，找到最核心的价值，然后就笃定地坚持。

不为流言所动摇，不为谣言所动摇，不为危言所动摇，靠的就是坚强的自信心。

人要有主见，否则不足以成事。有主见不同于以自我为中心。以自我为中心的人不是有主见，而是有贪欲。

当能力大于危险时，人人都有勇气；当危险大于能力时，人人都会恐惧。只有在恐惧之时挺身而出，才能称得上勇敢，而勇敢又往往有助于战胜险境。

艰难困苦，对于怯懦的人是人生的陷阱，对于坚强的人则是人生的一笔财富。

一个成功者，未必比失败者更聪明，但一定比失败者更勇敢、更坚强。

只有当勇敢和智慧结合在一起的时候，勇敢才有价值，否则人性的勇敢就会变成兽性的凶猛。

因为怯懦，觉得事事不如人，因此难以成功；因为难以成功，做事就更加谨慎小心，也就更加怯懦。

一把大斧，三下两下，也砍不倒一棵大树；一把小斧，不停挥动，也会砍倒一片树林。

真理是意志的方向，情感是意志的动力，而意志又是行为成功的条件。

胜利者往往不是速度最快的人，在多数情况下，最后的胜利属于持之以恒的人。

对事业的酷爱，对自身的自信，对过程的坚忍不拔，是事业成功的基本要素。

在同等艰难的境遇中，谁能够坚持到最后，谁就可能是胜者。

只要还有一线希望就绝不放弃，这是一个人取得成功的必备品质。

越是在艰难时刻，越是要坚持，即使临近失败，也要坚持到最后。因为说不定奇迹就在最后一刻出现。

只要是还没被击垮，只要是还昂首站立，只要是还有希望，那就还有转机。但是如果自己垮了，那可就真的一切都没有希望了。

人都有软弱的一面。任何刚强的人，都可能拜倒在自己酷爱的对象脚下，这对象可能是名，可能是利，可能是权，可能是异性，也可能是其他。

当事业与兴趣相一致时，要想成功需要毅力；当事业与兴趣不相一致时，要想成功需要更大的毅力。

名家在青少年时代也只是普通人，但绝大多数普通人却未能成为名家。能否成为名家的关键在于是否具有非凡的毅力。

开始就精神抖擞的人，有可能坚持不到最后；开始就雄心勃勃的人，有可能半途而废。只有恒心和毅力才是成功的必备品质。

不正常的情绪会时时袭击我们的灵魂，干扰我们的努力，越是在这种情况下，越能检验一个人的毅力。

（三）奋斗

一个有决心的人，终将找到他的道路，确信道路正确，就要永远勇往直前不回头。

有些人天资颇高而成就则平凡，他们好比有大本钱而没有做出大生意；也有些人天资并不特异而成就则举世瞩目，他们好比拿小本钱而做大生意。这中间的差别就在努力与不努力了。

奋斗的旗帜，在困难中升了起来，在享受中降了下去。

在天才和勤奋之间，毫不迟疑选择勤奋，因为她几乎是世界上一切成就的催产婆。

卓越的人一大优点是：在不利与艰难的遭遇里百折不挠。

浩瀚海洋，源于细小溪流；伟大成就，来自艰苦劳动；善于做好小事，才能成就伟大事业。

你与其跟他人斗，不如跟自己斗，想办法提高自己的素质和修养。

人们往往不缺乏宏图伟志，而缺少通向那个志愿的一步一步积累起来的切实道路。

体育竞赛最绝妙处乃在于：它只在乎做，不在乎说。

凡事必有开端，决心只是开始，重要的是行动。

懒惰像生锈一样，比操劳更能消耗身体。

时间会把懒人的心愿偷个精光。

安逸的暖流，能腐蚀意志的长堤；勤奋的飞瀑，能冲开智慧的闸门。

一个人能有成就，不在于定的目标多高，而是有切合实际的理想与行动。

人们不缺远大理想，而缺到达理想的实践和扎实的工作。

（四）磨砺

困难对于强者是一笔财富，对于弱者是个万丈深渊。

人们最出色的工作往往是在处于逆境的情况下做出的。理想上的压力，甚至肉体上的痛苦都不可能不成为精神上的兴奋剂。

困难并不可怕，可怕的是屈服。

怕摔跤的人，绝不会在溜冰场上翩翩起舞。

逆境使人聪明，只有逆流而上，才能找到水的源头。

　　遇见错误改正的人是伟大的，错误就是财富，错误使人领悟；不承认错误，等于双重错误；把智者的错误垒起来也会堆成山。

　　使人疲惫的，常常不是正去往的远方高山，而是行进中鞋子里的一粒沙子。在通往人生梦想的道路上，我们很有必要学会随时倒出鞋子里的那粒沙子。

　　患难困苦，是磨炼人格之最高学校。

　　能遇见错误的人是伟大的。

　　成功的秘诀在认真，失败的教训在粗心。

　　挫折和失败，是成功的铺路石。

　　绊人的桩子不高。

　　宁可穿上破衣，不可蒙上耻辱。

　　一份荣誉，十分责任。

　　奖状对于一个真正的英雄，永远不是一张毕业证书，而是攀登途中的里程碑。

　　要想得到荣誉，首先要努力去争取；要想让他人喜欢你，首先要具有让他人喜欢的品质。

　　荣誉是成功的伴侣，荣誉和成功又都是人生的一个驿站。既然是驿站，那就不是旅途的目的地。

　　荣誉是加油站，既然加上油，就要更加奋力地前行。

　　独立性是天才的基本特征。人才最本质的特点在于创造。

　　没有大胆的猜测，就做不出伟大的发现。

　　天才就是无止境刻苦勤奋的能力。

　　勤奋和坚持是成功的必由之路。

　　孩子学步，总是那样吃力，那样蹒跚，那样幼稚可笑。然而哪一位长跑运动员不是从学步开始的呢？

　　能不能结果，往往取决于还是鲜花的时候。

　　大海绝不计较哪一滴水来自大江，哪一滴水来自山溪。

　　谁是聪明人，谁就会成为到处有用的人。

　　信仰是精神的劳动；动物是没有信仰的，野蛮人和原始人有的只是恐惧和疑惑。只有高尚的组织体，才能有信仰。

　　成为真正有教养的人，必须具备三个品质：渊博的知识、思维的习惯和高尚的情操。没有知识就是愚昧；不习惯于思维，就是粗鲁或蠢笨；没有高尚的情操，就是卑俗。

过于求速是做事上最大的危险之一。

一个不注意小事情的人，永远不会成就大事业。

判断一个人，不是根据他自己的表白或对自己的看法，而是根据他的行动。

我们世界上最美好的东西，都是由劳动、由人的聪明的手创造出来的。

劳动是产生一切力量、一切道德和一切幸福的威力无比的源泉。

在重视劳动和尊重劳动者的基础上，我们有可能来创造自己新的道德。劳动和科学是世界上最伟大的两种力量。

劳动是人类存在的基础和手段，是一个人在体格、智慧和道德上臻于完善的源泉。

要成为天才，人们必须长时间地学习和高度紧张地工作。人越有天赋，他面临的任务也越复杂，越重要。

世间没有一种具有真正价值的东西，人们可以不经过艰苦奋斗、辛勤劳动就能够得到。

人 生 正 能 量
Positive Energy of Life

树立正确的事业观

人这一辈子怎么样才算活得有意义？用自己辛勤劳动的汗水，为他人、为社会创造出更多的价值，在他人和社会的反馈和认可中，体现自我的人生价值，铸就自己事业的辉煌。

　　怎么样才能够事业有成？首先得树立正确的事业观。事业观是人们对于事业目的和意义的根本看法和态度，它影响着一个人事业发展的方向和水平。一个人如果只为自己、为家庭而奋斗，这样的事业观是狭隘的。只有为国家、为民族、为社会、为集体的利益，勤劳地工作，努力地贡献出自己的聪明才智，这样的事业观才是有意义的、有价值的。在后一种事业观指引下不断努力奋斗的人生，才是光荣的人生、闪光的人生。

一、习近平总书记要求

（一）树立正确的事业观

2010年9月1日，习近平总书记在中共中央党校秋季开学典礼上的讲话中指出：

> 事业观主要是关于事业方向和事业道路的看法，决定着人们采取什么样的事业态度、遵循什么样的事业精神、追求什么样的事业目标。中国共产党人的事业观，就是为人民利益不懈奋斗，为中国特色社会主义事业不懈奋斗。
>
> 我们每个共产党员和领导干部不论在什么岗位上、不论做何种工作，都是为坚持和发展中国特色社会主义干事创业，都是必须做好的光荣事业。个人的追求和价值都应当体现在为党和人民事业奋斗之中，任何离开党和人民事业搞所谓"个人名利""个人奋斗"的行为和想法都是不可取的。
>
> 领导干部树立正确事业观，必须树立科学发展观。科学发展观是我国经济社会发展的重要指导方针。在发展观上出现盲区，往往会在事业观上陷入误区。有的领导干部天天讲科学发展，在实际工作中却往往偏离科学发展的轨道，做违背科学发展的事。领导干部都要懂得，不坚持科学发展，即使一时搞得轰轰烈烈，最终也干不出党和人民需要的事业来。对待政绩，要坚持实践观点，把求真务实作为实现政绩的基本途径；要坚持群众观点，把维护群众利益作为追求政绩的根本目的；要坚持历史观点，把科学发展作为衡量政绩的主要标准，做到立足当前、着眼长远、统筹兼顾。
>
> 领导干部都要在干事业上下苦功夫，真正把精力和才干集中和用在所干的每一件工作上。为了干成事业，要夙兴夜寐地真干、实干、苦干、巧干。所谓真干，就是不弄虚作假、不欺上瞒下，不做表面文章、不搞形式主义，真正诚心诚意、尽力尽责、一干到底。所谓实干，就是坚持一切从实际出发，察实情、讲实话，鼓实劲、出实招，办实事、求实效，扎扎实实把各项工作不断推向前进。所谓苦干，就是发扬艰苦奋斗的优良传统，知难而进，埋头苦干，把兢兢业业、吃苦耐劳的精神贯穿于各项工作之中。所谓

巧干，就是尊重客观规律，讲究工作方法，坚持改革创新，以科学精神和科学态度努力工作，力求取得事半功倍的成效。

领导干部树立正确事业观，很重要的是对人民群众要充满感情，对工作对事业要富于激情。激情是一种可贵的工作状态和工作品质，往往能最大限度地发挥创造潜能。人是要有一点精神的，要始终保持那么一股劲，那么一股革命热情。作为领导干部，我们都要按照科学发展观的要求满怀激情投入工作，把干事创业作为自己的天职，努力创造出无愧于党、无愧于国家、无愧于人民的业绩。(《人民日报》2010年9月2日)

（二）树立正确的权力观

2010年9月1日，习近平总书记在中共中央党校秋季开学典礼上的讲话中指出：

权力观是关于国家和社会权力的根本观点。马克思主义权力观，概括起来是两句话：权为民所赋，权为民所用。前一句话指明了权力的根本来源和基础，后一句话指明了权力的根本性质和归宿。全心全意为人民服务，是我们党的唯一宗旨，也是马克思主义权力观同资产阶级权力观的根本区别。

我们共产党员和领导干部要树立马克思主义权力观，必须从理论上弄清楚和掌握以下几条：一是我们社会主义国家的一切权力，都是我们党领导全国各族人民经过新民主主义革命和社会主义革命取得和实现的，都是属于人民的；二是我们党作为执政党是代表工人阶级和全体人民在全国执掌政权，共产党员和领导干部手中的权力都是人民赋予的；三是我们所有党员和领导干部手中的权力，只能用来为人民谋利益，而绝不允许搞任何形式的以权谋私。

立党为公、执政为民是我们党的执政理念，是领导干部掌权用权的本质要求。领导干部无论官当多大、权有多重，都只有为人民服务的义务。而且官越大、权越重，为人民服务越应该作出成绩，越应该把人民群众利益放在行使权力的最高位置，把人民群众满意作为行使权力的根本标准。

公正是为官之本、用权之绳。现在领导干部出问题，很多是出在用权不公上，干部群众对一些领导干部用权不公也有不少意见。我们共产党人掌权用权，最重要的是要出于公心，做到公正处事、公道用人，坚持"五湖四海",不搞亲亲疏疏,不拉帮结派,严格按照党的用人标准和政策办事。

权力的行使与责任的担当紧密相联,有权必有责。看一个领导干部,很重要的是看有没有责任感,有没有担当精神。肯干事、干成事的干部越多,党和人民事业就越有希望。

有权力的地方必须有监督,没有监督的权力必然导致腐败。领导干部工作上要大胆开拓,用权上则要谨慎而行,常怀敬畏之心、戒惧之意,自觉接受纪律和法律的约束。在党内生活和党的工作中,领导干部要大力发扬民主,切实尊重和维护广大党员的知情权、参与权、选举权、监督权,鼓励广大党员讲真话、讲实话,坚决反对上下级和干部之间逢迎讨好、相互吹捧,坚决反对党内生活庸俗化,坚决反对搞"一言堂"、个人专断。"一把手"还要注意,不要把自己身边的人都搞成唯命是从的人。领导干部要敢于坚持原则,严肃地而不是敷衍地进行批评和自我批评,勇于坚持真理、修正错误,推动党内生活真正形成和保持是非功过分明和团结向上的风气。
(《人民日报》2010年9月2日)

(三)处理好公与私的关系

2013年9月23日至25日,习近平总书记在参加河北省委常委班子专题民主生活会时指出:

> 在作风问题上,起决定作用的是党性。衡量党性强弱的根本尺子是公、私二字。作为共产党员,作为党的干部,只有一心为公,事事出于公心,才能有正确的是非观、义利观、权力观、事业观,才能把群众装在心里,才能坦荡做人、谨慎用权,才能光明正大、堂堂正正。(《人民日报》2013年9月26日)

2014年1月14日,习近平总书记在第十八届中央纪律检查委员会第三次全体会议上再次指出:

> 作为党的干部,就是要讲大公无私、公私分明、先公后私、公而忘私,只有一心为公、事事出于公心,才能坦荡做人、谨慎用权,才能光明正大、堂堂正正。作风问题,很多是因公私关系没有摆正产生的。作风问题有的

看起来不大,几顿饭、几杯酒、几张卡,但都与公私问题有联系,都与公款、公权有关系。公款姓公,一分一厘都不能乱花;公权为民,一丝一毫都不能私用。领导干部必须时刻清楚这一点,做到公私分明、克己奉公、严格自律。①

2014年3月17日至18日,习近平总书记在调研指导兰考县党的群众路线教育实践活动时,对党员领导干部提出殷切希望:

> 一是正确认识和处理人际关系,做到既有人情味又按原则办,特别是当个人感情同党性原则、私人关系同人民利益相抵触时,必须毫不犹豫站稳党性立场,坚定不移维护人民利益。二是下决心减少应酬,保持健康的工作方式和生活方式,多学习充电、消化政策,多下基层调查研究、掌握第一手情况,多系统思考和解决存在的突出问题,自觉远离那些庸俗的东西。三是实实在在做人做事,做到严以修身、严以用权、严以律己,谋事要实、创业要实、做人要实,堂堂正正、光明磊落,敢于担当责任,勇于直面矛盾,善于解决问题,不搞"假大空"。四是对一切腐蚀诱惑保持高度警惕,慎独慎初慎微,做到防微杜渐。(《人民日报》2014年3月19日)

(四)做好"三严三实"

2014年3月9日,习近平总书记在参加十二届全国人大二次会议安徽代表团审议时,提出"三严三实"要求:

> 各级领导干部都要树立和发扬好的作风,既严以修身、严以用权、严以律己,又谋事要实、创业要实、做人要实。严以修身,就是要加强党性修养,坚定理想信念,提升道德境界,追求高尚情操,自觉远离低级趣味,自觉抵制歪风邪气。严以用权,就是要坚持用权为民,按规则、按制度行使权力,把权力关进制度的笼子里,任何时候都不搞特权、不以权谋私。严以律己,就是要心存敬畏、手握戒尺,慎独慎微、勤于自省,遵守党纪国法,做到为政清廉。谋事要实,就是要从实际出发谋划事业和工作,使

---

① 习近平. 习近平谈治国理政. 北京:外文出版社,2014.

点子、政策、方案符合实际情况、符合客观规律、符合科学精神，不好高骛远，不脱离实际。创业要实，就是要脚踏实地、真抓实干，敢于担当责任，勇于直面矛盾，善于解决问题，努力创造经得起实践、人民、历史检验的实绩。做人要实，就是要对党、对组织、对人民、对同志忠诚老实，做老实人、说老实话、干老实事，襟怀坦白，公道正派。要发扬钉钉子精神，保持力度、保持韧劲，善始善终、善作善成，不断取得作风建设新成效。（《人民日报》2014年3月19日）

（五）七一讲话和"两学一做"相关要求

2016年7月1日，习近平总书记在中国共产党成立95周年大会上发表重要讲话，同时结合"两学一做"教育实践活动，对事业观相关内容提出新的要求。在七一讲话中，习近平总书记提到：

发展是党执政兴国的第一要务，是解决中国所有问题的关键。我国仍处于并将长期处于社会主义初级阶段的基本国情没有变，人民日益增长的物质文化需要同落后的社会生产力之间的矛盾这一社会矛盾没有变，我国是世界上最大发展中国家的国际地位没有变。

实干才能梦想成真。面向未来，全面建成小康社会要靠实干，基本实现现代化要靠实干，实现中华民族伟大复兴要靠实干。

我们要有钉钉子的精神，钉钉子往往不是一锤子就能钉好的，而是要一锤一锤接着敲，直到把钉子钉实钉牢，钉牢一颗再钉下一颗，不断钉下去，必然大有成效。如果东一榔头西一棒子，结果很可能是一颗钉子都钉不上、钉不牢。（《人民日报》2016年7月2日）

在谈到人才与成长问题时，习近平总书记指出：

青年是祖国的未来、民族的希望，也是我们党的未来和希望。中国共产党的创始人之一李大钊同志说过，青年要"为世界进文明，为人类造幸福，以青春之我，创建青春之家庭，青春之国家，青春之民族，青春之人类，青春之地球，青春之宇宙，资以乐其无涯之生"。1995年来，我们党取得的所有成就都凝聚着青年的热情和奉献。全党要关注青年、关心青年、

关爱青年、倾听青年之声、做青年朋友的知心人、青年工作的热心人、青年群众的引路人。(《人民日报》2016年7月2日)

在谈到领导工作时，习近平总书记指出：

以德修身、以德立威、以德服众，是干部成长成才的重要因素。(《人民日报》2016年7月2日)

调查研究是做好领导工作的一项基本功，调查研究能力是领导干部整体素质和能力的一个组成部分。习近平总书记指出：

调查研究是谋事之基、成事之道。没有调查，就没有发言权，更没有决策权。研究问题、制定政策、推进工作，刻舟求剑不行，闭门造车不行，异想天开更不行，必须进行全面深入的调查研究。

"功以才成、业由才广。"党和人民事业要不断发展，就要把各方面人才更好使用起来，聚天下英才而用之。我们要以识才的慧眼、爱才的诚意、用才的胆识、容才的雅量、聚才的良方，广开进贤之路，把党内和党外、国内和国外等各方面优秀人才吸引进来、凝聚起来，努力形成人人渴望成才、人人努力成才、人人皆可成才、人人尽展其才的良好局面。(《人民日报》2016年7月2日)

二、敬业与创业

（一）能力

人的潜力如此之大，以至于当发现自己尚具有新的能力时，自己都会感到惊讶。

人各有所长，亦各有所短。有良知的人会扬长避短，即扬己之长，避己之短。同时，有良知的人，也会在扬己之长时避人之短，避己之短时扬人之长。

不在于你拥有了什么样的智慧、才能和创造力，而在于你怎么样更多地开发、利用它们。

中国人讲究能屈能伸，既能屈又能伸方为大丈夫。能屈能伸就是有城府、有涵养、有魄力、有胆量，能屈能伸是人的一种品质、一种能力。

对于物品的获得这是一种偶然，对于事业的成功则是才能积累的必然。

一个人的真实本领，不在于他成功后的表演，而在于他面对挫折时的表现。

一个人刚刚进入社会，就具有处理较高职务所担负的工作的能力，那是不现实的，因为他还缺乏这方面的实践经验。

人们几乎什么事都可以依靠他人去做，唯独知识和本领却只能靠自己去努力获取。

要实事求是，量力而行。做任何事，只要是尽了最大努力就问心无愧，任何人都不要去做力所不能及的事。低能高位者，大则误国，小则误事，何况还要伴随着自身生命的透支。

栋梁之才非茅屋所能用，然而如果不建大厦，它也必然会被闲置。

山外有山，天外有天。五岳归来不看山，黄山归来不看岳。

千万不要以为学过了就是会了，只有在实践中，在履行你职责的过程中，才能提高你的实际才能。

不要过高地估计自己的能力，也不要过低地估计自己的能力，任何人都有其自身存在的价值。

人之所以要学习他人，请教他人，在于他人掌握着自己所不具备的知识或能力。

对问题人人看得清楚，却未必人人都能解决。因此，正确的态度是多提建

议，少提意见。对于病情可以说得清清楚楚，对于如何治疗却一筹莫展，这样的医生有与没有差不多少。

成就会产生兴趣，兴趣又促进成就的加大；热爱会产生兴趣，兴趣又促进热爱的加深；嗜好会产生兴趣，兴趣又促进嗜好的加重。

兴趣可以由小到大，由此及彼。一旦主导性兴趣形成之后，就会相对稳定。

做自己不喜欢做的事，很快就会进入疲劳状态，只有兴趣才能激发活力。

兴趣源于好奇心，由好奇而追求，由追求而成功，由成功而激发兴趣。

兴趣来自于生活中的积累，兴趣由自我萌生，兴趣也是一种自我创造，所以兴趣会随着自我的改变而改变。

兴趣是一种神奇的内在动力和巨大的内在能量。

工作中知识积累越多，产生的兴趣也就越大。

从某种意义上说，选择工作和选择配偶一样，都像是一场赌博。所不同的在于赌注是事业、情感还是生命。

并不是所有的人都可以获得自己感兴趣的工作岗位，因此必须有信心、有能力把没有兴趣的工作变得有兴趣。这一点，是相当多的人要想取得事业成功的关键所在。

以高兴的态度对待工作，慢慢地就会对工作感兴趣，哪怕是假装感兴趣，久而久之也会弄假成真。

有的人对什么工作都会很快发生兴趣，有的人对什么事情都不感兴趣，这就是两者的事业、前途大不相同的症结之所在。

称心的工作是人生的兴奋剂，不称心的工作也比无所事事要好得多。

为了生存就要工作，既然别无选择，为什么不高高兴兴地把工作做好呢？

自己的兴趣、专长何在？对于这样一个事关人生命运的重大问题，有的人一生中竟然从来都没有思考过。

由于人们的兴趣不同，所以对每一项工作的感受也就不同，一些人认为痛苦不堪的差事，而另一些人却会乐此不疲。

热爱和兴趣是多数人所具有的，而责任感却不是多数人所具有的。

没有人终生只适合一项职业，一个人的兴趣和专长不仅会适应一个职业岗位群，也会适合多个职业岗位群。

只要是不感兴趣，就是当皇帝也没有意思。为此南唐后主才好诗文，宋徽宗才好字画，明熹宗才好建筑。

做有兴趣的事就会有高度的积极性，做没有兴趣的事就只能靠责任心了。

做自己感兴趣的事，不存在单调，不存在无聊，也不存在失落。

不同的人兴趣不同，只有把兴趣和事业结合起来，结合得越紧密、越完美，成就也就越大。

热爱而痴迷，这是创新的一条必由之路。

（二）敬业

对于工作，早做也得做，晚做也得做，就不如早做；做好也得做，做差也得做，就不如做好。

那些必须做的事，就要努力做好；那些可做可不做的事，只要尽量去做就可以了。

面对眼前的诸多事物，可为的就尽快去做，有办法的就设法去做，毫无办法的就尽早放弃。

在现实生活中，许多人都被迫做着自己并不感兴趣的工作。在这种情况下，要么辞去现职，另谋他就；要么提高能力，改变现状；要么适应环境，愉快工作。

要当日事当日毕，要做到这一点并非易事，为此一定要学会分清事情的轻重缓急。

没有一个成功者不是敬业者，没有一个伟人不是事业狂。如果只把工作视为挣钱的工具，如果只把工作看成是工作时间之内的事情，这就是一个平庸者或被雇佣者。

要有主动性，这是把握客观规律，具备客观条件的主观能动性；要有创造性，这是把握知识前沿的开拓性；要有积极性，这是认认真真全心全意做事的坚韧性；要有自觉性，这是遵守社会规范充当好社会角色的适应性。

对社会有益的职业都是神圣的事业，只有神圣的事业才值得敬业。

只有闲得无聊的人，在闲得无聊的时候，才会编造出许多闲得无聊的故事来。一个忙得不可开交的人，根本没有时间去考虑那些与事业无关的事。

如果因为年轻，一时还看不清自己的人生方向，那也不要紧，只要能够把眼下的事情做好，就不会终生遗憾。也就是说，你还是学生就要把书念好，你已经工作了就要把工作做好。

只有把生命之泉全部注入到自己所从事的事业、所追求的目标之中，才对得起生命。

手负责做事，脚负责走路，眼睛负责选择。当三者相统一时，这就是心灵

相通的,则事事易成;当三者相分离时,那就是三心二意,则事事难成。

即便是在市场经济条件下,不计时间、不计报酬、兢兢业业的工作也是值得提倡的,尤其是领导者更该如此。

面对歹徒,警察会奋不顾身;面对敌人,战士会前赴后继。这就是敬业。

教师是人类灵魂的工程师,教师像蜡烛一样燃烧自己照亮他人。父母是人类生命的摇篮,父母像北斗星和太阳一样,为儿女指明并照亮人生道路。

不要怕有人攻击,这是人世间的正常现象。只要把事情做好了,任何攻击都软弱无力;如果工作没有做好,任何辩白也都苍白无力。

只要你所占据的位置非你莫属,你就不用担心会失去它。反之,人们之所以会担心,是因为虽然坐在某个位子上,可自己心里并不踏实。

不论你是在做好事还是在做坏事,不论你把一件事做好了还是做坏了,都会有褒有贬,都会有人赞成有人反对。为此,一件事该不该做,自己应该心中有数,而不要被舆论乱了方寸。

大家同做一件事,如果每个人都不是努力去尽做成这件事的义务,而是都在担心做不成这件事的责任,那么这件事基本上就不能成功。

饭总要一口一口地吃,事总要一件一件地做。因此无所事事不好,急于求成也不好。

如果一个人的工作没有做得很好,那不是因为自身的缺点成了工作的阻力,而是因为自身的优点没有得到最大限度地发挥。

要热爱工作,并以积极的态度对待工作,只有在工作中才能发挥自己的优势和才能。

社会工作有重有轻,社会角色有主有从,对社会的心态有好有坏。于是乎有的人真戏假唱,热戏冷唱;有的人假戏真唱,冷戏热唱。真戏假唱者该换,热戏冷唱者该罚,假戏真唱者该停,冷戏热唱者该奖。

人的一生要遇到许多事,有的事可以凑合,有的事却凑合不得。该凑合的事就要凑合,凑合不得的事就不能凑合。总体上说,自己的事可以凑合,他人的事不能凑合;生活上的事可以凑合,工作上的事不能凑合。

要在每天下班前后,把第二天的工作日程安排好并记在日记本上。这样的工作方式,可以把头脑空闲出来。所以,用日记本工作的人几乎不患失眠症。

工作是人们取得事业成功的阶梯,是人们实现自我目标的道路,是人们满足心理需求的手段,是人们进行人际交往的条件。

一个人一生可能会从事许多种工作,如果做过就能精通,这个人必将取得很大成就。

人要活着，就得需要生活条件，因此努力工作又和获得报酬相关。然而，人们对待工作报酬的态度并不一致。有的人一心扑在工作上而不计较报酬，有的人一心扑在报酬上而不在乎工作。前一种人成功的机会就多，报酬也会随之增多；后一种人成功的机会就少，当然获得的报酬也就少。

无功就是有过，对自己必须严格要求。不要落到没有功劳还有苦劳，没有苦劳还有疲劳，没有疲劳就发牢骚的圈子里去。

人们之所以不愿意劳动，是因为那种劳动过于辛苦，人们怕的是辛苦，而不是劳动本身。

工作担子过于沉重的人一定希望休息，闲得无聊的人一定希望工作。

按照人的本性，劳动和群体活动是人的最基本的两项需要，什么事也不让做和过孤独的生活，无疑是对个人的最大惩罚。

人到了完全孤独和完全无所事事的地步，将会毫无生趣。人们之所以不希望工作，可能是因为那项工作超越了他的体能，可能是那项工作令他毫无兴趣，也可能那项工作本身就毫无意义。

会工作也要会休息，两者都属于人生的需要。休息的目的是为了更好地工作，工作的目的也可以说是为了更好地休息。

工作越是繁重，越是不安全，人们越会努力摆脱。

（三）有为有位

不要怀疑自己能不能做，而是先要去做。只有在做的过程中，才能检验自己有没有这方面的天赋，才能逐渐找到自己的最大潜力之所在。

千万不要等待，更不要养成等待的习惯。只要你肯努力，那么坏事就可能有好的结果；如果你不肯努力，那么好事也可能出现坏的结果。

做人就要有正事，人生的大部分时光要以事业为重，如果事业无成，那么你就什么都不会有。

没有责任心的人是不可依靠的人。有责任心的人也要有原则性，如果方向不对，好心也会办坏事。

积极性就是热情。只有热情而没有正确的方向，那就可能不是积极地建设，而是积极地破坏。

不论做什么事，只要是陷了进去，就会越陷越深，就会难以自拔。做好事

如此,做坏事也如此。

　　既然当撞钟和尚必须撞钟,那么撞得响得撞,撞得不响也得撞,何不多花些气力撞得响一些呢?要撞钟就要撞得准时,早来一分钟做好准备,准时撞钟,人们就会说这个和尚勤快;晚来一分钟,即使把钟撞得很响,人们也会说这个和尚懒惰。懒与勤,一晚一早各差一分钟,充其量懒和尚也只是占了二分钟的便宜,为了这点小便宜却得了一个"懒"的称号,岂不哀哉?

三、选好目标

(一) 目标

只见道路而忘记目标的人是愚蠢的人,愚蠢的人近视;只见目标而忘记道路的人是鲁莽的人,鲁莽的人无谋。

理想是多个目标的总和,如果目标之间不是连续的,那么理想的链就会中断。如果出现永久的中断,那么接下来的就是无尽的空虚和悲哀。

人生的选择是一个连续不断的链,一个环节接着一个环节,前一个环节完成了,就转向后一个环节。不可以止步不前,也不可能连续跳跃。

人生的目标和国家、民族的目标有主从之分。当国家需要之际,如果不以国事为重,那么这个人的人生和人性就都无从谈起了。

把理想定位在时代发展的方向上,把目标定位在人民大众的需要上,这样的生命就常青。

充分发挥你的想象力,在诸多幻想中,找到最有成功把握的幻想,把它作为你的理想,作为你人生的奋斗目标。

人世间有一种非常有趣的现象,只要有人打出一面旗帜就会有人响应。如果说有质的区别的话,那就是代表了历史发展方向的旗帜,响应的人数就众多,响应的时间就长久;反之,就和者盖寡,就短命夭折。

为自己确定人生目标,要实事求是。你能够成为科学家,那就要向最伟大的科学家看齐;你是一个普通人,那就要以普通人中的佼佼者为榜样。

有的人双目失明,眼睛什么也看不见,但心里却有着明亮的视野;有的人双目有神,且都是1.5的视力,应该什么都看得见,但却什么也看不清。

对于一个人、一个单位乃至一个国家,方向和目标的选择都是至关重要的。

把个人的事业融入时代的潮流,才能铸就更大的辉煌。

一个人的发展方向,只有同群体合力方向相一致时,才会有和谐的人际关系。

没有正确的信仰和方向,就等于没有灵魂;有了正确的信仰和方向,如果不能脚踏实地地为之奋斗,也同样不会有成功。

在前进路程中,方向是前提条件,方向错了,走得越快离目标越远。

即使你终生也没有达到理想中的目标，但是在通向理想目标的人生道路上，却也处处充满了希望。

在远大目标和伟大思想指引下，错误、挫折和不幸都会改变其固有的性质，变成事业的不可分割的组成部分。

干事业好比射箭，有靶子才能有的放矢，有的放矢才能接近目标。当然有靶子也未必射中靶心，但是比起没有靶子和靶心，结局总是要好得多。

立志是人生的目标，工作是实现目标的手段，成功则是工作的结果。

一个人选定了一个远大的人生目标，并按照自己的既定方向前进，那么他的前程肯定充满挑战、磨难和快乐。

一个人只有树立起远大的理想并努力为之奋斗，一个人只有对自己选定的正确目标终生不渝，才可能成就一番事业。

要把事业作为人生目标，而不去看重荣誉、地位、金钱等其他东西。在通向事业成功的道路上，遇到了这些东西也不妨捡起来，如果遇不到也不用计较，因为工作的本意也不在此。

在远大的人生目标指引下，不论你获得了什么，都会赋予生命以新的意义。如果你根本就没有远大的人生目标，那么不论你获得了什么，都不可能铸就生命的辉煌。

一切向前看，坚定朝前走，奔向人生目标，直到人生终点。对于这类人，人生目标之外的东西，不可能使之大起大落，大喜大悲。

人要用两条腿走路，因此每一条腿迈出的方向都很重要。人走路时，两条腿要一前一后交替进行，而不可以一左一右互相掣肘。

人生的选择是有方向的，也是没有方向的。所谓有方向，那就是一定要符合历史潮流，绝对不可以逆历史潮流而动。所谓没有方向，就是说每个人都可以自由选择，而且每个人的选择又会大不相同。

如果你努力追求并全力为之奋斗的事业本身没有多少价值，或者根本就没有价值，那么你就应该认真思考，并调整方向，变换目标。

这山望着那山高，这是人生之大忌。应该做到到什么山唱什么歌，做什么事情用什么理。久而久之，熟悉的山多了起来，就可以登上群山之巅。反之，从事这项职业羡慕那项职业，从事那项职业又羡慕另一项职业，久而久之，就会一事无成。

要有总的目标，还要有若干个阶段性目标。阶段性目标必须是实实在在的东西，阶段性目标的实现必须有利于向总的目标推进。

一件事做完了，就意味着取得成功，至于这件事做得是否完美并不重要，重要的是要迅速进入下一个目标。

人之所以会后悔，是因为原来确定目标时就有疑惑，而且把最有希望的目标放弃了，选定了一个不能实现的目标。

追求是人生的目的。过高的追求是蠢人的目的，过分的追求是狂人的目的，只有适度的追求那才是常人的目的。

目标一经确定，就要全力以赴，不论中途发生什么，也决不可半途而废。

没有受过高等教育，是人生前进路上的障碍，但世上并不乏没有受过高等教育的天才；家境贫寒，是人生前进路上的障碍，但世上并不乏出身贫寒的伟人；体弱肢残是人生前进路上的障碍，但世上不乏肢体不全的成功者。在人生前进的道路上，真正的障碍是自己没有给自我的生命赋予明确的目的并全力为之奋斗。

坦诚友好不等于软弱可欺，坚强有力不等于简单粗暴，这一切都以目标的正确和事业的成功为准则。

在动物界里，最讨人喜欢的是狗，而且讨主人喜欢就是狗的目的。人也会讨人喜欢，但这不是多数人的目的，多数人的目的是通过讨人喜欢来发展自我、实现自我。

不论你确立了一个什么样的目标，都要随之做好自身条件的准备，这可能是知识、能力的准备，可能是物质、资金的准备。没有必备的条件做基础，什么样的目标都会落空。

目标正确，会使人们不去做无用功；目标坚定，会使人们无视各种不可能。没有目标的正确和坚定，就没有事业的成功。

每个人都有一个理想自我，而由现实自我到理想自我的实现过程，就是不断地发挥自身潜能的过程，否则理想自我的目标就很难实现。

在利益问题上易于满足，在事业追求上永不满足，这个人的一生一定会卓有成效。

任何人做任何事都有目的性，只要是目的达到了，只要是结果与目标吻合了，那就是好的结局。

不论何种爱好，只要它不是主业，那就是嗜好，对待任何嗜好都要有所节制，否则就会干扰你的人生目标。

只有当目标非常清晰，而且实现目标的希望非常大的时候，人们才会全身心地投入，才会产生意想不到的精力和能力。

当看到希望的时候,人们才会去努力,谁都不会去做毫无希望的事。

不要有超出实际条件的过多的期望值,也不要有超出实际能力的过高的期望值;否则它会让你变得心灰意冷。

过高的期望是一种心理判断失误,当这种失误屡屡发生的时候,一定要重新给自己定位,一定要脚踏实地地从头做起。

有理想有志向的人,都是对生活充满希望的人。

有理想,有希望,生命就有意义,不论理想希望大小高低。

只有当一个人内心充满希望时,他的事业才会大有希望;只有当一个人内心充满阳光时,他的生活才会充满阳光。

每个人都会有自己的无穷无尽的希望,一个希望实现了,新的希望又会产生。人若是没有任何希望了,人的生命也就没有希望了。

人们来到这个世界上,都希望自己生活得更好,虽然好与好的标准各不相同。

没有理想就没有希望,没有希望就没有鲜活的生命。

希望和失望是孪生兄弟,希望总是伴随着失望,失望也总是伴随着希望。希望越是不可能,失望就越是可能;失望越是失势,希望就越是得势。

有希望就会有失望。当每一次失望降临的时候,要静下心来,想一想上一次失望是怎样度过的,这样你就会清醒地看到,这一次失望也只不过是对人生的一次考验,而并不是人生的终结。

人之所以会失望,就是对某一事物寄以过高的希望且又不能够实现。

疾病之所以能把人摧垮,是因为这个人的精神先垮了;敌人之所以会把自己摧垮,是因为自己的斗志先垮了;生活之所以会把人摧垮,是因为这个人的希望先垮了。

(二)竞争

在竞争的人群中,如果一个人出类拔萃,超然于群体之上,那么人群在互相钳制、互相争斗的同时,对超然者会众口一词,有褒无贬。谁都不会去伤害既与其争不到利益又不会危及自身利益的人。可见任何一个出类拔萃的人,并不是其自身完美无缺,而是多数人放弃了攻击他的权利。

不能设想在一个没有竞争的世界上,社会将怎样向前发展。

可以改变竞争的方式,但不可以消灭竞争本身。谁要是想消灭竞争,谁就是想消灭人类。

环境对于人才的成长和事业的成功至关重要。如果你自认为能力出众,那就可以到人才济济的地方去竞争,也可以到人人都拼命想离开的地方去创业。

只要是有人群的地方就有竞争,就会产生因为利益关系问题所引发的矛盾或冲突。

人生的竞争有点像运动场上的马拉松。当许多人齐头并进的时候,就你争我夺。当一个人远远地超出群体之后,不仅没有人再同他竞争,而且会公认他是人群中的佼佼者,而其他的人还在继续竞争。哪怕是最后两个到达终点的人,只要是齐头并进,也要一决高下。

在竞争中,不怕对手低估了你,就怕你低估了对手。

在求得生存之后,人人都想发展,只是人与人之间奋斗的目标、努力的方向、采取的手段不同而已。那些自暴自弃的人是竞争的失败者,而不是不愿意竞争者;是前进队伍中的落伍者,而不是不愿意前行者。

资本主义经济危机爆发时期,工厂就像是躺在地上奄奄一息的人,坚持不下去的一个个死掉了,坚持下来的又重新站了起来,而且比以前活得更好。那些死去的同后来活得更好者,当初只差一步之遥。

为了在竞争中获胜,需要有一定的手段,需要有一定的策略,但手段不能代替目的,策略也不等于诡诈。

任何事业都是社会生活中的一种竞争。在竞争中,与其费尽心机去盘算对手的失败,不如费尽心机去防范自己的失败;与其千方百计去干扰对手的胜利,不如千方百计去争取自己的胜利。

该争而不争就像该笑而不笑一样可笑。但是争亦有道,否则争的行为和结果都将受到良心的谴责。

竞争的目的是为了超越他人,而不是为了压制他人,否则眼前的胜利就意味着最终的失败。

竞争中失败的一方要向胜利者表示祝贺,这是政治家的风度。竞争中要努力争取各方面的支持,力争取胜,这是政治家的本领。

竞争,有时候就是一种友谊,在对手的帮助下提高自己的能力。

把苍蝇放在带盖的玻璃容器中,尽管看起来前途一片光明,但是却没有一条可以通向光明的道路。

人生之路并不完全像运动场上的跑道,倒很像一盘跳棋。开始竞争的时候,中间的路很宽,只要是走得好,很容易到达终点。全盘启动之后,中间成了棋

子最密集的地方，这时迂回前进倒成了最聪明的选择。

逆水行舟，不前进自然会顺流而下；前进慢了，舟速小于水速，也会后退；前进快了，舟速大于水速可以逆流而上，但是同前进更快的舟相比也还是退步了。可见安于现状者必失去现状。

面对千军万马过独木桥的情势，你如果无力再架一座桥，那就不如学会游泳。游水过河虽然不如从桥上走得快，但当桥上的人已经挤得水泄不通时，游泳就成了上策。

任何竞赛都离不开裁判，双方的实力越接近，裁判的作用越大。但是再好的裁判也会有误判，更不要说心术不正的裁判了。为了取得竞争的胜利，除了监督裁判秉公执法之外，要把力气下在自我提高上，如果自身占有绝对的优势，那么再不公平的裁判也无能为力。

在人生道路上，你不前进，他人前进了，你落后了；你不提高，他人提高了，你落后了；你前进得慢，提高得慢，他人前进得快，提高得快，你也落后了。

（三）道路选择

在每个人的人生历程中，都会发生几次历史性选择，每一次选择都可能会改变一个人的人生轨迹。

用你的头脑设计出属于你自己的天地，用你的双手开拓出属于你自己的生活，用你的双脚走出属于你自己的道路。

一个人一生中的重大转折，往往是通过一件事、一席话而在瞬间出现的。

人生有许多关键时刻，在人生的关键时刻遇到一个什么样的人，往往会决定人的一生。

在人生的前进道路上，永远都是岔路口，其中一条路通向天堂，另一条通向地狱。谁要是选择了通向地狱之路，而后再想离开它可就难了。

"师傅领进门，修行在个人。"在古代这是真理，在现代则未必是真知灼见。为师者，是有区别的，因此领进的门也就有此有彼，有高有低，有好有坏，有对有错。为徒者，首先要弄清自己的志向，然后再选择明师，最后才是认真修行，以成正果。

人生之路处处坎坷变幻莫测，所以在人生道路上，善于开始的人大有人在，坚持到底的人就不再那么多了。

在人生道路上，人人都在负重前行。有的人为了人生价值而负重，有的人为了道德名誉而负重，有的人为了个人利益而负重，有的人为了满足虚荣而负重。

在人生旅途上，有些东西要背负到终点，因为他们是你生命存在的意义之所在；而有些东西则要随时随地地从背上卸下来，否则你离人生的终点就不远了。

在人生道路上行走，只能勇往直前。不论遇到什么样的艰难险阻，都要有进无退；不论遇到什么样的挫折打击，都要义无反顾。

在人生道路上，在每一次机遇面前，人与人之间只差一步，那么就这一步之遥，却决定了许许多多不同的人生。

路要一步一步地走，脚要一只一只地迈。跳，不会比走快，因为它不协调；跑，也不会比走快，因为它不持久。

要开辟新路，就要向前行的路的尽头走去；要开辟新路，就要向没有人去过的地方走去；要开辟新路，就要向没有人敢去的地方走去。

开拓新路绝非易事，比不得轻车熟路。在开拓新路的探索中，有人会失败，有人会成功。成功者会获得前所未有的收益，失败者会遭受前所未有的损失。

对于那些开拓道路的失败者，哪怕是闯了祸事的，人们也应该由衷地感激；对于那些开拓道路的成功者，哪怕是只开启了很短的通途，人们也该虔诚地敬仰。

人生之路都是在极其艰难的情况下开拓出来的。每一位走在坦途上的后来人，对那些在开拓道路的征途中历尽艰险的人们，误入歧途的人们，不畏牺牲的人们，止步不前的人们，都作何感想呢？

人生就像一条河，有时曲折地流淌，有时笔直地奔涌，有时从巨石的脚下穿过，有时从山峰的顶上飞来，不论身处何地都要努力地探索出新的道路来。

任何路都是从无到有的，自然界的路如此，人生的路也如此。

只要能够开拓出新路来，再高的山也会有人登上，再深的海也会有人潜下。

人生的路不会像城市街道那么笔直，不会像高速公路那么方向明确、路标清晰。在人生之路上，人们难免选错方向，难免摔跤，也难免碰壁。只要人们不丧失前进的信心，不缺乏前进的勇气，不停止前进的步伐，不放弃前进的追求，总可以开拓出一条属于自己的路，哪怕这条路很短、很窄。

人们不能永远走在自己所熟悉的路上，人们也不可能完全离开自己所熟悉的一切。最好的选择是在熟悉的路的尽头开拓出一段新路，这样做既不会在旧路上徘徊，也不会去步他人的后尘。

不要为了一路顺风而精心设计未来,其实只有一路坎坷才能有一路风光。

浪再大,也在船下;山再高,也在足下。破浪,贵在坚舟;登山,贵在远足。

由山脚爬到顶峰,由顶峰再走下山来,这就是人生之路。

一会儿奔腾咆哮,一会儿平静流淌,一会儿变成暗流潜入地下,一会儿化作瀑布天上飞来。这就是江河之路,这也是人生之路。

任何人都希望并且应该有一个光明的前途,所不同的是,在通向光明前途的曲折道路上,人与人之间拉开了距离。

走在通往自我人生目标的道路上,一定要记住,不论做什么事,都不会一帆风顺、一气呵成、一蹴而就。

在人生之路上,自然界赋予我们的难题本来就难以攻克,再加上人为的阻碍就更难克服。你成功了有人诽谤,你失败了有人羞辱,你停止了有人耻笑,你前进了有人讥讽。如果你过不了这无形的人言关,那就只好从人生之路上退出去。

理论上讲,路有远近、好差之分。实际上任何人的前进道路都是坎坷的,也可以说人生之路除了披荆斩棘之外,无路可走。为此,每一位过来人都会对自己的一生感慨万分;为此,每个人的一生才都是一段奇特的故事。

对他人的意见和建议,对他人的支持和鼓励,对他人的赞扬和吹捧,对他人的讽刺和打击,要一并聚拢来为我所用,再一律排开去走自己的路。

该走的路,就必须脚踏实地地走过去,未来也将会有更长的路等着你。人生之路的唯一捷径就是不去走他人走过的错路。

在多种经济并存、多种观念并存的时代,各式各样的人都有了生存的空间和依据。有的人照旧走自己的路,有的人却从人间正道上溜掉了。其实无论什么时代,要做好人,要走正路,即使暂时是吃亏的,但长远是受大益的。

只要是一步步脚踏实地地在人间正道上行进,那么不论何时,不论何地,展示在世人面前的,都是一个最真实也最踏实的自我。

五光十色的社会生活常常令人眼花缭乱,一些人像大海中的孤舟漂泊不定,一些人像断了线的风筝任凭西东。只有那些不为世俗、潮流所左右的人,只有那些坚定不移地走自己的正确道路的人,才能够成就一番事业。

坚持自己对的东西,坚持走自己的路,至于他人的说教,他人的攻击,乃至他人的误解,都不要去管它。

路过陌生的地方,一定要先问路后行路,否则很容易走错。

通向目标的路非止一条。人生的目标选定之后,就不要轻易改变。但是在通往实现目标的道路上，却不可以一条道跑到黑。哪条路更近就走哪条路，哪条路最顺畅就走哪条路，在这条路上发现了更好的路就改变途径，这一切选择都是为了达到目的。当然选择的任何一条路都应该是正路。

在你的人生之路上，如果身前布满荆棘，身后一片赞誉，那就是通向天堂之路；如果身前无数利益，身后一片诅咒，那就是通向地狱之路。

道路有正邪之分，以善铺路就是正道，以恶铺路就是邪道。任何正道都是光明正大的，任何邪道都是见不得人的。

一个人可以流芳千古，也可以遗臭万年，就在于对人生之路的选择不同。

山路曲折，世路更曲折。山路曲折，终究可以识辨，只要小心就不至于跌入山涧；世路曲折，却是变幻莫测，即使小心也说不定会坠入深渊。

人生之路好比一架滑梯，想从斜面登上滑梯不易，在下滑中要想再返顶峰更难。

人生在世，在前进的路上，有山峦，有江河。山峦是障碍，江河是阻隔。人生在世，既无障碍，又无阻隔，还有什么意思呢？人生在世，要翻过千座山，跨过万条河。

人生，如戏剧，不在于多长，而在于多美。人生，如舞台，不在于多大，而在于多奇。

人生在世，在告别人生时，值得追忆、自慰的并不是鲜花与掌声，而是战胜重重困难的勇气、意志与智慧。生命的长短，以时间计算。生命的价值，以贡献衡量。有的人，生命长，一文不值。有的人，生命短，贡献无限，价值也无限。

人生如能为人类做贡献，就可以活得十分潇洒，非常自豪。

黑暗，并不可怕，可怕的是你自己没有追求并创造光明的勇气。阴冷，并不可怕，可怕的是你自己没有追求并创造温暖的智慧。

人类智慧的可贵之处，就在于能在苦闷中发挥力量，在黑暗中见到光明，在绝望中看到希望。

人生在世，少不了寂寞失意，坎坷磨难，甚至阴暗笼罩，困苦相伴。面对挫折与困难，智者总会为自己打气壮胆。要告诫自己——能受天磨真好汉，不遭人妒是庸才。

智者的智慧在于提高自己生存质量的同时，也提高他人的生活质量；使自己幸福的同时，也使他人幸福。换言之，智者是在使自己战胜困苦时，也帮助他人战胜苦难。

智者说："智慧,是美丽的,因为它是创造;创造,是美丽的,因为它是智慧。"

发怒而失态时,最容易暴露自己的内心世界。这犹如自我缺点大曝光,自我弱点大展示。

形势逼迫你走的路,就是战略选择。所谓战略选择,就是你适应形势,又使形势为你的事业服务。

一个人在事业上成功了,千万不要陶醉在掌声与鲜花之中,而应当思考在新的层次上赢得更辉煌的成果。

顺境,对自己要求要严。逆境,自己的心态要宽。

要想成就大事业,在决策时,要超越自己三级,想想上级是怎么想的;在实施时,要向下看,再降低三级,想想普通百姓是怎么想的。既要符合政策,又要符合群众的意愿。

成功的人,往往是把困难当作阶梯的人。

但行好事,莫问前程,与人方便,自己方便,善与人交,久而敬之。

学我者生,似我者亡。无论军事家、政治家、文艺家都需要创新。任何伟大事业的创造者,都不是依靠抄袭而取胜的。抱残守缺、蹈常袭故,决不能有大突进。

向昨天要经验,向今天要成果,向明天要动力。

积极利用机遇的人是强者,消极等待机遇的人是弱者。拿破仑在打下一座城池之后,有人问他:"再有机会,你是否还要攻下另一座城池?"拿破仑回答:"机会,是人创造的。"

测验人的品质,是在工作中遇到困难时,看他能否有一种坚强的毅力与战胜困难的精神,对事业坚持到底,对同志一如既往。

知之者不如好之者,好之者不如乐之者。如果把自己从事的工作看作一种创造,就会变成一种享受,就会忘记疲倦,就会带来快慰与荣誉。

任何事物都有来龙去脉。近山多雨,近水多风,在遇到矛盾时,先查查前因,再想想后果,在工作中就可避免失误。

准确的预测等于成功的一半,大胆的实践等于成功的另一半。

在遇到矛盾时,在千变万化中,一要引导,二要辅导,三要领导。

任何走向成功的人,都要在前进中权衡利弊,在利弊的决策中走出一片新天地。

每个人都有潜在的能量,只是很容易被习惯所掩盖,被时间所迷离,被惰性所消磨。

不要独享荣耀——今天独享荣耀，明天就可能独吞苦果。

骏马能历险，犁田不如牛；坚车能载重，渡河不如舟。用其之长，避其之短，人尽其才，利己利人利社会。

人生要想获得成功，有两种能力是不可或缺的，即思维能力和行动能力。二者相辅相成，缺一不可。人的思想正如一片土地，或者经过辛勤且有计划地耕耘，就可把这块土地开垦成产量丰富的良田；或者让它荒芜，任由杂草丛生。要想从你的思想中得到丰收，你必须有正确的思考和积极的行动。

成功需要智勇双全，智是勇的基础和前提，没有智的勇，那叫鲁莽。勇是智的表达途径和方式，没有了勇，你的智无从表现，终将坏死心底，而不会为你带来一点价值和成功。

一个人在努力追求人生目标的过程中，最渴望的是"成功"。这意味着人们都急切地盼望自己成为成功的主人。绝大多数人都是在被动的局面上，通过一步步行动而摆脱失败的"黑手"。实现人生赢局的人，也难免会有失败。

所有计划和目标都是思考的产物，你的思考能力是你唯一能完全控制的东西。你可以以智慧或愚蠢的方式运用你的思想，但运用的结果是截然不同的，为这种结果而负责的，首先是你本人。

如果一生只求平衡，从不放开自己去追逐更高的目标，从不展翅高飞，那么人生便失去了意义。

坚持你的选择，这是成功的唯一途径。坚持了你的选择，幸福和快乐才会选择你；坚持了你的选择，你才会自由；坚持了你的选择，你才会成为你自己。

有的人不善于取舍，其命运也如水上浮萍；有的人善于取舍，因此他路途通达，事业顺遂。

每一个伟大的成功者背后都有另外的成功者。没有人是自己一个人达到事业的顶峰的，一旦你许诺自己要成为出类拔萃的人，你不妨伸出学习的根和成功者紧密连接，加入成功者的团体，让自己更快地成长。

每个人都可以成为强者，这需要你首先认识自己，认识你的强，认识你的弱。然后尽可能地培养、发挥你的强项，最大限度地转化你的弱项。利用你的弱项，弱有时就是强，强有时就是弱，二者是相辅相成的。没有弱就没有强，有强就有弱，就看你在生活中怎样看待。开发利用你的强和弱，强如果不能好好利用就会变成弱，弱有时也可以成为强，成为生命的保护神。

成功不是靠我们在生活中所处的位置来衡量的，而是以我们在达到目标的过程中所克服的障碍的多少来衡量；成功不取决于与别人相比我们做得如何，

而是取决于我们所做的与我们能够做到的相比如何；成功不以我们达到的高度来衡量，而以我们跌倒后再爬起来的次数来衡量。

话不要说死，路不要走绝。在前进时要选好退路，在后退时要选好出路。不可以把自己的进路堵死，也不可以把自己的退路堵死，以防自己把自己逼到生不如死的境地。

只有等到碰了壁才回头，或者碰壁之后也不知路在何方的人，才是愚蠢至极的人。

在正常情况下，做事情要留有余地。在没有消除前进或后退路上的主要障碍之前，不可以贸然行动。

在前进道路上，每个人都会遇到许多障碍。如果在第一个障碍面前就败下阵来，那就没有什么前途可言了。如果不怕挫折，千方百计地跨越了这个障碍，那么以后的路就要顺畅得多。

路不在天上，路不在书上，路就在地上，路就在脚下。路在他人脚下，那是他人的路；路在自己脚下，那才是属于自己的路。

他人的成功之路未必是你能够走得通的，因为你不一定具备他人的优势和条件。

人生之路好比下跳棋。自己为自己搭桥一定走得很慢，利用他人创造的条件就可以加快步伐。

不要总是步他人的后尘，也不要总是在自己熟悉的旧路上徘徊。

前人如果为后人开辟道路，就会受到后人的敬仰；前人如果阻挡后人前进，那就会受到后人责难。

每个人都应该走出一条属于自己的路。自己的路就是自己开拓出来的路；自己的路就是有自我特色、自我风格的路；自己的路就应该是人间正道。

言辞是行动的影子。

最好的东西如发生腐化，就成为最坏的东西。

送饥饿者一条鱼，只管一天不饿；教他学会捕鱼，能使他永不饥饿。

人生最大的痛苦是谁也不需要他。

手铐、脚链即使是纯金铸的，也没有人喜欢戴它。

四、如何成才

（一）人才内涵

是不是人才，既不是他人捧出来的，也不是自己吹出来的。

由常人到人才的途径只有一条，那就是认真加勤奋。

奇才不尽在显才之中。真正的奇才不是那些潜力已尽的显才，而是潜力很大的潜才，就像热门是公开的冷门，冷门是潜在的热门一样。

人才是一个相对的概念，此系统有此系统的人才，彼系统有彼系统的人才，大范围有大范围的人才，小范围有小范围的人才。

人才的层次越高，其赖以成才的优点就越显著，同时与其成才无关的缺点也就越突出。

展示才华，掩饰平庸，这是常人的心理行为，只有反其道而行之的人，才能够出类拔萃。

人才的主要特点是创造。创造性又以反传统、反成规、反世俗为特征，所以在常人看来这类人都过于狂傲。

一个国家要想兴旺，必须有一大批兴国之才，而兴国之才必须有兴国之志，否则就不是可用之才。

天才与疯狂有着不解之缘。创造性灵感的突然出现，会使天才们陷入行为疯狂；创造性思维的反常规性，会使常人以为天才们思维疯狂；创造性事业的超强度吸引，也往往使天才们心理疯狂。

（二）人才的类型

身为盆景之松，就不要奢望做栋梁之材，否则在厅堂中也会没了位置。

大树是才，盆景也是才；长颈鹿是才，羔羊也是才。只要各尽其才，就会各显其能；只要各得其所，就能各尽其才。

社会上的人才是分为不同等级、不同层次的，不同级别的人才的奋斗目标是不会相同的。

你能够接受哪个层次的真理，你能够欣赏哪个层次的艺术，你就是哪个层

次的人才。

一棵参天大树，拔地而起，在每增加的一道年轮上，都会死掉一批树枝。大树虽高但却是一枝独秀，荆棘虽矮但却能多枝并存。

（三）人才与环境

在实验室的天平上，那些沉重的东西，总是处于较低的位置；在社会的天平上，那些出众的人才，总是处于较高的位置。

在广袤草原上，不会有参天大树；在荆棘丛生之地，选不出栋梁之才；在原始森林中，找不到无才之木。

因为贫穷的激励，许多人走上了成才之路，但是贫穷和成才并没有必然的联系。

滥竽充数不好，但滥竽充数者有其充数的场所；场所没了，自然没处去充数，也没人能充得了数。

（四）人才与成长

不论多么高大的树木，初始时都是一粒种子。树要有这种觉悟，阳光和雨露也要有这种觉悟。

社会是一张大网，它有无数个结点；社会是一方棋盘，道路纵横交错。生存在社会中的人，要依据自身的优势，选择自己的道路，要依据自身的能力，找准自己的位置。

每个人都有不同于他人的自我优势，只要善于发现，并努力挖掘，都能够创造出具有良好个性的自我形象来。

因为山外有山，天外有天，所以不能骄傲自满。因为山不言其高，水不言其深，所以不要自吹自擂。因为山不在高有仙则名，水不在深有龙则灵，所以不可以名不副实。

对待本专业要全心全意，对待相关专业要半心半意，对待不相关专业要三心二意。

如果你比卓越的人还要勤奋，那么你就有可能超过卓越的人。

人世间总会有特殊的情况，但是得天独厚者总是极少数，对于绝大多数人来讲，要想成功，只有靠坚韧不拔、努力奋斗。

大器者，可以早成，也可以晚成，只要能成大器就好。

一棵树不能成为栋梁，但却能长成参天大树，成为人们朝圣的对象，这对急功近利的人不是一种提醒吗？之所以成大材，是小时、中时没有被利用，也是积累成材，也才有大器晚成。

才能是辛苦的别名，一分辛苦一分才，吃不了辛苦的人不可能成才。

追求真理是人才的目的，朴实无华是人才的特征，勤奋好学是人才成长的途径。

五、领导工作

（一）领导公心

没有觉悟的领导者是最危险的领导者。这种人事业顺利时趾高气扬，事业不顺时垂头丧气，事业受挫时溜之大吉。真正优秀的领导者，在事业顺利时看不到他的踪影，事业不顺利时他在群众之中，事业受挫时他一定在队伍的前面。

一个单位状态的好坏要看员工队伍的状态，员工队伍状态的好坏要看领导班子的状态，领导班子状态的好坏要看主要领导者的状态。为此，当一个人感到身心俱疲的时候，一定要尽快地从主要领导岗位上退下来。

领导者一定要代表正义，一定要扶持正气，这才是为官之正道。

如果你的意见是对的，也要巧妙地征得他人的赞同。如果你的意见是错的，就要真诚承认并迅速改正。千万不要为了保全面子而为错误辩解，那样做的结果只会更没面子。

要像肯定自己优点那样肯定他人的优点，要像否定他人缺点那样否定自己的缺点。

领导者要有自我造就、自我适应、自我调节能力。领导者对部下做思想工作那是分内的事，领导者如果需要部下做思想工作就不合格了。

"公生明，廉生威。"只有大公无私的领导者，才可能明察、明鉴、明断和英明，只有廉洁奉公的领导者，才能有威信、威望、威严和权威。

领导者要公道正派，要一碗水端平，要公平。公是对待个人与集体的尺度，平是对待部下之间的砝码。

为政之道在于正人，而正人又必先正己。上梁不正下梁歪，焉有己不正可以正人的道理？

当你拒绝他人的不合理要求时，不可以标榜自己，更不可以借此抬高自己的身价。

要官的人必为权，买官的人必图利。

权力可以让人屈服，却未必让人信服；地位可以让人口服，却未必能让人心服。

权威来自权力，没有权力就不会有权威，当然有了权力也未必有权威。有些人有权却没有威，这是源于权力错位或权力失真。

领导职位是责任和权力的统一。一个好的领导者不应过于看重手中的权力，而要十分看重肩上的责任和义务。

领导手中握有权力，但对于权力也要有能力去行使才行。如果能力与职位要求相差过于悬殊，就必然会出现你当官他人掌权的现象。封建社会由于嫡长继承制，造成了许许多多大权旁落的政局。社会发展到今天，再发生此类事情，就显得有些滑稽了。

"不在其位，不谋其政"，这是古训，它与"天下兴亡，匹夫有责"是对立的统一。不在其位谋其政者必然干政，干政则乱政，为此做副手的不可以越权，做下级的不可以越级，局外人更不可以指手划脚，即使在位者的才能不如不在位者也必须如此。至于在位的不称职者是否应该调换，那是组织的事；至于不在位者是否应该另就，那却是自己的事。

一个过分任性的人，必然颐指气使；一个颐指气使的人，必然成为孤家寡人。

保持一颗平常心，是任何不平常的人都难以做到的，尤其是那些自以为不平常的人。

不论你身居何等高位，都要把自己当作平民看待，只有这样才会有众多的普通朋友，才会受到众多普通人的拥戴。

公仆就是公仆，不论其地位多高。当公仆开始以主人自居时，其政治生涯就将结束。

对自己严格要求时，对他人不可以这么做；对他人施以规矩时，自己则必须带头去做。

不要认为你支付了工资，工人就是你的奴隶；不要认为你花了钱，服务人员就是你的仆人。要学会尊重每一个人的人格，这样做才会有自尊。

领导者肩负着许多人的命运，因此要把这个责任时时刻刻铭记在心。优秀的领导者打造利益共同体，卓越的领导者打造事业共同体，伟大的领导者打造使命共同体。

挂帅就要出征，出征为了取胜。挂帅而不出征则不如无帅，出征而不能取胜则不如不出征。

要成就大的事业，群体的核心人物的志向、毅力、信心和决心至关重要，只有具备这些素质的人，才能够在困难面前坚定不移，才能够带领群众共渡难关。

"上有所好，下必甚焉。"上着盛装，好衣服会层出不穷；上着旧装，破衣服会身价百倍；上好纵欲，下必声色犬马；上好读书，下必手不释卷。身为领导者，如不以单位目标为重，不以集体利益为重，不以大局为重，既搞不好事业，也

带不出好的队伍来。

作为领导者，当事业成功时，要把功劳一个个地落在部下的头上；当事业失败时，要把过错一个个地揽到自己的身上。只有这样，才会有更多的人愿意为你效劳。

做领导工作不能专门去得罪人，但也不能怕得罪人。如果前怕狼后怕虎，那就不如改行，何必自己折磨自己呢？

领导者到一个新的单位会有陌生之感。如果想要做好工作，那就努力去观察每一个人，当然他人也在观察你。如果不想做什么，那就什么都无所谓了。

领导岗位是位与人的统一。官位是固定的，官员是变动的。其实在办公室外面排长队的人，没有一个是找你的人；即使你在位时到你家里拜访的人，多数也是在进行感情投资。只有当你离开官位之后，还和你交往的人，才可能是你的朋友。

人品与官品有联系又有区别。人品讲个人与他人、个人与集体、个人与社会的关系，人品的核心是一个公字。只要为了他人、集体、社会的利益肯于放弃、牺牲个人的利益就是人品好的人。官品不仅讲公而且讲平，不仅讲平而且讲正，平与正是官品的核心。只有公平、公正的人才是一个好的领导者。可见，是好人不一定能成为好官，但是好官则必然是好人。

抛开一切其他利益去追求事业的成功，这是政治家的共同品质。但是当事业成功之后或者当事业受挫之时，那些曾经被抛开的一些利益将会引为终生遗憾。如果连这一点也不顾及的人，那就是标准的野心家了。

责怪他人，责怪环境，责怪社会，就是不责怪自己的人，不愿意承担责任，或者无力承担责任，就是不负责任的人。

每一位领导者都是心理学家，要对自己，对员工了如指掌，这样才能更好地工作。

优秀企业家的卓越能力：(1)对人性的深度洞悉；(2)对信息中商机的准确把握；(3)一针见血直逼事物本质；(4)坚持合作共赢原则和掌握利益分享与风险分担方法。

能够看到消费者自己都不明白的需求，这是最伟大的企业家。他们不仅创造产品，其实也在创造产业。我们可以说所有人类历史上，特别是过去200年里，对商业和经济的发展做出最大贡献的就是这类企业家。

企业家走向世界应当注意什么？不管你是做什么行业，走向世界就要像中央所倡导的，高举互利共赢的旗帜，这不是口号。中国的企业家要有这样一种责任，要使我们所去的地方因为我们企业的到来，生活得更美好。

企业家是善于捕捉机会的人，是管理的组织者和创新者。因此企业家是最具"正能量"的群体，他们天然具有的创新、执着、冒险、乐观的正能量，有益于企业发展，最终将推动社会进步。

作为领导，不可以随便讲话，不可以随便许诺，不可以随意地表扬人或批评人，因为你不是你自己。

在人际交往中，把握对方心理至关重要，这也是是否具有领导能力的表现。

"峣峣者易折，皎皎者易污。阳春之曲，和者盖寡，盛名之下，其实难副。"名副其实是一件很不容易的事，但名副其实应该成为人们追求的目标和应该遵循的行为准则。

谁都不可能满足一切人的需要，谁都不可能让所有的人都赞赏，但是谁都可能做到事事无愧于心。

有的人口口声声申明自己不想当官，这说明他太想当官又羞于启齿，没有人口口声声说他不想当小偷，是因为这类人对这类事从来都没有想过。

领导力是怎样做人的艺术，而不是怎样做事的艺术，最后决定领导者能力的是个人的品质和个性。领导力的本质是爱与智慧，缺一不可。

只有处处为他人着想的人，才能真正成为他人的领导者。

真正的领导者应该是"以大爱为根基的反映民意的独裁者"，只有这样的领导人，才是在混沌纷乱的时代开辟生路，带领团队走向光明的真正的领导者。

一切为了增进人类福祉为目标，以一切最理性的赚钱方法为手段，在这种情况下，企业家个人的精神世界必然会升华。

接受高素质的人的领导是部下的一种幸运，接受低素质的人的领导是部下的一种悲哀。身为领导者一定要有高于部下的综合素质。

人格魅力加上语言表达能力是征服他人的主要能力，它与任何文凭相比都重要得多。

只有相信你的人格，人们才会追随你的事业，因为与有肝胆者共事，只有成败问题，不会有险恶问题。

身为大众的领导者，必须是大众的楷模，否则就不是一位合格的领导者。

称职的领导者各有其显著的领导风格，不称职的领导者也各有其显著的领导形象。

先做人，后做官。做人与做官顺序不能够颠倒，不会做人的人很难做官。这个道理极其简单，为官者是管人的人，自己不会做人或者根本就不配做人，那怎么去管人？

要老老实实做人，勤勤恳恳做事，清清白白做官。不可以鼠目寸光，不可以敷衍塞责。

做人要有品格，领导者如此，部下也应如此。铁打的衙门流水的官，领导者的更替像走马灯，即便是专看领导眼色行事，只会唯命是从的人，也很难适应各式各样的领导者。会做人做事才是根本。

不在其位可以不谋其政，不在其位却不可以不做其人。不能等到有了一定社会地位之后，再去考虑如何做人，届时，人们一定会用你过去的言行来否定你今天的地位。

要一身正气，只有事事都见得了人，才可以使许多误解和不信任自动消除，才会使各种阴谋诡计无机可乘。

历史上，人们把那些为人民造福的人供奉为神，这是一种纪念，也是对为人民谋利益者的肯定。但是领导者自己却不要装神，一心想把自己装扮成神的人，自认为绝顶聪明，实则是绝对愚蠢。神是造出来的，但那是群众的事，是后人的事，而不是自己的事。

（二）官德

领导者的可贵之处，不仅在于对自己欲望的节制，而更在于以群众的需要为自己的需要。

人无信不立，领导者更如此。如果失信于部下，就难以令行禁止。

事必躬亲，重视经验，这是小生产领导者的美德；朕即天下，无事不通，这是小生产领导者的陋习。注重面子，讲求义气，这是小生产者的美德；反复无常，装神弄鬼，这是小生产者的陋习。对于大生产而言，小生产的陋习是陋习，美德也是陋习。

远来的和尚会念经。一方面是本地和尚的经大家太熟悉了，远来的和尚可能会有些新意；另一方面是本地和尚的人品大家太熟悉了，远来的和尚却一点毛病也没有显露出来。

经是好经，就是让歪嘴和尚给念坏了，这是百姓的话。为此，各位执政者千万不要做歪嘴和尚把经念歪。

为官不可爱财，爱财必败；爱财不应为官，为官必贪。

政从正而来，智从知而来，位从为而来。对于官员，无功就是有过。无功者未必是贪官、昏官，但一定是庸官。贪官为人所痛恨，昏官为人所不齿，唯有庸官为人所不识。贪官利己而误人，昏官无智而误事，庸官却可以因无能而误政。由于关系一方百姓的利益，贪官可能被囚，昏官可能被逐，唯有庸官不仅囚不得而且逐不得，这样一来，百姓受害的时间反而更长了。

一个人做了官，就要保一方平安，就要为百姓谋实实在在的利益，就要敢于同歪风邪气做斗争。"当官不为民做主，不如回家卖红薯"是有道理的。一个人的目的如果就是为了保住官位，那么他的下场一定十分可悲，因为最起码他已经失去了民心。

"君子爱人以德，小人爱人以姑息。"有道德的人看待人的标准是其品德如何，没有道德的人看待人的标准就是是否对自己有利。作为领导者，为政要清，为政要廉，为政要公，为政要平，不可以为了讨好部下而迁就姑息，因为姑息可以养奸。

在领导群体中，正职和副职有很大的区别。当副职能力超过正职时，或者将副职调出，保留正职，或者将正职调出，提升副职，否则对领导群体不利。

当你赞扬他人的时候，要出自真心，要用心去赞扬；当你批评他人的时候，要出自爱心，要用嘴去批评。

领导者对部下要有亲切感，这样才能够同舟共济；领导者对部下要有威严感，这样才能够令行禁止。

领导者不可以同直接下属过分亲密，否则会真假不分、是非不分、公私不分、功过不分。领导者对非直接下属则不要有太多的规矩，否则会失去人心、失去群众。

领导职务不是寻常职务。为此，充任领导职务的人就应该平易近人、平等待人。

只有在狂风巨浪中，才能鉴别船长的优劣；只有在双方势均力敌时，才能鉴别指挥官的贤愚；只有在极其困难的情况下，才能鉴别领导者是否称职。

天无绝人之路。在困难、矛盾、风险面前毫无办法的人，不应该再充任领导者。

真正没有办法的情况并不多见，而面对突发事件束手无策的领导者却并不少见。

让一个喜怒无常的人去管理一项事业，一定不会有规矩存在，喜怒无常就意味着反复无常。因为这种人对他人的要求杂而无序，所以他人也就难以适应。

任何管理风格的形成，都取决于主要领导者的意志。主要领导者要做的事他人不能不做，主要领导者不想做的事他人想做也做不成。

只有把心态放的平和，领导者才能够公正，才能够允许人家批评你，才能够在处理矛盾纠纷时不掺杂感情色彩。

一个权力欲极强的人，思想上必然会觉得自己一切都好，自己一切都对；

行为上必然会以自我为中心,在属于他的领地里将容不得任何能人。

"官升脾气长"不好,"官升学问长"也不好。昨天还是个平常人,因为今天升官了,就什么都懂得了,这可能吗?一个人地位变了,需要的能力更高了,同时可以实践的范围也更大了。只有老老实实地向实践学习,向有识者学习,才有可能在较短的时间内基本适应新岗位的需要。当官不是做皇帝,可以随心所欲;即使是做皇帝,一个好的君主也不是"朕即天下"者。

"水涨船高"是一种自然现象,水涨船要高,则是一种社会要求。从人与知识的关系来看,只有站在学科前沿,学科顶峰,才可能有所发现,有所发明,有所创造,有所前进,否则就难免做出用毕生精力步他人后尘的蠢事。从领导者同群众的关系来看,由于群众的整体素质在不断提高,所以领导者只有不断地学习,不断地充实自己,才可能带领群众前进。

"一瓶子不满,半瓶子晃荡",瓶子里的水装满了之后,自己无声,加上外力仍然无声;半瓶子水就不同了,摇晃一下可以溢出水来,同时又可以发出声来;更为有趣的是,一点水也没有的瓶子,发出来的声音更大,只不过要有风来吹响罢了。

"好人生在嘴上,好马长在腿上。"一个人的好坏要是仅仅以能不能说为标准,显然有失偏颇。但是善于表达确实是领导者必备的素质之一。要调动部下的积极性就得有鼓动能力,要化解各种矛盾就得有说服力。领导工作不是自己做事,而是要组织大家共同行动,因此,不善言辞显然是不行的。

真正有才能的人,不是咬文嚼字、故弄玄虚的人,而是返璞归真、一针见血的人。真正能用演讲打动人心的人不是满腹经纶、倒背如流的人,而是顺应民意、深得人心的人。

一条小溪如果清澈见底,一眼就可以被人看出它的深浅,如果把水搅浑,则很少有人敢趟过去。宁肯做一个一眼就可以被人看到底的人,也不要为了莫测高深而把水搅浑。

要合理安排时间。一是照顾到外界的需要,二是要依据自己的习惯,三是要把主要精力集中在完成任务上。

一个忙得团团转的领导者,说他没有时间那是假的,说他没有时间观念倒是真的。

舞台上的官都迈方步,而百姓则一律快步。究其根源,还是因为当官的工作量不饱和,闲暇时间过多,才以慢步来消磨时光,而百姓们为了生计,就只能争分夺秒。

（三）决策

团体思维发现，越是成功的领导人，越容易在自己周围形成一个团体。这个团体是信任你、维护你，所有的负面信息都不报告给你，从而形成团体思维的决策陷阱。

对于重大问题，在自己没有把握之前，不可以决策。领导者要是没有必胜的信念，其他人会更没有信心。

即使自己信心十足，也不可以把自己的意见强加于人，而是要引导每一个人树立起信心。

在重大问题决策上，不允许有任何私心杂念，必须按照事物所固有的规律办事，否则不会卓有成效。

在极度愤怒之下或过度悲伤之时，不要做任何决策，因为等到心平气和之后，你就会发现，此类情况之下的决策几乎无一正确。

遇事不要急躁，不要慌乱，这样才可能平心静气。只有平心静气才可能缜密思考，只有缜密思考才可能不出大错。

把自己的理想付诸行动，并收到良好效果，这是常人的行为；把大众的理想付诸行动，并收到良好效果，这是领导者的行为。

做任何事都有个时机问题，错过时机则会时不再来，时机未到则属轻举妄动。

做任何事情，除了把握其规律性之外，还要把握其环境条件，在这个基础上才存在可行或不可行的问题。

做任何事情都有一个客观需要问题，客观不需要的事你做了叫劳而无功，客观需要的事你不去做叫官僚主义，目前尚不需要将来才需要的事你做了叫好大喜功。即使是好事情，做早了不好，做晚了也不好；做不到不好，做过了也不好。

面对千头万绪的复杂局面，看准方向，宜于快刀斩乱麻，一刀下去，盘根错节，全部斩断。如果用钝刀子割肉，不仅理不清局面，反而会伤到自己。

只要是没有规定的就去闯，规定不允许的就转向，这是改革者，人们称之为思想解放。不论有无规定，红灯绿灯一起闯，这是破坏者，人们称之为思想泛滥。没有规定做依据，什么都不敢闯，这是保守者，人们称之为思想僵化。

对于任何人的任何事，世界上决不会再有第二个人比当事人更了解情况。

决策的正确与否取决于信息的准确和全面程度，也取决于对政策的理解和把握程度。

任何决策都是瞬间的事，而任何好的决策都来自于决策之前广泛深入的调

查研究。

要弄清事情的真伪，就不能先入为主，就不能带有偏见。在没有弄清问题产生的原因之前，不可以也不可能解决问题。

对人也好，对事也好，只要没有极为清晰的了解，就不可以贸然表态、贸然决策、贸然行动。

好哭的孩子多吃奶是一种社会现象。孩子哭可能是因为饥饿，这时要给点奶；可能是因为疾病，这时要给点药。如果不分青红皂白，听见哭声就给奶吃，如果孩子多了，那就会哭声不断、哭声一片。

做一件事有一利必有一弊，有利无弊、有弊无利的事都不存在。权衡一件事可为还是不可为，唯一的标准就是看其利大还是弊大，利大于弊则行，弊大于利则止，也就是鱼和熊掌不可兼得。

领导目标要简单明了，直截了当，不可以搞得太复杂。太复杂了，人们无法理解，无法记忆，无法变为实际行动。

目标不仅要正确、明确、可行，而且还要相对稳定，这就要求不能够多目标并存，也不能够单目标常变。

决定群体利益政策时，要认真搞好调查研究，要立足于公正无私，要做到公平合理，在此基础上形成决策之后，就不能够再变动了，因为任何一个人的变动都有把整个方案推翻的危险。在决定此类政策时不能公决，因为谁都会反对对自己不利的政策，尤其在少数人获利、多数人得不到利益时更不能这样做。

真正高明的人是通过他人之口表述自己思想的人。

领导者要心中有数，又要广纳善言。心中无数的人不能当领导者，一意孤行的人也不是好的领导者。

只有当事情有成功的可能，或者还有转机时，才可以请些人来商量；如果已经毫无希望，连一点余地都没有，那么商量也就没有意义了。

要尊重他人的意见。如果这种意见比自己高明，就一定要采纳；如果这种意见有可取之处，就一定要吸收；如果这种意见毫无价值，也一定要巧妙地说服。

一些人爱发牢骚，固然反映了这些人的修养水平不高。同时也说明，一些与这些人有关的事件决策方式上需要改善。

要有高度的统一，就要有高度的民主，没有广泛的民主基础，就不会有真正统一的思想。

要做事必须先统一思想，思想越是不统一时，越需要统一。

善于全面准确地把握环境条件的人，容易做出正确决策；善于全面准确地把握自身条件的人，容易做出正确决策；善于听取各种不同意见的人，容易做出正确决策。

个人的思想变成群体的意志，就会成为群体的动力、群体的行动。因此，一定要让人家讲话，而且一定要让人家把话讲完。

领导者要站得高、看得远、看得清、看得准，要有预见能力。只有站在群众的前面，才可能领而导之。

对已有的条件不能从本质上把握，对未来的可能性不能有所预见，不仅决策不易正确，而且决策也很难实现。

对于未来只能预测，不能决策，因为影响未来发展变化的因素极多。

"人无远虑，必有近忧"，这是一种战略思想。只有针对现存事物并弄清它的各种发展变化的可能性，才有可能避免各种预料之外的事情发生。试想，对任何事物如果都能预见到各种可能性，并制定出相应对策，那么不管什么时候发生什么变化都在意料之中，就不会产生措手不及的现象，更不会因为自己没有料到而懊悔万分。

突发性事件如果频繁发生，就说明主要领导者缺乏预见能力。

对于突发性事件无力应对或不知所措，不是称职的领导者。

领导者要谦虚，但谦虚不等于没有主见，没有主见的人不适于做领导工作。

一个人要凭自己的思想行事，他人的合理建议只能用来补充或完善自我，而不能用来取代自我，否则就是一个无主见的人。

需要再铸辉煌，就要多看出几步棋：横向看时要兼顾左邻右舍，纵向看时要兼顾过去未来。

要全局在胸。既要有长远目标又要有阶段目标，既要有发展方向又要有发展措施，既要有全局意识又要有局部观念。

要让他人看到希望，首先自己得有希望。只有当所有人都看到希望，大家才会携起手来，共同克服困难。如果多数人丧失希望，那么即使是暂时的困难，也会把事业拖入深渊。

当领导就是要站得高看得远，就是要有本事带领大家前进。如果整天不着边际夸夸其谈，口中纵有千言，胸中实无一策，那就应该主动让贤了。

领导者要凭自己的头脑对自己的行为作出决定，同时要对自己的决定所产生的后果负责。

领导者不仅要有预见未来的能力，还要有先人一步的气魄和胆识。如果事事都步他人后尘，那么先进的单位会落后，落后的单位会消亡。

先行一步，不是原地不动，也不是先行两步。

在竞争中、在决战中，不可以把希望寄托在对手的失误上，而要把希望寄托在自身的努力上，否则就是一种失误的决策。

"新官上任三把火"，是说新官要有新思路、新举措、新气象，而不是说要急于求成、急于表演、急于为自己树碑立传。旧官之所以旧是因为当局者迷，新官之所以新是因为旁观者清。新官对旧官任上存在的弊端了如指掌，上任伊始，大刀阔斧，除旧布新，自然很容易精神为之一振，面貌为之一新。等到自己也不识庐山真面目时，新官也就变成了旧官。

理想、目标如果不能实现，不仅会影响领导者的威信，而且会损害队伍的士气。应将拖延当作你最可怕的仇敌，因为它要窃取你的时间、品格、能力、机会和自由，而使你成为它的奴隶。

任何正确的决策，都是以在特定环境中可行为原则；确定理想也是一样，如果理想根本无法实现，那么这种理想就是幻想。

时间证明你是对的，不服气的人也会服气，嘴上不服心里也服。

在处理随机性应急事件时，不宜久拖不决，而宜于当机立断；在处理战略性、目标性、全局性事件时，则不宜速决，而宜于广泛发扬民主，更应该基本统一思想。

有政策就会有对策，有对策就会完善政策。许多政策都是对付对策的产物。

对于任何决策，人们都会议论纷纷，尤其是那些唱反调的人。此类人不仅是想证明自己比他人正确，自己有先见之明，而且是为了哗众取宠。当实践证明决策正确的时候，他们会销声匿迹；当实践证明决策错误的时候，他们会甚嚣尘上。总之这些人就是反对派。

确立先进的东西，消除落后的东西，都会引起后进者的反抗，但历史和事业从来都不属于后进者。

做任何决策都不会尽善尽美。决策只是为了趋利避害，而不是寻找有利无害。那种对任何决策都加以指责的人，不是无知就是别有用心。

（四）领导定位

遇事和群众商量的人，是世界上最聪明的人。

干部把群众放在心上，群众就把干劲放在行动上。

干部喊破嗓子，不如做出样子。

对群众说一百句好话，不如为群众干一件好事。

忘掉自己的人，人们偏偏忘不掉他。

领导者就是群体利益的代表，就是为群体服务的。

真正的领导不是权力的行使者，不是有特殊才能或特质的驾驭者，而是大伙中的一员，除了使命感、方向感和敏锐感外，主要起着催化和整合作用，从而使所处组织逐步演化为健康的生态系统。

既然没有人喜欢被人奴役，那就努力让所有的人都成为主人。

专横跋扈和奴性是对立的统一。专横制造奴性，奴性助长专横。

领导者一定要关心部下的实际需要，一定要关心部下的疾苦，一定要关心部下的思想状况，一定要帮助部下解决他们自身难以解决的问题，只有这样部下才会努力工作。

研究人们尤其是研究青年人的需要，满足人们尤其是满足青年人的正当需要，是领导者不可推卸的责任。

在其位就要谋其政。在其位不去谋其政者失职，在其位不会谋其政者低能，在其位不敢谋其政者怕事。

在其位不会谋其政者，是因为自身没有本事，又不肯虚心学习，就只好步南郭先生的后尘了。在其位不想谋其政者，是站在这山望那山高，认为任何岗位都只不过是一块跳板，既然是踏一下就过去了，自然没有更多地关注跳板本身的必要。在其位不敢谋其政者，恐怕是有把柄在他人手中，或者是私心太重，唯恐祸及自身的缘故。

做官就要管事，不管事不对，乱管事不好。不管事是失职，乱管事是越权。

从管理角度看，单位内部环境尽管也有负效因素，但总体上属于可控条件；单位外部环境尽管也有有利因素，但总体上属于非控条件。

对大事一定要讲是非、讲原则，对无关紧要的小事就不妨迁就一点、糊涂一点。事无巨细，凡事都十分认真的领导者一定是一个人人戒备、人人讨厌的人。

在克服困难、解决矛盾的过程中，谁找到了最佳办法，谁实际上就是在领导他人。

你接替他人的工作，不要去评论前任；你做出了突出成绩，不要去否定前任。你如果议论、否定他人，不仅会降低你的人格，还会伤及和过去的事有牵连的人。

做领导工作要因人而宜。对于很有主见的部下，不要过多地去指导；对于优柔寡断的部下，要格外地关注；对于爱财的部下，要多一些物质鼓励；对于品德高尚的部下，要格外地尊重。

有许多事看起来很小，但是如果沉积下来，单位风气就会一天天变坏；如果能够及时合理地解决，单位风气就会一天天好起来。

集中最优势的力量去攻克最关键的问题，这是取得全局性胜利的关键。

任何一个单位都会遇到自身难以解决的特殊问题，在这种情况下，争取得到上级机关和社会各界的支持至关重要。

自己全面了解实情，不等于他人也都了解。因此要学会不厌其烦，只有当每个人都了解了实情，行动时才不会再有阻力。

指示一个人做一件事时，要讲清楚做这件事的重要性，从而使部下有自重感。

只要是多人合作一件事，那就一定要让每个人明白为什么要做，怎样去做。只有当每个人都认识到自身工作的重要性时，才会人人努力，才会启发创造精神。

每个人都愿意做自己想做的事，如果你想让他人做什么事，那就想方设法让他人想要去做这件事。

任何人做事都是为了获得利益，如果你想让他人努力做事，那就让他人得到他所需要的东西。

如果遇到分歧，千万不要用争论去解决，而要用事实来说话。

授权如同放风筝，风筝可以在空中自由翱翔，但是不能离开线的控制。

领导者不仅要分责，而且要放权。对于下级，有责无权，不能尽责；对于自身，只有需要自己负的责任减少，需要由自己处理的事情减少，才能有更多的时间考虑大事。

授权是为了分责，不授权就意味着自己要负全责。负全责必然事无巨细，必然事必躬亲，必然事倍功半，必然身体早衰。

合理授权是为了使部下能够完成任务。授权就不是专权，授权也不是交权。全权独揽的领导者必然独裁，大权旁落的领导者必是傀儡。

权力是一种组织力，是组织上为了担负某项责任，完成某项任务，赋予行为人的力量。

用真诚的态度使对方消除敌意，是解决矛盾的最佳切入点。

关于方向性的事要先说后做，不然难以统一行动；关于利益性的事要先做后说，免得承诺难以兑现时失信。

领导者要抓大事。领导者在大事上糊涂不得，大事上糊涂会一塌糊涂。领导者在小事上精明不得，小事上精明也会一塌糊涂。

要千方百计地调动部下的积极性，只有群体始终在热情之中，事业才会兴旺。

要有好的内容，也要有好的形式，好的内容与好的形式的结合才易于成功。

有些事情要做得很快，快刀斩乱麻，使反对者没有掣肘的时间和机会；有些事情要做得很慢，慢到连反对者也按耐不住。当群众利益被不同政见者利用时，宜采用后一种方法。

遇到任何突发事件都不可以推脱，必要时立即赶赴现场解决，但需要会议决议时，却要首先沟通，又要一事一议，还要议而有决、决而有行。

事事都由主要领导亲自抓，目的是突出事情的重要。其实多中心即无中心，都重要就都不重要，都亲自抓就等于不亲自抓。

领导者的任务，就是一只手抓一把种子，一只手拿一杯水和养料——让部下不断地成长、发展，不断地创新，而不是控制部下。

不论多么高超的人际关系专家，也一定会遇到解决不了的难题；不论多么高明的方法艺术，也都会有不能适用的地方。还是要因人、因事、因时、因地制宜，还是要具体问题具体分析，具体人具体对待才是上策。

领导者不要奢望得到部下的一致称赞，尽管你做得很好，也会有少数人指责，你如果屈从这些人，又会招来多数人的不满。

作为领导者，不可能没有反对你的人，不可能完全避免反对者的攻击，但是只要你加强自身的品质修养，就可以避开这类攻击所造成的伤害。

要宽严适时、宽严适度、宽严相济，只有以情势为基础，才会有更好的效果。

除了极特殊的行业和环境，都不要采取强制手段，只要你强迫了他人，就会引起他人的不满乃至憎恨。

不要总是命令，而是要协商沟通，这样才会有真诚的合作。

对部下宽容不等于纵容，和群众打成一片不是混为一团。

当知道自己错了的时候，多数人会一面自责、一面抵御。如果你善意地去开导他，他会自责；如果你恶意地去攻击他，他会抵御。

听别人讲话不仅要听完别人的叙述，而且还要征求别人的意见；领导者对部下要保持等距离，这样就可以形成以你为中心的大圈子，领导者如果有小圈子，那么大圈子就丧失了。

要解决人们的思想问题，首先要解决人们的实际问题，让一个行将饿死的人讲品格，绝大多数人是做不到的。

让别人服首先是心服，为此只有自己走得正、行得正，再加上对人真诚的关爱，有了这两点之后，才能去谈方法艺术。

让别人服，要以理服人，更要以信服人。

能打动人心的莫过于情，因此做事要入情入理，合情合理，不合则情理难容。

要调解矛盾，首先要肯定各自的正确方面，不然不足以取得信任；然后再把双方从矛盾的焦点上推开，迫使他们各自后退一步。只有这样才可能找到双方都可以接受的结合点。

解决矛盾，有时是一方获胜，而更多的时候是要寻求双方都能认可的最佳结合点。

记住部下的名字，记住不要忘记同部下打一声招呼，这样可以使许多麻烦自动消除。

当部下群情激奋时，一定要立即走到他们中间去，了解多数人的需要，满足他们的合理要求，这样才可以使多数人的利益要求不被少数别有用心的人所利用。

恫吓和高压是低能者的惯用武器，但是不论行为人表面上多么威严，实际上效果都不会很大。

作为领导者要敢于硬碰，要敢于面对邪恶，要敢于顶歪风。好人不需要你去管，如果需要管的人你又不敢管，那么你就没有什么可管的了。

站在他人的立场上，然后沿着他人的利益方向，把他人从现在的立脚点上引开，一直引导到你和他人利益的综合点上，说服就告成功。

完全站在他人的立场上，来陈述这种立场的成败得失，比站在他人的对面和背后说教要有效得多。

用自己的失误和教训去开导他人，效力奇大。

用自身的沉痛教训去开导他人，首先让对方感到人人都会犯错误，其次让对方感到认识错误、改正错误的重要。

没有人不认为自己是正确的，没有人不认为自己是优秀的；否则不用他人说服，自己早就改变了。

没有人愿意改变自己，除非让他认识到坚持下去对自己不利。

要改变他人首先要真诚地肯定他人的优点和长处，从而使他人的自尊心得到满足，然后再指出其不足和这种不足对他本人可能造成的伤害，以及避免这种伤害的可行办法，一般人都会接受这种改变。

你要想说服他人，就要从对方感兴趣的事情开始，逐渐地使他从戒备状态中走出来，然后才可以进入正题。

要设身处地地替他人着想，要身临其境地帮助他人分析利弊得失，要高瞻远瞩地给他人指出今后的方向。

让他人把话讲完，这不仅是出于礼貌，也是因为只有这样做才不至于断章取义。

改变他人行为的较好办法是说服，而不是强迫。如果不能说服，或者对方不接受说服，那么也要改变行为方式，因为继续下去徒劳无益。

不能用一种不文明的方式去铲除另一种不文明的方式。

想想自己受到批评时的心情，然后再决定要不要批评、如何批评，方法一定得当。

在特殊情况下，对他人不仅要批评，而且还要严重批评，即使如此，也要保护别人的自尊心，要知道严重地损伤他人的自尊心就等于毁了一个人。

要制止某种行为，必须让当事人心悦诚服；否则表面上制止了背地里还会发生，今天制止了明天还会发生。

面对犯错误的部下，如果把错误讲得很重，就会使他倍感沉重；如果把错误讲得较轻，就会使他感到易于改正。

"良药苦口利于病，忠言逆耳利于行。"良药不一定都苦口，忠言也不一定都逆耳，还是当苦则苦，不当苦则不苦；当逆则逆，不当逆则不逆为好。

不要逼人改过。如果通过暗示能够帮助对方认识到错误，比直接挑明要好；如果本人有改过的意向，比他人强迫要好。

用批评的手段来支持部下的工作，是一种有效的方法；用表扬的手段打击部下的情绪，则是一种卑劣的方法。

与批评者对抗的本质是瞧不起对方。如果面对你所尊重的人，即使对方的批评毫无道理，你也不会暴怒。

任何批评都不会给人带来快乐，搞得不好还会招来怨恨。

人人都希望得到赞扬，人人都害怕受到指责。尤其是不恰当的指责所带来的羞愤，往往会使局面更糟。

不恰当的批评，一定会伤害他人。如果此类行为过多，那么最终受到伤害的一定是行为人自身。

只有在好的动机和方法的基础上的批评，才是一剂良药。而挖苦、丑化、打击都是对他人灵魂的摧残。

对于他人的错误，不要公开指责，而要在不伤害对方的前提下，真诚地帮助他改正。

见解不同，只能争论，不能批评。

要学会将心比心、心理换位，要学会设身处地地替他人着想。如果想想自己身处他人那种境地会如何去做，会做得如何，那么不满可能就变成了理解，谴责也许就会变成建议。

你不努力工作会有人批评，你努力工作也会有人批评；你做得不好会有人批评，你做的很好也会有人批评。一个人如果害怕批评，不要说工作，恐怕连生存都困难了。所以，如果你做的是有意义有价值的好事，你就尽管去做就是了，不要在乎他人说些什么。

养成接受批评的良好习惯，并恰当地做自我批评，是处理好人际关系的关键环节。

困难的时候领导就应该带头，就像家里的家长一样，肚子饿了，首先要喂饱自己的孩子，这才是父母。

（五）选用人

不管一个人对你的态度如何，只要是有德有才，就应该重用。如果你能坚持这样用人，那么各种态度都会转化为尊重。

与人相处讲求心理相容，领导者用人却不可以只讲求心理相容。

从心理学角度看，心理相容者易交往，心理不相容者易排斥。作为领导者如果自身是正派的，心理相容还讲得过去；如果自身不正派，那么心理相容的结果岂不麻烦？因此，领导者首先要有自知之明，同时要有知人之智，这样才可能让那些心理相容的人才或心理不相容的人才都各得其所。

要依德才条件划线，不要以自我划线。要有容才之量，不要顺我者昌、逆我者亡。

身居领导岗位的人，要有能力识人才于被埋没之时，辨人才于群体之中；否则不是低能，就是私心过重。

领导者要有爱才之心，识才之眼，求才之渴，举才之德，用才之能，育才之法，赏才之明，遵才之礼，容才之量和护才之魄。

观人四法：查其是否讲信用，看其是否有官气，观其是否有条理，听其是否讲大话。

对于品行极坏的人来讲，才智就是罪恶的手段。因此，看人用人都必须以德为重，在德中选才。

如果是"人才有用不好用，奴才好用没有用"，那么奴才型人才、人才型奴才就会应运而生。

用人只在听话，这是管家的标准，而不是东家的标准。管家既没有利润指标，又没有硬性任务，所以，不给自己找麻烦，就找只听话就行的人。

人非圣贤，孰能无过？圣贤也不会无过。人人都有缺点，能人也不会例外。能人之所以被称为能人，一定是优点十分突出。一个人优点十分突出，缺点也一定十分突出。问题并不在于能人有没有缺点，而在于能人的缺点是什么性质，如果是性格暴躁，孤芳自赏，这倒无碍大局；如果是缺乏道德，品行不端，那就不能重用。

要按类型、按层次量才用人，只有人尽其用，才能人尽其才，只有职能相称才能各尽所能。

用人得当，就会形成带领群体前进的中坚力量；用人失当，这个群体就很难向上。一个人能力突出，就应该给他一个表现机会，从而进一步观察其品德状况、敬业精神和才能潜力，如果各方面都很突出，就可委以重任。

看资历识人并没有错，完全按资历用人就没有对。

就自身修养而言，不能倡导"一瓶子不满，半瓶子晃荡"式的人才；就人才使用而言，却要让各种不同层次，不同类型的人才都有施展才能的机会。

重视人才不等于都给一个官位。让高级的专业人才去充任低级的管理岗位，实际上是人才的浪费。

人与人的竞争基本上是同代人的竞争。前一代人有前一代人的领袖；后一代人有后一代人的精英。如果用前一代人的末将去充当后一代人的首领，就意味着历史前进的步伐将会放慢。

干事业需要勇气，但不可以有勇无谋；干事业需要谋划，但不可以纸上谈兵。有勇有谋的人可以做领导者，有勇无谋的人可以做执行者，有谋无勇的人可以做参谋。

千里马常有，而伯乐不常有。在农业经济时代这是金科玉律，然而在工业经济时代却不再那么有道理。

谁站得高，谁就应该看得远；谁看得远，谁就应该站得高。

要求任人唯贤，不准任人唯亲，要是有人不那么做呢？所以还是要任人唯法，要把只准唯贤不准唯亲用法律形式固定下来，这样做才会更加稳妥。

如果哪个部下无力尽职尽责，那就立即换人，千万不要自己去代劳。

要做到无情感劳动关系和有情感人际关系的统一。在确立劳动关系时，不可以因人设事，不可以因情用人，而要因事择人。但人毕竟是有情感的动物，人不是机器，因此在确立了劳动关系之后，在工作过程当中，还要讲有情感的人际关系。

农民懂得借用风的力量去掉秕谷，领导者也应该懂得借助群众的力量去掉相形见绌的人。

元帅不可多，将军不可少。元帅多了，难以决策；将军少了，难以实施。

"宰相必起于州郡，猛将必发于卒伍"，领导者都应该有逐级的基层工作经历，都应该有多方面的工作经验。一个不懂群众心理、不关心群众疾苦的人是当不好领导的。

用人是为了成事，这是极为浅显的道理。日常生活中，之所以会有人拉帮结派搞小圈子，是因为成事与否与其无关，而用什么人却与自己关系极大。

不能见己之长，只能见己之短者是庸人；不能见人之长，只能见人之短者是庸吏。

希望获得权威是人类的本性之一，不论是在社会舞台上表演的人们，还是老人、孩子都是如此。

有的人的特点是举重若轻，对于十分复杂的事物很容易理出头绪，拿出办法；有的人的特点是举轻若重，对于十分庞杂的事物会安排得井然有序，件件落实。前者适合做决策性工作，后者适合做执行性工作。

善于使用人才是领导者的职责，善于发现人才则是领导者的天职。

孔明之强在于运筹帷幄决胜千里，张飞之强在于横矛跃马所向披靡，各以其长而用之即得两强，反之则为两弱。

天时、地利、人和之中，人和是最难估计的因素。天时的规律可以认识，尽管天在变；地利的规律可以把握，尽管地在变；人和的规律同样可以认识和把握，但是人的变化较之天地实在是太大、太快、太难以捉摸了。

"不看你对我，只看你对人"，这是领导者看人的基本方法。因为你手中有权力，不到万不得已，很少有人会直接伤害你。因此，某个人对你如何，不一定对他人也一样；但是某个人对他人如何，迟早也会对你如此。

"谁爱当面捧，谁就爱背后骂"，当面不恰当的吹捧是为了获利，如果达不到目的，背后再不骂你一通，岂不是白捧了一气？

苦于身边没有人才的领导者，应该首先问问自己是不是人才。

千里马之所以成为千里马，不在于被伯乐发现。伯乐发现之后是千里马，伯乐发现之前也是千里马。伯乐之功，在于发现。一个人是否是人才，不在于是否被启用，而在于自身是否已经成才。

挺拔的树木是修理出来的，精美的玉器是雕琢出来的，宝贵的人才是培养出来的。

要形成人才梯队，任何人才都不可能永攀高峰或高峰永驻。因此，只有当人才形成有序梯队时，才可以避免异军突起之后的大起大落。

身为小树就要亲近而不是排斥园丁，否则就难以成为栋梁之才。

千里马之所以能成为千里马，有一个成长过程，任何一匹马，刚生下来也不会就是千里马。一个人要成为人才，要经历一个艰苦的历程，这条成才之路，主要需要自己去开创。

领导者要尊重人、关心人、理解人，更要帮助人、培养人、造就人。造就不是改造，不是把所有的人才规范成一个模式。

要为各式各样的人才创造各种各样的机会，对于人才成长而言，这比小恩小惠要重要得多。

领导者对部下，必须形成规矩并且严格要求。严师出高徒，这样既能带出有战斗力的队伍来，又能培养出大批对社会有用的人才。

领导者要给人以机会，不要轻易地否定他人。

对于一个不够坚强的人，要鼓励他突出个性；对于一个十分坚强的人，要提醒他谦虚谨慎。

对下属的关怀莫过于在下属工作失误时给予帮助，如果你再能为下属承担必要的责任，下属就会铭记在心。

人们在求得生存之后都想发展，生存的本身就是为了发展，因此领导者要为人才疏通而不是堵塞发展之路。

"士可杀不可辱"，这是中国文化人的传统性格，羞辱人才就是扼杀人才。

领导者不可以袒护部下的过失，尤其是为法律所不容的行为。

对于死钻牛角尖的人不要去拉，应该陪他一起钻到底，直到前面是死路，再把他拉回来；对于个人主义极强的人不要去推，是要走到他的身边，让他转过身来，面对人群的鄙视，再把他拉过来。

只有鼓励才能培植信心，只有自信才会努力，只有努力才能开发潜力。

强将者，必是大智大勇之人。在强将手下的弱兵，也会有主心骨，也会敢作敢为；反之，强兵以弱者为将，若每战必败，也会变得胆小如鼠。

将也是相对概念，对下是将，对上是兵。一个单位的领导者能否发挥强将的作用，还要看其能否成为精兵。

皮球是要经常充气的，不充气就拍不起来，但是气要充得过足也会难以控制。

让亲近的人离自己远一点，让疏远的人离自己近一点，这样就可以形成一个等半径的人群圈子，这样的群体才会有凝聚力和向心力。

熟悉所有的部下是领导者的基本功，没有这种基本功就没有亲和力、凝聚力。

人 生 正 能 量
Positive Energy of Life

树立正确的家庭观

家庭是以婚姻和血缘关系为基础的社会单位，包括父母、子女和其他共同生活的亲属在内。家是最小国，国是千万家，可见家庭的重要。几乎所有家庭都在追求和睦，追求家和万事兴。那么，只要掌握好"三要素"，就能为"家和"打好基础。

第一，恋爱。恋字由"亦"和"心"两个字组合而成，"亦"就是表示同样，"恋"就是同样的心。爱就是喜欢，且会有很深的感情，舍得付出。所谓付出，就是把心交给了对方，两心变一心，恋爱关系就成立了。有的可以掩饰个性，只要对方没有发觉，恋爱关系照样成立，否则，恋爱就会失败。如果两心变成一个半个心，有可能恋爱关系就会终止，或者仅能凑合，如此发展下去，爱情就不会很甜蜜。

第二，婚姻。由恋爱发展成婚姻之后，就一般情况而言，两个人的性格逐渐不再刻意掩饰。两心是一心，就会婚姻美满；两心就是两心，那就会婚姻不谐；出现三心时，就是失败婚姻，结果往往是离婚。

第三，家庭。家庭不同于婚姻，更不同于恋爱，恋爱和婚姻都是两人世界，而家庭却增加了父母、子女、直系亲属等内容。新婚夫妇自建小家庭坚持两心变一心就会越来越幸福。融入有老人的大家庭里，孝顺老人是前提，只要小两口两心变一心，就会赢得大家庭的和睦相处和小家庭的幸福，否则就难以和睦幸福。

处理家庭矛盾要合理运用比较思维，如果你遇到了不顺心的事，那么就同更不顺心的人去比较；如果你的处境十分艰难，那么就同更艰难的人去比较；如果你失去了一切，那么就同已经死去的人去比较；如果你获得了成功，那么就同尚未取得成功的人去比较。如此，你就可以获得一个良好的心态，就可以把家庭建设好。

一、习近平总书记要求

（一）重视家庭建设

家是最小国，国是千万家。习近平总书记高度重视家庭建设。2015年春节团拜会上，他发表重要讲话指出：

> 中华民族自古以来就重视家庭、重视亲情。家和万事兴、天伦之乐、尊老爱幼、贤妻良母、相夫教子、勤俭持家等，都体现了中国人的这种观念。"慈母手中线，游子身上衣。临行密密缝，意恐迟迟归。谁言寸草心，报得三春晖。"唐代诗人孟郊的这首《游子吟》，生动表达了中国人深厚的家庭情结。家庭是社会的基本细胞，是人生的第一所学校。不论时代发生多大变化，不论生活格局发生多大变化，我们都要重视家庭建设，注重家庭、注重家教、注重家风，紧密结合培育和弘扬社会主义核心价值观，发扬光大中华民族传统家庭美德，促进家庭和睦，促进亲人相亲相爱，促进下一代健康成长，促进老年人老有所养，使千千万万个家庭成为国家发展、民族进步、社会和谐的重要基点。（《人民日报》2015年02月18日）

（二）家风和家教

2014年5月30日，习近平总书记在北京市海淀区民族小学参加学校少先队主题队日活动时，再一次提到家庭教育的重要性。他说：

> 家庭是孩子的第一个课堂，父母是孩子的第一个老师。家长要时时处处给孩子做榜样，用正确行动、正确思想、正确方法教育引导孩子。要善于从点滴小事中教会孩子欣赏真善美、远离假丑恶。要注意观察孩子的思想动态和行为变化，随时做好教育引导工作。①

---

① 习近平. 习近平谈治国理政. 北京：外文出版社，2014.

　　习近平总书记强调的重视家风和家教，与中国传统文化一脉相承。自古以来，追求"修身、齐家、治国、平天下"，强调个人、家庭和国家的有机统一，是中华民族在辉煌发展史中凝聚的价值取向。中华儿女内心深处无不有着浓厚的家国情怀，诗礼传家、耕读传家、精忠报国等家风代代相传。传承下来的家风家教，已经融入每个中国人的血脉当中。

　　作为最能深入中国人内心的无形力量，家风家教大多是普普通通的语言，却能在日常生活中影响每个人的心灵。这一最基本、最直接、最经常的教育，通过言传身教让每个人刻骨铭心。

　　家风和家教是中国人最切身的文化追求，是中华民族生生不息的丰富滋养。正是有了家风这样的微观载体，社会主义核心价值观才变得更加具体、鲜活，更能实现从精神层面的"深入"到具体行动的"浅出"。可以说，家风家教是社会主义核心价值观的微观体现和具体展示。

　　社会主义核心价值观不是冷冰冰的说教，而是贴近每个人，带着温度且生动活泼的精神追求。家风不仅是价值、伦理层面的宏观问题，更与我们的日常生活、行为举止息息相关。将家风家教作为社会主流道德文化传承的重要载体，我们就能通过它很好地协调好国家、集体、家庭、个人的关系，维护社会的和谐与安定。

　　家风家教从历史走来，植根于深厚的中华文化，具有强烈的道德感召力，让每个人都能在日常生活中得到启示。我们要感念祖先留给我们的深厚家风，我们也要在新时代不断发扬中华民族的家国精神。

二、爱情与恋爱

（一）爱情

爱情并不是爱神赋予人们的礼物，而是特定男女共同创造的产物。

爱情与有些事物都不是用文字或者语言可以表达清楚的，因为对某类事物，不同的人会有着不尽一致或完全不同的体验。

爱情是一个人在异性群体中比较之后的选择和价值认定。爱情是一种责任，是对对方的一种终身的责任感，有了这种责任感，才不会朝三暮四、喜新厌旧。

爱是一种权利，更是一种义务；是一种收获，更是一种付出。爱情和人的所有行为一样具有价值属性，爱情的本质在于奉献而不在于索取，这样才会有真爱。

爱情是两性间相互倾慕、相互依恋，并渴望结成伴侣的强烈感情。然而渴望结成伴侣是有时限的，只有相互倾慕、相互依恋才可能是没有时限的。

友谊具有普遍性，爱情却只具有特殊性。友谊可以是公有制，爱情只能是私有制。

爱情是性爱与情爱的统一，不统一就会是婚姻的不幸。婚姻是性爱与情爱的专一，不专一就会是家庭的不幸。

爱情具有排他性，为此在嫉妒和敌对中会使爱情增值。

一个人可以结交许多异性朋友，但是当与其中的一个确立了爱情关系后，与其他异性朋友的关系会逐渐淡漠。

在特别熟悉的人之间一般难产生爱情，在不太熟悉的人之间倒会有爱情发生，这是因为爱情本身就具有神秘属性。因为不了解才显得神秘，越是不了解越是好奇。等到相互间基本上了解了，神秘感和好奇心也就基本上消失了。

情爱也有正邪之分：正当的情爱是爱情，不正当的情爱是孽情。爱情是福，孽情是祸；爱情是爱，孽情是孽。

爱之所以会引发痛苦，在于恋爱的不同步性；反之，爱如果是同步进行，也就不会那么刻骨铭心。

爱情具有隐蔽的性质，如果一定要搞得人人皆知，那就一定另有原因。

爱是自私的，这是爱情的本质。但是，如果认为爱就是一个人对另一个人

完全地、绝对地占有，那么男女之间就不是恋人关系，而是主仆关系了。

自然经济时代不会造就出爱情，当然也就不会产生爱情的受难者。农业经济落后时代，不允许有自主婚姻，那么自由恋爱的人就必然成为爱情的殉难者。只有到了经济发达时期，爱情才成了人们生活中的主题，所有懂爱情的人都应该感激和珍惜这个时代！

爱情如果伴有障碍时，障碍自动消除，爱情的吸引力会下降；障碍艰难拆除，爱情的吸引力会增强；因障碍致使双方分手时，不仅会引为终生的遗憾，而且会导致终生的思念。

在旧社会，由于风俗的限制才会有相互思念，才会有相思产生。在现实社会中不会再有相思，但是还会有人害相思病，这种病则是由单相思引起的。

个性是爱情的基础，个性能够伤害的爱情或者没有个性的爱情，都不是真正的爱情。

条件相当优越的人较普通人往往更难得到真正的爱情，这也许是由于条件过于优越，也许是由于眼光过于挑剔，也许是由于空有一副好外表的缘故。

只有以正义和道德为前提的爱才是真爱，真爱才有真情，真情才能持久。

建立在共同的理想、信念、道德、情操基础之上的爱情，是一种超越性生活的高尚的爱情。

忠诚不是产生爱情的条件，但它是爱情得以培养、得以延续、得以开花结果的基础。

爱情不会来源于同情怜悯，爱情也不会来自于知恩图报，爱情不能抢夺也不能施舍。

一个人不能无情也不能多情。无情未必真豪杰，多情反被多情误。

爱情以社会规范为前提。人类为了提高自身的物种延续质量，从而对性关系做出了越来越多、越来越明确的限制，这就是道德和法律。

异性的吸引是一种动物的本能，只有心灵的吸引才是人类特有的美好情感。

性行为可以满足男女之间的生理需求，只有相爱的性行为才能满足男女之间的心理需求。因此，没有选择就没有爱情。

情爱不等于性欲望和性关系。于是才会发生男女之间不可能结合的爱情以及结合了也只有性爱的爱情。

对于性爱不可以儿戏，对于婚前性行为不应轻率。女性的贞洁观念是自尊、自重、自爱的表现。现在反对封建的贞操观，却不是反对贞洁。只不过这种贞洁对青年男女要一视同仁并且都十分重要。

性爱是人与动物共有的，它不仅是生物的本能，也是物种繁衍的需要。但人的性爱在本质上不同于兽欲，必须划清这个界限。

性欲可能由爱引发，这就是性爱。性欲也可能不是由爱引发，孤独者、焦虑者、伤害者、摧残者都可以引发性行为。

以性爱为目的的男女，不会发生失恋的痛苦和殉情的悲剧。

性生活为社会规范、社会风俗所制约，任何人都不可以超越自身的生存环境行事，否则就会为社会所不容。

当爱情闯入你的头脑时，你的头脑不能发热；当爱情闯入你的心灵时，你的心灵不能无主。

当一个人坠入爱河之后，心灵中就再也容不下其他人了；当一个人产生了某种强烈欲望之后，眼睛里就再也看不见其他事了。

爱要热烈但不要过于强烈。强烈的风雨之爱，会使鲜花过早地凋谢；强烈的情感之爱，会使爱情过早地消失。

爱情的冲动性是短暂的，爱情的神秘性却因人而异。恋爱时的神秘性如果演变成结婚后的神秘性，那么爱情的吸引力就会继续存在。

爱情是甜蜜的，也是痛苦的。也许是因为甜蜜才引来痛苦，也许是因为痛苦才感到甜蜜。

落花自知花蕾恋，花蕾不解落花情。在异性之间，激情为青年人所独有，而爱情却不是青年人的专利。

一帆风顺的爱情往往平淡无奇，坎坎坷坷的爱情倒令人神魂颠倒。轻易得到的爱情人们往往不加珍惜，最终也得不到的爱情倒会令人终生怀念。

爱一个人是爱他的优点，不是爱他的缺点。但也不是要把对方改造成完人。对优点是爱，对缺点是包容。对缺点不能包容，爱情不能成立。如果连缺点也爱，那就是走火入魔。

一个人为人所爱的优点消失了，爱情也就随之消失了。

诚实是获得爱情的正确途径，宁肯因诚实而失去爱情，也不可用欺骗去获得爱情。

虚伪也可以获得长久的爱情，但必须一直装到死。

刻骨铭心的爱情往往产生在不断追求的苦恼之内，也往往产生在可望而不可及的启盼之中。

追求爱情也要适度，过度地追求反而会引起反感，从而失去爱情。

勇敢和智慧是爱情的敲门砖，而怯懦和愚蠢是爱情的拦路石。爱情是一种

特殊的力量，它可以令强者更加奋发，它可以令弱者变得坚强，它可以令奸诈的人更加奸诈，它可以使野蛮的人变得驯服。

爱情像雾，当它淡泊且飘逸，那是一种美；当它浓密得成严重雾霾时，接踵而来的就可能是一场灾难。

感情是不能当作游戏的。亲情、友情如此，爱情更如此。谁游戏感情就是在游戏人生，就是在游戏生命。

爱情可能带来幸福，也可能导致痛苦，那要看和爱情相伴的是智慧还是嫉妒。

真挚的情感有时会招来爱神，有时会招来魔鬼。只有真挚的情感，而没有十分的理智是不可取的。

爱是一种索取，同时也是付出。当爱的付出危及一个人最重要的需要时，人们多会选择自身最重要的需要而放弃爱。

爱是平等的，当爱变成了人身依附关系时，会危及爱本身。长期依附的一方会因为自我的消失而寻找爱，长期被依附的一方会因为自我的负重而放弃爱。

每个人都需要爱，需要爱他人，也需要他人爱。

不论什么人，最爱的都是他自己，人们之所以要精心选择称心的爱人，是为了自己能够得到快乐和幸福。

一个人心灵上受到的最大伤害，都来自于自己所爱的人，爱得愈深伤害也就越重。

选择合适的终身伴侣，会丰富你的人生，会推动你的事业。如果以牺牲事业为代价去换取爱情，就会降低你的人生价值。

一种美好的心情，比十副良药更能解除生理的疲惫和痛楚。

为爱情而疯狂的人，为爱情而殉情的人都不是也不可能成为伟人。伟人只把爱情当作人生的一部分，因为他们是为了铸造伟业而活着的。

只有当爱情成为事业的助力时，事业才会使爱情升华。

一个人为了事业可以舍弃爱情，当事业终止的时候，这种舍弃将化作遗憾。事业与爱情双双拥有者不会很多，但是却有。

当爱情与事业发生冲突时，为了事业而生存的人会选择事业；当爱情与金钱发生冲突时，为了金钱而生存的人会选择金钱；当爱情与其他发生冲突时，只有为了爱情而生存的人才会选择爱情。然而不论如何选择，都会给人留下终生遗憾。

斩不断的情丝，挣不脱的情网，造就了许多的美满婚姻，也造成了诸多的不幸。人生需要有爱，但除了爱之外不可以没有其他。

只要物质条件还是人的生存的第一要素，就不会有完全脱离物质的纯洁爱情产生。

（二）恋爱

只要是坠入爱河，那就等于自己心甘情愿地为自己戴上了一副枷锁。

在利益问题上必须遵循公平原则，在情感问题上必须专一。在异性的追求角逐中，天平的倾斜和专一才是道义所崇尚的。

一个人同时和几个人谈恋爱，说明在这几个人中没有一个是真爱。一个人真正地爱另一个并得到相应回报，绝对不会发生第三者插足的事。

恋爱首先是一种义务和对义务的承诺，有了这种承诺心灵就有了归宿。

恋爱是一种多项选择题，答对了就会幸福，答错了就会痛苦。

身体健美，风度翩翩，是一见钟情的条件；心灵美好，才华横溢，是倾慕依恋的条件。

为了婚姻的美满，在恋爱时考虑到经济条件等诸多外在因素是正常的。但是如果一个人把金钱和权力摆在爱情之上，那么这个人爱的是金钱和权力而不是人。

如果你很优秀，而你爱的人却不爱你。一，可能她比你更优秀，你需要进一步努力奋斗；二，可能她并不优秀，就不值得爱了。

如果你不优秀，而优秀的女人却答应了你的爱，那就可能是同情、怜悯，而不是真爱。

要正视人与人之间的差距，不要做攀高附贵的傻事。

不要有自卑感，不要有己不如人的感觉，但也不要去追求和你差距过大的人。

男人往往有大才华的长相一般，长的特帅的一般不会赚钱，经常赚大钱的一般不顾家，特顾家的一般没大出息，有大出息的一般不潇洒，很潇洒的一般不听话，真听话的一般窝囊，真不窝囊的一般你会窝火……比来比去方知道，人品高最重要。

打扮漂亮的女人一般不爱干家务，家务好的一般不擅应酬，擅应酬的一般令人不放心，令人放心的一般不浪漫，浪漫的一般靠不住，靠得住的一般不漂亮，漂亮的一般心太高，心太高的一般会令你痛苦……挑来挑去才明白，心灵美最难得。

　　人品上端庄正派，又能够不断加强修养；才智上未必超群，但肯于积极上进，这就是你应该选择的恋人。

　　只有跳出圈子之外去思考，只有做冷眼旁观，才能看清楚你所爱的人的真面目。

　　女人爱的是男人，是顶天立地的男子汉。男子汉必须以事业为中心，如果以女人为中心就不会被女人所爱。

　　在头脑中有一个理想的恋人，是令人愉快的事。在生活中按照理想模式去寻找恋人，则是令人苦恼的事。

　　任何人心中都会有一个异性偶像，这个偶像是异性群体中的任何一员都无法替代的，只有当偶像与对象合而为一时，才会有十分幸福的感觉。

　　恋爱是一件十分滑稽的事，如果是两厢情愿、一帆风顺就不会变得深刻；如果是一方追求，终有所成，那么追求的一方会饱尝爱情的幸福；如果是一方追求，终未能成，那么追求的一方会饱尝相思之苦。没有相思之苦就不会有刻骨铭心的爱情体验。

　　一个人如果真诚地爱上了一个本不应该爱上的人，就会上演一场人间悲剧。

　　你爱上一个人，对方也有此意，那么就越早沟通越好，免得因为一念之差而屈居人后；如果你爱上了一个人，对方毫无此意，那么还是藏在心中为好。

　　择偶条件越优越就越容易自负，自负的结果会使优越的条件变成不结果实的花。

　　对于虚伪的话不能动真情，对于虚伪的人不能动真情，对于虚伪的爱更不能动真情。

　　爱情一定要建立在两个人的平等和自由的基础之上，否则就难免酿成悲剧。

　　你所爱的人却不爱你，你所不爱的人却追求你，这是恋爱中常常出现的现象，这也是爱情具有盲目性的表现。

　　越是得不到越是死心塌地地追求，然而真的追到对方后，其实也很平常，这是因为追求时夸大了对方形象的缘故。

　　没有真正的爱恋，也不会有真正的痛苦，更不会有真正的幸福。

　　性爱是产生爱情的基础，却不是产生爱情的全部。情感、品格、能力、兴趣、爱好、性格、体魄、容貌等诸多因素构成了爱情的条件。

　　如果说恋爱也需要标准，那么最重要的就是真诚，否则一切伪装随着时光的流逝被揭开之后，就不会有心心相印。

　　要懂得，并不是因为你真诚地爱一个人，那个人就会相应地来爱你。他人之所以爱你，是因为你优秀，而不仅仅是凭你有爱心。

恋爱不仅仅是在追求爱情，而且还是在追求由爱情带来的幸福。爱情无疑是激烈的，而幸福却从来都是平静的。

一个人如果不珍惜已经得到的感情，那是因为他只在乎获得而不在乎失去；一个人如果既在乎获得又在乎失去，那么他不论什么时候对感情都会珍惜。

为了获得对方而不择手段，不惜败坏道德，不惜践踏法律，这不是爱，这是以自我为中心的一种强烈的占有欲望，即便获得，也不会幸福。

爱的方式有千万种，只要你属于其中的一种，就足以让你十分幸福，哪怕这一种方式是你所特有的。

如果真心地去爱，那么就会一方面讨好自己所爱的人，一方面嫉妒自己所爱者周围的异性。

恋爱是感情的交流，过于严肃会令人生畏，故作清高会令人厌烦，死皮赖脸会令人作呕。

不要按恋爱指南去搞恋爱，就像不可以用驯马的书去驯马一样，只有具体的人具体分析，具体的人具体对待，才是唯一正确的态度。

理想的爱情有着相同的模式，不理想的爱情却各有各的不同。

爱就要爱对方的一切，对优点要欣赏，对缺点要包容，这才是恋爱。如果想得到对方又百般挑剔，那是在市场上买东西。

一个优秀的人，会为多个异性所追求。如果这个人有理智，就要坚决避开这种局面；如果这个人没有理智，最终会在这样的环境中毁掉自己。

爱的无私，在于它会全力地给所爱的人带来愉悦，而绝不是把自己所爱的人拱手让给他人。

爱一个人的优点那是喜欢，它是幸福的基础；爱一个人的缺点那是容忍，它也是幸福的基础。

要诚实守信，要稳重大方，如果此举不为对方青睐，说明你们不是一路人。

不要去追求一个并不爱你的人，否则不会有好的结果。

恋爱不能有长期的障碍，如果恋爱一直处在悬崖边上时，多数人会因为心力交瘁而放弃。

从友谊到爱情虽然只有一步之遥，但是对有些人则难以逾越。要逾越，虽然采取的方式可以不同，但一定不要错过机会，否则会终生遗憾。

你只能要求你爱的人在爱你的过程中不去爱他人，你既不能要求对方过去没爱过什么人，也不能要求你们分手之后对方不再去爱他人。

失去的爱是不是最好的,要由以后的实践来证明。

人与人之间的交往都有分手的时候,不论是朋友还是恋人,这种分手不是生离就是死别。

如果一个年轻人爱上了一个长者,那他可能是在爱自己的未来;如果一个长者爱上了一个年轻人,那他可能是在爱自己的过去。

在人生中,青春所以是美好的,在于青春不会永驻;在恋爱中,初恋所以是美好的,在于初恋往往是不结果的青涩之花。

经过初恋的人再也不会有初恋,因为不会再羞涩,不会再迷惑,不会再美化,甚至不会再神秘。再度恋爱的人一定会更加成熟,更加现实,也更加容易成功。

少年的无知加上情感的丰富,于是就编织了美丽的初恋之梦,那样的绚丽多彩,那样的刻骨铭心,都源于一种雾里看花的神秘感;其实现实生活往往平平淡淡才是真。

少年人的恋爱之所以会失败,在于对于婚姻的责任义务还一无所知;青年人的恋爱之所以会走向婚姻,在于有勇气也有能力承担并信守各种婚姻承诺。

在理智不足以支配感情的年龄段上不要恋爱,那些理智不足以支配感情的人也不要恋爱,因为这两类恋爱的结局都不被看好。

初恋的甜蜜是人生的幸福之最。即使初恋不够甜蜜,但它留给未来的回忆也是甜蜜的,所以青年人一定要十分珍惜初恋。

一个人如果真正地陷入了爱的牢笼,那么不论做什么,他都会想到他所爱的人。

一对情人,如果双双沉醉在纯粹的爱情之中,他们就将变得一无所有,不论是物质的还是精神的。

也许保持一定距离的爱才是恰到好处的,如果彼此达到亲密无间的程度,爱情的神秘感就会消失,爱情之火不会永远炽烈。

被爱情之箭射中的人往往旁若无人,然而周围世界不会因为你的漠视而不复存在。

爱可以变成恨,强烈的爱可以变成强烈的恨。即使是处于热恋阶段,也不要过热,否则一旦恋爱中断,就会发生不幸。

非自身原因使热恋的人分手,那么这种爱恋就会终生相伴。虽然不会再有激情,但却会保留对激情的美好回忆。

热恋的情侣应该是形影不离,无拘无束。如果对方并不愿意和你在一起,并不关心你的事,那就是你一厢情愿了。

因为盲目而选择了爱，或因为爱而陷入了盲目，两者都不可取，应该选择的是不盲目的爱情。

一定要用好自己的眼睛，一定要多留几个心眼，千万不要找一个坏人做你的恋人。只要是一步走错，不幸地爱上一个恶魔般的男人或女人，就将注定会毁掉你的一生。

婚后所以会分手，至少说明当初由恋爱到结合中存在误会，埋下了隐患。

"男人不坏，女人不爱。"说明多数女人宁肯相信有感情的骗局，也不欣赏无感情的真诚，也说明只有"坏"才具有特殊的神秘性。为了恋爱这种选择无可挑剔，为了婚姻这种选择就值得注意了。

恋爱的游戏规则是真诚。然而在社会生活中，偏偏有一些人喜欢花言巧语，愿意上当受骗，于是才有了各式各样的不幸婚姻。

没有得到对方认可之前的单相思，还不能算是爱情。

最强烈的爱，是单相思的爱，是没有结局的爱，因为它是憧憬中的爱。

不论对方是真是假、是优是劣，都把爱情投入其中，那是痴爱；不论婚姻是福是祸、是好是坏都永不变心，那是痴呆。

如果因为害怕遭到拒绝而不敢表白自己的感情，那就等于自动放弃。如果因为表白而遭到拒绝，虽然没有了希望，但也没有了心理压力。

因为失败而失去爱那只是一时的遗憾；因为怯懦而失去爱那会是终生的遗憾。

恋爱双方只要还没有结婚，那么任何一方都还有再选择的权利。所以，当任何一方有了更好的比较选择时，失恋就会发生。

与其在失恋的痛苦中煎熬，不如做跳出圈子之外的思考。试想，如果当事人是他人而不是你，那么你一定会有许多理由劝说他。既然如此，何不试着用这些理由说服自己呢？

只要是真挚的爱就容易生气，只要是生气就容易误会，只要是误会就容易分手，只要是因误会而分手就容易终生遗憾。

由于爱而嫉妒，由于爱而猜疑，这本来都是情理之中的事；但是由于嫉妒和猜疑导致分手，则会是终生痛苦的事，尤其是在真相大白之后。

失恋是一种痛苦。但如果对方是一个没有道德、没有信用、没有责任、没有人格的人，那么就不可以以终生相托；如果对方是一个举止轻浮、朝三暮四的人，那么分手只是早晚的事，与其结婚后再离婚，不如恋爱时分手。在这些情况下，分手比不分手好，早分手比晚分手好。

自己深爱的人被一个完全不如自己的人得到了，这是人生最难容忍的事。

对于一个真心爱你，又十分大度地接受抛弃的人，抛弃的本身就是一个错误。

应该抛弃，却怎么也抛弃不掉，甚至不择手段地报复你，说明你开始的选择就错了。

选择要格外小心，选择失误后的抛弃更要格外小心，选择和抛弃都是自身能力的体现。

恋爱开始的时候要缓慢地投入，恋爱结束的时候也要缓慢地退出，这样才可能把自己对对方的伤害减少到最低程度。

失恋必然痛苦，但是由此有了更为深切的人生感悟，从而更加成熟，就会把坏事变成好事。失恋是痛苦的，如果在痛苦的基础上再去折磨自己，那就是愚昧。

没有人恋爱是为了失恋，就像没有人结婚是为了离婚一样。然而失恋的事却屡屡发生，可见理智的爱情才是真正的爱情。而理智又和一个人的品德、学识和自我抑制能力相关。

恋爱是一种理智的情感和行为，否则一旦失恋就可能是一场灾难，而且在灾难中双方都不能幸免。

当爱情出现危机而你又非常留恋时，要平心静气地做最后一次努力，是争取而不是乞求。当爱情出现危机又无可挽回时，尽管十分悲痛也要理智地分手。

不做情人就做仇人是思想境界过低的表现，自己得不到他人也休想得到是品行不端的表现。把逝去的美好珍藏起来，让历史来检验才是明智之举。

相恋时热烈地握手，失恋后理智地分手，分手时互道一声珍重，说不定他日有缘又再度相逢。

由于失恋痛苦万分、心灰意冷的人，不是无能的人，就是低能的人，否则他应该对一切都有精神准备。

失恋导致痛苦是一种正常情感。如果你失去的人是一个出类拔萃的人，那么你的后悔是正常的；如果你失去的人本来很差劲，那么当初的失去倒是一种幸运。

对于失恋你要总结教训，总结的目的当然是为了避免再度发生。

只要是轻易地抛弃，就说明另有所爱或原本就没有真爱。

爱贵在真诚，如果开始就是一场骗局，那么就会伤害他人的自尊心。一个自尊心受到严重伤害的人，是会不顾一切的。

（三）男人与女人

肯为一个女人而冒天下之大不韪者，是一个男人，但未必是一个成功的男人。

丈夫喜欢妻子成为贤妻良母，这没有什么不好，但自己也要成为贤夫良父，如果只要求妻子不要求自身，那就是封建社会的遗老遗少。

在过去和现在，男子汉是力量的象征。随着经济时代的变迁，随着劳动手段的提高，女人同样可以有力量。在镐头面前女人不如男人，在电脑面前女人有时比男人更强。

男人成功时，用女人来消遣；男人失败时，视女人为灾难。这是封建社会的遗风。为此，男人应该自律，女人应该自尊，因为时代变了。

有的女人喜欢正派的男人，有的女人喜欢风流的男人，有的女人喜欢诚实的男人，有的女人喜欢有野心的男人。

女人喜欢男人具有男子汉形象，并不是喜欢男人的粗犷甚至粗鲁。

女人战胜男人的法宝是她的示弱，而不是她的强悍，除非她遇到的不是一个真正的男人。

泪水常挂在女人眼中，微笑常挂在女人脸上，如果说泪水是为了博得同情，那么微笑则是为了讨人喜欢。

希望自己的男人事业有成，又想完完全全地占有他；希望自己的男人是一个男子汉，又想完完全全地控制他，这就是多数女人的心态。

只有当女人也有自己的事业，也把爱情看作是生命的一部分而不是全部时，人世间才会有真正平等的爱情。

美丽的女人无需化妆其外表也美丽，然而美丽的女人如果不注重修养，那么她的心灵却不会美丽。

唠叨就是喋喋不休，就是无休止地批评，这种批评会使丈夫感到生活索然无味，会把丈夫激怒，也会把丈夫推给他人。

男人如果罩上一层笨拙的面纱，那么他们的内涵往往深厚。女人如果罩上一层坚硬的面纱，那么她们的内心往往炽热。

男人痛苦时会唉声叹气，女人痛苦时会痛哭流涕。

体质、气质、品质、情操和智慧是男女共同的追求，但女性心中的男性美是一种力量，男性心中的女性美是一种端庄。

多数女人会把爱情作为自己生命的全部，多数男人却只把爱情作为自己生

活的一部分，所以女人常常是自己给自己戴上了爱情枷锁。

也许是由于荷尔蒙激素分泌量的不同，女性的泪水要比男性多。女性在悲哀时哭，痛苦时哭，快乐时哭，愤怒时也哭。男人只在伤心时才落泪，当然极度痛苦和快乐时也会有泪花涌出，但是男人在愤怒时是绝对不会落泪的。

女人一定讨厌充满女人气的男人，男人也一定讨厌充满男人气的女人。

女人都希望自己所爱的人是英雄而不是懦夫，男人都希望自己喜欢的女人是淑女而不是悍妇。

女人喜欢硬汉子，因为有安全感；男人则不喜欢硬女人，因为没有安全感。

男人喜欢独处，因为独处有利于创造；女人喜欢合群，因为合群有利于交流。

马克思认为男人最珍贵的品质是坚强，女人最珍贵的品质是柔弱。燕妮认为男人最珍贵的品质是坚定，女人最珍贵的品质是热忱。我们更赞成后者。

不同的生理条件是先天的，不同的心理和习惯却是后天的产物。比如男人酗酒社会就会接纳，而且很少有女性为此而离婚；而女人酗酒就不被社会所接纳，而且很少有男性为此而不离婚。

总体上说，男性以理智为主，具有独立性、支配性的性格特征。女性以情感为主，具有依附性、融合性的性格特征。

男性多好动，但深沉庄重，喜欢交友，喜欢争斗，喜欢快节奏。女性多好静，但认可温情，喜欢模仿，喜欢忍耐，喜欢随和。

多数的男人会为事业冒险，少数的男人会为爱情冒险。多数的女人会为爱情冒险，少数的女人会为事业冒险。

男人总是先想、后动、再感觉；女人却是先感觉、后动、再想。

把金钱看得过重的男人一定吝啬，把金钱看得过重的女人一定会过日子。

男人把金钱看作策划下一次行动的力量，女人把金钱看作克服下一次困难的手段，所以多数家庭才由男人挣钱女人管钱。

男人喜欢把自己的成就展示给他人，女人喜欢把最好的衣服穿在身上。

当男人在生活竞技场上，为了荣誉、金钱、地位而拼搏的时候，女人是竞技场四周的观众；她们不仅会兴致勃勃地观看竞赛，而且还会从众多的竞赛者中精心地挑选自己的如意郎君。

没有自己所爱的人相伴，那么不论和多少人在一起也会感到寂寞。

由于对性生理和性心理的无知，才会有青梅竹马两小无猜。由于性生理和性心理的萌动，才会有神秘迷茫和羞涩向往。由于性生理和性心理的成熟，才会有寻觅钟情和思念焦虑。

男女之间的生理差异是先天的，而心理差异却是后天形成的，性格狭隘、虚荣、嫉妒并不是女人的本性，而是历史的产物。随着社会的发展，男女的性格将会逐渐趋于同一。

有竞争就会有嫉妒，有名利就会有虚荣，有私利就会有狭隘，不论是男人还是女人。

一个男人，不论各个方面多么优秀，只要是事业无成，他就很难挺起胸膛走路；一个女人，不论各个方面多么完美，只要是喋喋不休，她的许多优点都将被遮蔽。

人应该是体格、性格、品格、人格的有机统一，应该是外在美与内在美的有机结合。外在不美可以用内在美来弥补，内在不美却不能够用外在美来修饰。

搬弄是非并不是女性的专利，搬弄是非的人却都活得可怜。

只要有体力劳动存在，就会有肌肉的用处，就会有男子汉的形象。到了肌肉不用于谋生而用于健美时，男女就会有社会地位的真正平等。

男人和女人都需要自尊。由于社会地位所决定，男人则更需要自尊，这就是为什么男人要选择欣赏自己的女人的缘故。

抽象地议论，抽象地规定，只是为了给人以启迪，其实世界上只有具体的男人和女人，而没有抽象的男人和女人。即使是抽象，也只是就人群中的多数而言。因此讲男性就包括不了女性化的男人，讲女性也包含不了男性化的女人。因此讲男性、女性，也只是讲现在的男性、女性，既不包括历史，也不包括未来。

那么多择偶标准，那么多异性喜欢，谁能够全部做到？既然自身不完美就不要去追求完人。既然人世间没有完美的男人和完美的女人，那么就去追求优秀的异性吧。

如果不去寻找完美，那么一定会有许多可爱的人，如果一定要寻找完美，那么就无人可爱。因此人要去追求美，但不要去追求完美，不要去追求十全十美。

三、婚姻与夫妻

（一）恋爱与婚姻

爱情不一定导致婚姻，很可能有爱无缘；恋人不一定成为夫妻，是因为有缘无分。

以恋爱为前提的婚姻，也可能因为婚姻失败而丧失爱情；不以恋爱为前提的婚姻，也可能因为婚姻美满而产生爱情。

婚姻和恋爱有关联，但也并非必然，于是才有了没有恋爱的婚姻和没有婚姻的恋爱。

爱情可以导致婚姻，但婚姻并不全等于爱情。恋爱是喜剧，婚姻也应该是喜剧。如果爱情过于浪漫，过于虚幻，那么婚姻就可能变成悲剧。

相互依恋，如果是以性生活为基础，那么就不会持久；只有心灵的依恋，才是婚姻的最高境界。

对于恋爱来讲，感情是基础；对于婚姻来讲，物质生活条件是基础。两个乞丐之间的浪漫故事，是任谁都编不出来的。

爱情只以爱和情感作为条件，婚姻还要以经济、文化、风俗等社会因素作为条件，在特殊社会环境中，政治还可能成为首要条件。

爱情讲究的是外貌、人品和学识，不讲财富多寡，但婚姻却讲；爱情不讲社会地位，但婚姻却讲。为此爱情可以心心相印、心心相通，而婚姻却必须心心相谅、心心相诚。

爱情是真善美的全面展示，婚姻是人性的全面展示。爱情只顾及风俗这一社会因素，婚姻却要顾及全部社会因素。只有当婚姻前后的内在外在条件不发生很大变化的时候，爱情才会是甜蜜的，婚姻才会是美满的。反之，如果婚姻前后的内外条件反差极大，那么爱情会由甜蜜变为苦涩，婚姻会由幸福变为痛苦。

情人眼里出西施。在恋爱过程中，如果感到对方无可挑剔，一切都十分美好，那就等于为婚姻埋下了祸根。

不为利害、荣辱、祸福所左右的爱情是真挚的感情，尽管它不一定导致婚姻，但却可以成为与心灵共存的火花。

恋爱不等于婚姻，恋爱只考虑情感。婚姻却要放到历史的、社会的环境中去权衡，并受到经济的、文化的、风俗的乃至政治的影响。

如果爱情仅仅是一种男女之间渴望结成伴侣的强烈感情，那么随着婚姻的实现，这种强烈感情就会消失。所以爱情更深层次的内涵是相互倾慕和相互依恋，只有后者才可以使爱情在婚姻中存续和发展。

有等待能力、有控制能力，有掌控自己命运能力的人，容易产生幸福的感受。

恋爱时的爱情如果过于浪漫，那么结婚之后就会很快进入危机甚至解体，因为恋爱可以浪漫而婚姻却并不浪漫。可见选择恋人和选择配偶实在是两回事，只有当这两回事能有机结合、合二为一时，才会有持久的快乐。

人生活在社会之中，人的任何行为都要受到社会道德、社会法律、社会风俗等各种规范的约束，爱情也不例外。只有当爱情与社会规范相一致时才会发展成婚姻，否则就只能变成梁山伯祝英台一类的故事。

恋爱与婚姻成功与否，依赖于吸引力的存续时间和强度。这种吸引力必须是相互的而不是单向的，这种吸引力必须来自心灵而不仅仅是异性。

恋爱时，由于谅解，对方的缺点也会变得可爱。结婚后，由于争斗，对方个性中某些与己不合的优点也会变得难以容忍。

人的心中，存在慈悲和爱这样的善心，同时也存在着为欲所迷、只顾自己的恶心，善恶两者在人的心中同居。抑恶扬善，是每个个人应该努力做到的。这样，我们面临的许多问题就能迎刃而解。

展示美好是人的一种本能，也是人性的弱点之一。恋爱期间人的这种弱点会集中地暴露出来。相爱的男女会全力地展示真、善、美，同时刻意地掩饰假、恶、丑。如果掩饰的面是人性的主导面，那么恋爱步入婚姻之后，就会发生冲突，掩饰的面暴露得越多越快，冲突就来得越早、越激烈。

生活的幸福，不能片面地理解为心满意足，它还依赖于自己的坚定，或者是存在于自己积极向上的人生观、价值观，也可以理解为一种心地的厚重、宽度。

爱情的专一，在恋爱阶段主要表现为恋爱对象的专一，在婚姻阶段主要表现为性生活的专一。

爱情的生命取决于爱情自身的活力。它可以在婚姻之前存在，在婚姻之后延续；它也可以在无婚姻的状态下延续，而在婚姻之后消逝。

恋爱会纵容缺点，婚姻会挑剔缺点，恋爱同婚姻竟会有如此大的反差。

由恋爱导致的婚姻如果是美满的，说明爱情没有杂质，婚姻没有变质；由恋爱导致的婚姻如果是不美满的，说明爱情和婚姻中掺杂了太多的虚伪。

甜蜜的爱情是专一的，美满的婚姻也是专一的；苦涩的爱情意味着分手，不幸的婚姻也意味着爱情专一性的丧失。

恋爱像绚丽的礼花，它在夜空中才会短暂出现；婚姻则像阳光下的向日葵，不那么美丽，不那么浪漫，只是默默地生根发芽开花结果。

共同度过了宝贵的恋爱阶段之后，由于疾病的原因而丧失了性功能，虽然结为夫妻却没有性生活，但由于相互依恋而相伴终生，这不仅是爱情，而且是一种高尚的情操。

无婚姻的爱情会终生留恋，无爱情的婚姻会终生遗憾。

爱情和婚姻只有经过时间的熏染才会更加完美，然而生活中的爱情和婚姻却显得平淡无奇。尽管如此，多数人还是按部就班地生活着，因为他们只是生活中而非戏剧中的角色。

爱情是理想的，于是就充满了幻想，充满了期待；婚姻是现实的，如果婚姻也像爱情那样不切实际，那就会导致不幸。

恋爱要现实，婚姻也要现实。如果是为了玩儿，你可以在幻想中去寻找完美；如果是为了终生厮守，那就必须正视现实。

在选择恋爱对象时，往往以激情为重；然而在选择终生伴侣时，却要另立标准，除非你的结婚是为了离婚。

恋爱时的周瑜打黄盖是恋爱之迷，也是恋爱中的情趣之所在，但是愿打愿挨也要适度。

适度的疑心、适度的嫉妒可以增加爱情的价值，过度的疑心、过度的嫉妒则会把爱情焚毁。

（二）婚姻

已婚的人们一定会羡慕单身的自由，单身的人中多数人却在追求这种婚姻的不自由。

自由不如自在，自由毕竟需要外在自由，而自在，只需要当下与自己同在。

十分称心的婚姻往往不放心，这是因为单向十分称心，而非双向十分称心。放心的婚姻也往往不称心，这可能是"丑妻近地家中宝"的缘故。

既然社会规定了婚姻与家庭的基本模式，那么独身主义、单亲家庭就必然有其与社会不相协调的一面。

如果没有理智和道德做防线，人世间就很难找到婚姻的专一。

只要有阶级存在，婚姻就有杂质；只要有家庭存在，婚姻就有义务；只要有社会存在，婚姻就有道德。

单身问题作为社会婚姻的辅助形式，会伴随一夫一妻制婚姻形态的始终。在农业经济时代单身源于贫穷，在工业经济时代单身源于条件，在知识经济时代单身源于个性。

在农业经济时代，女人嫁男人像投胎一样重要；在工业经济时代女人可以嫁男人，也可以娶男人；只有到了知识经济时代，婚姻才会由必然王国进入自由王国。

如果没有共同的理想、共同的信仰、共同的品格、共同的道德，那么婚姻就一定是爱情的坟墓。

婚姻不仅仅是男女的组合，而且是不同品德、才智、性格男女的各种各样的具体的组合。正是由于组合不同，于是婚姻才有的长久有的短暂，有的幸福有的痛苦。

尊敬、倾慕都应该是相互的，由这种相互而产生的婚姻，才会美满而长久。

爱情多由情感主导，婚姻多由理智导致。如果情感、爱情、婚姻之间缺少理智做桥梁，婚姻很难达到美满的境界。

既然称之为配偶，那就一定要匹配，如果不匹配就难成佳偶。所谓匹配，就是综合实力相近、相似或者对等。如果差距过大就意味着双向吸引力的消失，就意味着婚姻的不幸。

草率成婚是美满婚姻的大敌。即使是包办婚姻，父母之命也是慎之又慎的。草率成婚就可能草草收场，这种婚姻多数发生在大龄青年身上。

具有不适合结婚性格的人，实质上是具有外向独立型性格的人，只要是不选择同类型性格的异性，这种人也可以组成婚姻，但绝不会有美满的婚姻。

独处是一种需要，对于高级知识人才更是一种神圣的需要。独处对婚姻无疑会构成威胁，珍爱心灵又珍爱婚姻的人，要努力把这种威胁降到最低程度。

同等的学历，只是婚姻的一个条件，而且是不十分重要的条件，如果仅以这么一个条件来决定终身，那么婚姻就难以幸福。

他人认为很般配的恋人其实未必幸福，他人认为很不般配的恋人其实未必不幸福。

婚姻就是要选择一个可以一起生活的人，可以作为终生伴侣的人，这才是明智之举。

在现存社会条件下，具有不适合结婚性格的人也可以结婚，也可以组成和

谐家庭，因为现存社会是三种经济共存的社会，当社会发展到知识经济时代，此类人就只好去做单身贵族了。

具有不适合结婚性格的人的婚姻生活很简单，要么是一家之主，要么是战乱不断。

具有不适合结婚性格的人，在社会生活中，倒可能成为有效的领导者。之所以说此类人不适于结婚，是因为在社会生活中需要领导者，然而家庭不同，女人找丈夫，男人找妻子是寻找适合的伴侣，而不是寻找合格的领导者。

婚姻幸福的人，希望他人也同样幸福；婚姻不幸福的人，可能不愿看到他人的幸福。

共同的理想事业、共同的道德品质、共同的情趣爱好，再多一些共同的朋友、共同的对待事物的方式，以及共同分担家务、共同支配收益，这就是美满婚姻。为了婚姻的美满，还是减少一些不同，增加一些共同。

如果没有更多的共同之处，就要在不同中互相忍让、互相退步，不要想统一习惯，不要相互猜疑，不要相互揭短，这样就可以有一个和谐的婚姻。

最美满的婚姻是夫妻之间有着共同的志向、情趣，夫妻之间相互倾慕、互相尊重。这里不能有任何感情之外的东西做附加条件，有了其他的因素，那就是一笔生意。

倾慕源于道德的高尚、人格的高贵、才能的高超，依恋源于心心相印、心心相通、心心相诚。

美满婚姻的源泉是修养。两个有较高素养的人，会结成美满婚姻；两个不断提高自身修养水平的人，会使婚姻成为爱情的加油站。

一个人只有自尊、自爱、自立、自强，才会有独立的人生。两个独立而又和谐的人生，才会组成美满的婚姻。

无论男女都要做生活中的强者。只有强者才敢于面对责任和义务，只有强者才可进可退、可胜可败，只有强者才可能获得美满婚姻。但强者不是强权，更不是强盗。

对于婚姻，只有十分了解才可能十分美满。恋爱阶段就是相互了解阶段。然而许多人在恋爱时只有感情、没有理智，只有美、没有丑，所以才抽掉了美满婚姻的基础。

快乐的婚姻不是老天的恩赐，而是人们正确选择和精心培植的结果。

在现实生活中，凭爱情维系的婚姻并不占多数，许多婚姻是靠理智、道德、经济乃至子女维系的。

越是珍惜已经获得的感情，越是要全力倾注爱心；想用刺激、监视、争吵或武力来维护情感都将是不归之路。

嫉妒和多疑是幸福婚姻的毒剂，由此而引发的监视、限制、指责、唠叨，都与正常的婚姻生活相左。

怀疑是婚姻生活中的一杯毒酒，把自己毒死可悲，把对方毒死可恨，把婚姻毒死可惜。

婚姻的基础是信任，婚姻的保障是沟通，没有信任又无法沟通的婚姻就会死亡。

多想想对方的长处，多想想对方的好处，多想想对方的是处，这对婚姻有利。

婚姻的危机往往产生于过多的期待，其实婚姻越是单纯越会幸福。

长期战争后的突然沉寂，长期误解后的突然回避，长期不和睦后的突然转变，都可能是婚姻危机的征兆。

长期的夫妻感情不和，会使一方过度地工作或过多地交际。总之，只要是不进家门就行。

猜疑和不信任是破坏婚姻关系的最佳方式。

把婚姻变成牢笼，即使收到了性爱专一的效果，情感也不会专一。满足于同床异梦、貌合神离，无异于饮鸩止渴。当夫妻之间连性生活的兴趣都没有了，就到了类离婚状态，此时离婚姻的解体已经为时不远了。

争吵的婚姻是争雄婚姻。夫妻的争吵，是双方还在争雄或争取。长期争吵之后的突然沉默，可能是一方取得了称雄地位，另一方屈服了；可能是一方感到厌倦，另一方失去了争雄的对象；也可能是相互已经不再争取，并即将放弃。

最不幸的婚姻，来自两个不适合结婚型性格者的组合。这种不幸来自于冲动易怒，情绪反应敏锐；来自于逃避现实，逃避责任；更来自于双方都过分地以自我为中心。

自立与自重是相互依存的。没有自立，自重就没有根基；没有自重，自立也只是一种轻浮，对待婚姻危机就应立足于此。

当婚姻处于危机状态时，首先要做婚姻现状的思考，看是否还有感情，看是否真想分手；然后再做分手的思考，做出分手决定是否理智，分手之后是否一定比现在好。经过冷静思考之后，如果不想分手，就要千方百计地化解矛盾；如果认为应该分手，也要平心静气地好聚好散。

越是怕失去对方，越不要把对方当成猎物。

婚姻的最基本要求是和谐。自然和谐是难得的、少见的，婚姻是美满的；争取和谐是必须的、可行的，婚姻也是美满的；经过争取也不和谐的婚姻，则是不美满的；连争取也不争取，那就难免面对失败的婚姻。

为了珍惜婚姻，为了弥补自己的不足，为了不失去对方，于是就实施一系列的限制措施，如果把家庭变成了看守所，婚姻也就走进了监狱。

由于怕失去爱，于是就采取种种破坏爱的手段，这样也就加速了爱的失去。

因为是夫妇就无所顾忌，甚至肆无忌惮；因为是夫妻就互不尊重，甚至出口伤人。这是婚姻不幸的原因之一。

如果说婚姻是爱情的坟墓还有待商榷，那么猜疑是婚姻的坟墓则确定无疑。

如果你对婚姻感到满意，又觉得对方有不可容忍的缺点，那就要学会忍耐和软磨硬泡，直到把对方的缺点磨软为止，否则就会失去婚姻的满意或满意的婚姻。

不要去追求完全的一致，各自不同的习惯兴趣可以使生活丰富多彩。如果一定要强求一致，反倒会不欢而散。

情人的目光也会随着婚姻的实现而改变，这几乎不可避免。

激情是人类最为美好的感情。由恋爱进入婚姻之后，多数会导致激情的消失。

导致激情消失的主要原因并不是婚姻本身，而是双方婚姻前后的人格变异，更是婚姻权利的过度行使和婚姻义务的过分依赖。

为了追逐爱情，有的人频繁结婚、离婚。为了追逐激情，有的人寻求婚外恋情。

由于婚外恋情采用恋爱规则，所以激情会持续存在。如果婚外恋情变成了婚姻，那么就要遵循婚姻规则，激情就会很快消失。

用道德防线维持的婚姻，如果抵不住外界的诱惑，婚外恋情就会发生。

不幸婚姻的解体是道德的，解体之后再去追求所爱也是道德的。由于第三者插足导致幸福变为不幸是不道德的，不幸婚姻解体之前的婚外恋情也是不道德的。

婚外恋情产生于内部推力因素和外部吸力因素的结合。如果不想离婚，那么就要努力地把内部的推力因素变为吸力因素，而努力地把外部的吸力因素变成推力因素。如果想离婚，只要加大内部推力因素就足够了。

如果不想离婚，千万不要以离婚相威胁，否则一旦弄假成真，会后悔莫及。

当婚姻对家庭构成威胁,当婚姻对社会造成影响,那么离婚就是道德的,而继续生活在一起则是不道德的,不管它是出于什么样的理由。

把美满婚姻拆散是一种罪过,于是才有了陆游和唐婉《钗头凤》的千古哀怨;把痛苦婚姻解体是一种解脱,既然知道人生苦短,又何必生活在痛苦之中呢?

家丑不可外扬,其实相当多的家庭都有矛盾,外扬只能让外人耻笑,即使要分手也要心平气和,也要留下一点风度让人回味。

即使是离婚也要讲风格,否则会使外界的同情点发生位移,从而使自己受到更大的伤害。

解除一个不美满、不幸福的婚姻,在现代社会中,本来是一件文明道德的事,但是如果把离婚变得随随便便,那就走向了文明道德的反面。

如果离婚或者再婚之后,才发现原来的配偶还有许多可爱之处,那么当初的离婚选择就不是明智之举;如果离婚之后感到一身轻松,那么当初离婚的选择就是理智行为。

即使婚姻到了不可维持的状态,也要首先查找自身的不足,否则再婚之后还会发生婚变。

(三) 夫妻

夫妻关系如果是同事关系,就会有真有假;夫妻关系如果是主仆关系,就会有高有低;夫妻关系如果是宾朋关系,就会有尊有让。

夫妻关系如果是鱼水关系,就会有主有从;夫妻关系如果是油水关系,就会有分有合;夫妻关系如果是乳水关系,就会水乳交融。夫妻关系有名无实不好,有实无名也不好,只有名实相符才是和谐的。

夫妻关系主要是情感关系,即使是在阶级社会里,昨天今天明天均是如此,如果把夫妻关系变成专政关系,那就一定会引发家庭暴力。

自私是一切人际关系紧张的根源。夫妻关系更是如此,因为夫妻关系比任何人际关系都更为密切。

欺骗会影响乃至毁坏夫妻关系,为此自身要诚实,相互要尊重对方的隐私,否则就会逼迫诚实的人撒谎。

有婚外恋情的男人必然会对妻子和家庭有负罪感。妻子待之越好,负罪感越重;待之越差,负罪感越轻。

夫妻之间要有共处的时间,不然就不会有共同的情趣;夫妻之间也要有独

处的时间，不然就不会有独立的人格。

在夫妻生活中不要称王称霸，否则在得到地位的同时，会失去全部感情。

"贤妻良母"无可挑剔，如果它对应的是男权主义，那么婚姻就成了射击场。

有伴侣的人，活动都要受到伴侣的牵制，他们不会太自由，尤其是当伴侣反对的时候。没有伴侣的人虽然自由，但是要过孤独的生活，他们不会太幸福，尤其是在节日的时候。

夫妻之间也不可以干涉对方取得快乐的生活方式。如果互不适应，那么宁可分手，因为这样的痛苦也比干涉自由的代价要小得多。

在家庭中往往是男人管大事，女人管小事，但是由于家务事中大事太少，小事太多，所以一般家庭都由女人管理。

男人喜欢贤惠的妻子，女人却不一定喜欢贤惠的丈夫；女人喜欢事业型的丈夫，男人却不一定喜欢事业型的妻子。这是现实的社会状态，一旦男女之间什么都相互喜欢，社会就又前进了一步。

夫妻之间也要相互尊重隐私，每个人心扉里都会有不愿意告人的秘密。如果去探求对方的秘密就是在破坏婚姻；如果利用隐私去中伤对方，那就等于在亲手撕毁你们的婚姻协议；如果利用隐私去控制对方，那么双方之间的关系已经不再是夫妻关系而是政治关系了。

夫妻之间的智力差距过大，会使强势方感到弱势方愚蠢，从而失去尊重。

相互关心才能相互体贴，相互体贴才能相互恩爱。

多一些信任，少一些猜忌；多一些尊重，少一些放肆，夫妻之间才能和睦相处。

处理得好，夫妻是最近的人；处理得不好，夫妻会变成最远的人，不仅不如亲友，甚至不如路人。

不能因为夫妻之间最近就无所顾忌，否则就会由最近到最远。调情男女家门外，大多不是真夫妻。因为激情的消失，也因为有家，所以夫妻之间不会在大庭广众之下出现过激行为。有此行为者，或是未婚男女，或是婚外情人。

按照中国人的习俗，一对夫妻，生则同床，死则同穴。要是恩爱夫妻生死相伴，当然求之不得；然而对于同床异梦者，此举则显得过于勉强，也似乎有些不近情理。

常思己过，夫妻就会和睦；只论人非，夫妻就会疏远。

即使是现今社会的知识群体，男人需要女人的主导面也是贤惠，因为只有这样的女人，在家庭中才会有安全感；而女人需要男人的主导面还是刚强，因为只有这样的家庭，在社会上才会有安全感。

夫妻之间是一种特殊关系，没有忌妒就没有感情，忌妒太重又会伤害感情。因此以诚相待，相敬如宾，是婚姻的最高境界。

谁要是一心一意地想找到一个理想丈夫，谁就是不想要丈夫。男人最怕的是妻子的唠叨，人们可以在无休止的赞扬中生活，人们却很难在无休止的唠叨中生存。

当唠叨和挑剔把男人的自尊彻底击垮时，女人就会不再唠叨和挑剔，因为她已经瞧不起这个男人。

你如果选择了一个好的丈夫或妻子，你就会拥有幸福的家庭和美好的事业；你如果选择了一个不好的丈夫或妻子，你就会饱尝家庭的痛苦和事业的艰辛。

古人说，"百年修得同船渡，千年修来共枕眠"。同船相渡的路人，萍水相逢尚且是一种缘分，成为夫妻岂不是更大的缘分？只不过千年情缘会修来夫妻和睦，千年孽缘也会导致夫妻反目。

如果在弥留之际，夫妻之间尚能双双渴望来世再做夫妻，那么他们生前一定是最幸福的一对。

夫妻间在共同生活过程中，气质相互渗透，性格相互弥补，品质相互影响，才智相互提高，久而久之，使夫妻越来越相像，但这种相像只是人格上的相像，而非容貌上的相像。

夫妻间要心理相容，由容忍到容纳，由融入到融合，这才是真正的夫妻。

相互倾慕才会相互尊重，相互尊重才会相敬如宾，相敬如宾爱情才会长久不衰。

夫妻双方必须有共同的理想，并为了实现这个理想而共同奋斗，这样才会有共同的幸福。至于这个理想是远是近、是大是小、是此是彼倒并不重要，重要之处唯在共同。

夫妻双方如果都懂得仁慈和容忍，那么婚姻一定美满；如果一方懂得，一方又感谢这种懂得，那么夫妻就会和睦；如果双方都不懂得，或者一方懂得而另一方则视为软弱可欺，那么婚姻就会不幸。

夫妻生活是一个相互磨合的过程，条件越相近，磨合期越短；条件越相远，磨合期越长；个别夫妻可能不需要磨合；个别夫妻也可能终生都不能磨合。

磨合是相互适应、相互让步、相互渗透、相互交融，如果立足于以自我为中心，如果立足于改造对方，那就会磨而不合。

不要想改造对方，就像你不会接受对方的改造一样。夫妻间如果不存在差

距那是万幸，有差距也属正常，为此要通过磨合互相适应。如果差距过大，大到双方无法适应，那么首先就不要结合，即使结合了也应该分手。

在礼节上，如果像对待陌生人那样对待配偶，就很难产生矛盾。

如果看到丈夫有许多缺点，那就要懂得自己的缺点与丈夫是对等的。如果你认为自己身上一点儿缺点也没有，那么丈夫与你也是对等的。不然的话你们不可能结合，即使结合了也早就分手了。

只要你不肯同配偶离婚，就说明对方尚有可爱之处，既然如此，就应该多看对方的优点而少挑对方的毛病。

作为丈夫，如果竭尽全力也满足不了妻子的要求，那么他就会放弃努力。

人人心中都会有偶像，但不要与偶像一起生活，也不要想把自己的配偶改造成偶像。一方面，偶像就是偶像，偶像变成现实就不会再那么完美；另一方面，你如果真的把配偶改造得十分完美，那么你呢？

谁如果总是将自己的丈夫和各种男人的优点相比较，从而证明丈夫的无能，谁就是一个最没有自知之明的女人。

要尊重对方的事业选择，即使是冒险选择，即使是选择结果失误，也应如此。

夫妻双方在特殊的环境条件下，总会遇到特殊的困难，这就需要全身心地互相支持、共渡难关。在这种情况下的埋怨指责、火上浇油，都会因为伤害心灵而危及婚姻。

如果夫妻间无力互相分担忧愁，那么就不要把家庭之外的矛盾带回家中。一个人承担压力已经够苦的啦，又何苦转嫁给对方。

假如丈夫的事业受到挫折，那么妻子的安抚不仅可以令丈夫恢复信心，而且还会给婚姻注入润滑剂；如果相反，那么妻子的责难不仅会使丈夫感到无助，而且会使婚姻蒙上阴影。

当一个男人要承受事业和家庭的双重压力而又无力承担时，他就会逃避。

成功男人的背后不一定都有一个伟大的女性。如果有一个伟大的女性，男人的成功要容易得多；如果有一个唠叨的女性，男人的成功要困难得多。

夫妻之间首先要互相信任，即使已经不值得信任，那么宁可分手也不要去怀疑，怀疑不仅是对自己的折磨，也是对自己的贬低。

夫妻关系的前提是信任，嫁（娶）人不疑，疑人不嫁（娶）。不能因为世间有不值得信任的人就不信任任何人，更不要人为地制造信任危机。

希望丈夫成功的妻子，首先要信任丈夫。要相信他的智慧、能力、品格和勇气，然后再全力地支持他。

隐私是人们保护自己的最后一道防线，不论对谁，都要保守不该泄露的隐密，否则就会伤己害人。认为夫妻间应该完完全全地开诚布公，这种人不是圣人，就是伪君子。

夫妻之间必须坦诚相待，如果总是在想只要你心中有我就不需要我明说，如果总是在制造哑谜，那就会给婚姻制造危机。

再一致的夫妻也会有不同的地方，这就是矛盾。夫妻之间只有相互信任，才能相互谅解；只有相互谅解，矛盾才会化解。

丈夫是现实的丈夫也是理想的丈夫，妻子是现实的妻子也是理想的妻子。只有相互接纳现实，又各自努力使自己达到理想标准的夫妻，才会是恩爱夫妻。如果互不接纳现实，只是互相期望理想，就会成为矛盾夫妻。如果夫妻双方既不接纳现实又不期望理想，就会成为危机夫妻。

在和谐的夫妻之间，男性更喜欢在社会上支配他人，而女性更喜欢在家庭中支配丈夫。

共同的理想、志向，是高尚情感的基础，如果理想志向不同，夫妻就很难和睦。

互相关心、互相爱护、互相帮助、互相扶持，而不是互相怀疑、互相嫉妒、互相戒备，这才是真正的恩爱夫妻。

对于对方婚前的恋情，夫妻间还是不要去探究为好。只要现在是美好的，又何必用过去来冲淡或冲垮现在？

一味地挑剔对方的缺点，不仅是没有自知之明，而且是自身软弱的表现。

谦让是人际关系和谐的法宝，只有互相谦让的夫妻才会是恩爱夫妻。

夫妻之间如果不是互相宽容，而是力图互相改造，如果不是多看长处，而是专门挑剔，那么夫妻关系就会陷入危机。

对于多数家庭，夫妻间的怒和怨几乎不可避免，所不同的是采用何种方式制怒解怨。

只要还想共同生活，那么任何一方都不要把话说死、把事做绝。

夫妻战争的实质是家庭权力之争，它包括经济决策权、财产分配权、教育主导权、赡养责任权等内容。

夫妻间的冲突不是男权主义者和女权主义者的撞击，而是男性霸权主义和女性霸权主义的较量，这才是夫妻战争的本质。据此可以说，夫妻战争有其历史必然性即规律性，但是在任何历史时期，它都不具有普遍性。

夫妻战争在农业经济时代不会出现，在知识经济时代也会消亡，只有在工

业经济时代，只有在以男权为主导的残余观念和以女权为主导的新兴观念相互碰撞中才会发生，或者说这是由独裁向民主转变过程中自然产生的历史现象。

退让是解决夫妻矛盾的最好办法，都逼近一步会天崩地裂，各后退一步会海阔天空。

夫妻双方的矛盾只有用真情和爱才会化解。夫妻关系不能是领导关系，不能是同事关系，只能是朋友关系。

性格暴躁是夫妻战争的策源地。不具有暴躁性格的人，即使夫妻关系危机到分手的程度，也不会大打出手。

夫妻战争不可以祸及孩子，祸及亲友，祸及他人，否则将不可收拾。

夫妻之间，如果以揭短作为进攻的武器时，战争就会升级。

成就大事业，是解决家庭矛盾的良药。

从字画上很清楚，男是七画，女是三画，加在一起是十画；男女成婚，就应实心实意，成就十全十美。

有的说家庭也是股份制，男士要承担七成的责任与义务；也有的说，一生二，二生三，三生万物，三是最大的，其关键是对方的认可才能成立。

夫妻相互扶持才会幸福，相互服气才是夫妻，才有福气。

四、家庭与家教

(一) 家庭的内涵

构成爱情的主要是激情,构成婚姻的主要是品格,构成家庭的主要是责任。

甜蜜爱情是靠倾慕和激情产生的,美满婚姻是靠依恋和信任产生的,幸福家庭是靠奉献和理解产生的。因此恋爱时要有理性,结婚后要有理智,家庭中要有理解。

家庭的纽带是婚姻,婚姻的质量决定家庭生活的质量。

决定爱情质量的,是异性间的激情,是结成终身伴侣的渴望;决定婚姻质量的,是夫妻间的相互倾慕和相互依恋;决定家庭质量的,是家庭的经济功能、生育功能和家庭文化。

恋爱过程决定婚姻质量,婚姻质量决定家庭品质。

不同阶段爱情的表现形式是不同的。恋爱时,爱情表现为激情,没有激情则恋爱不会发生;婚姻二人世界时,爱情表现为友情,只有相敬如宾的夫妇婚姻才会美满;有了孩子组建小家庭后,爱情表现为亲情,只有和睦的家庭才会幸福。

家是一个神奇的故事,它会让你牵肠挂肚,它会让你愁肠百结,它会让你荡气回肠,它也会让你惊心动魄。

家庭是安居乐业的场所,安居利于乐业,乐业需要安居。家是发泄情感的场所,这里有时也有恨,但更多的是爱。家是最自由的空间,也是有严格约束的地方;家像一艘客轮,它会在风暴中驶入避风港湾,也会在风平浪静时触礁。

家是育人的摇篮,它可以产生出推动社会前进的精英,也可以产生出搅乱社会安宁的人渣。

家庭是社会的细胞,细胞的癌变也会损害社会肌体。

进取型家庭以精神需求为主,实惠型家庭以物质需求为主,拜物型家庭也以物质需求为主,但要防止不择手段。

一个家庭的性质取决于在家庭中占主导地位的人。如果夫妻双方的需求基

础和手段很不一致,那就是相互间的道德追求相反,此类家庭不可能和睦,也很难维持。

过分的干预,过分的批评,过分的依赖,都会破坏家庭的和谐。

一个极其自私的人不会有美满的婚姻,更不会有幸福的家庭。

家庭的价值取向应该是奉献而不是索取。只有这样,在社会生活中才能够人人积极进取,在家庭生活中才能够个个关心他人。

家庭的道德观应该是高尚的,这样才能够形成职业道德、社会公德和家庭美德相统一的善良的家庭群体。

研究任何问题都要实事求是,鉴于中国的多数家庭还是传统家庭,尽管社会发展变化很大,但仍应父慈子孝。

家庭文化建设至关重要。高尚的家庭文化会形成高尚的家庭,高尚的家庭也必然具有高尚的家庭文化。

高尚的家庭文化会使家庭幸福,邻里和睦,社会安定。

高尚的家庭文化会塑造出高尚的个体形象,会使每一个家庭成员对社会充满热爱,对人生充满希望,对事业充满激情。

家庭要以美德为主,不要以财富为重,没有美德的家庭即使有财富也不会幸福。

以真、善、美为宗旨的家庭,必然生机盎然;以假、丑、恶为目的的家庭,必然索然无味。

高尚的精神追求,健康的道德修养,会给家庭增加动力,会使夫妻相濡以沫;金钱和物质,玩乐与享受,不会给家庭增添资源,夫妻间也难以风雨同舟。

一个十分困难的家庭却十分和谐,一个十分富有的家庭却非常痛苦,这足以说明促使家庭幸福的动因主要不是物质条件。

健康的体魄是和谐家庭的基础,如果人人都弱不禁风,就会给自己和他人带来烦恼。

父母甘愿为子女付出,却从不言索取;子女全力为父母尽孝,而从不相互攀比,这是人世间最高尚的家庭。

高尚的家庭必然感情融合、互相信任,高尚的家庭必然轻松和谐、欢乐舒畅。

能给家庭带来快乐的人,也一定能给同事带来快乐;能在工作中制造不幸的人,也一定会给家庭制造不幸。

经济地位决定家庭成员地位,为此才要保护儿童,保护没有独立经济能力的妇女和老人。

当一个人陷入绝境的时候，可能失去朋友，可能失去妻子，但父母会始终陪伴你。

在人世间只有父母、子女，是一种不容选择也不能选择的关系。

家庭成员之间要彼此承担义务，只有当每一个人都为他人的幸福而无怨无悔地付出时，才会有家庭的整体幸福。

家庭成员贵在互相尊重、相敬如宾，这样才可能相互交流、融洽相处，才不至于你争我吵、战火纷飞。

家庭成员各有各的工作，各有各的私事，各有各的爱好，各有各的兴趣。只有相互理解、相互支持，而不是相互干预、相互掣肘，才会有家庭美好可言。

家庭成员之间也要成人之美。任何人得到最感兴趣的事物，都会产生最愉快的心境，只要是不损害其他成员的利益，大家都应该互相成全。

家庭中一定要有老人应有的地位，一定要有老人应有的人格和尊严，因为他们是上一个家庭的主宰。老人也要与时俱进，从而减少与后代的差异。

孩子如果是爱情的结晶，那么家庭会充满欢乐；孩子如果仅仅是物种的延续，那么家庭会增加负担。

家庭成员不爱家，甚至到了不愿意迈进家门的地步，这个家已经失去了凝聚力，已经名存实亡，已经濒临破碎。

（二）家庭生活

你小的时候，家境贫困，但却十分快乐，这是因为你的父母好；你老的时候，体弱多病，但也十分快乐，这是因为你的子女好；至于你好不好，那得问问你年幼的孩子和年老的父母。

共度闲暇时光，是家庭生活的重要内容。如果大家都能伏案读书，则这种共度中就包含了独处。如果大家一起游戏，那么在共度中独处就消失了。

生活是全天候的钟表，它周而复始地上班下班吃饭睡觉。家庭是工作之外的钟表，除了吃饭睡觉还有老人孩子。因此，很难找到属于自己独立支配的时间。

会控制男人的女人能创造家庭的幸福，会控制女人的男人会创造家庭的安宁。

与家人和睦相处，与邻里和睦相处，与路人和睦相处，你就是一个和谐的人。

如果没有一个女主人，家就会不像个家。如果没有一个可爱的女主人，家

也会不像个家。

家务事也要有计划，只有有计划才不会做重复劳动或无效劳动，才会有更多的可以自由支配的时间。

家庭要整洁卫生，要营造出一个舒适的环境。但是如果认为一尘不染在家庭中比什么都重要，那么除了一尘不染之外，家中可就什么都没有了。

宽松、舒适、整洁的环境，愉快、平静、安详的气氛，这样的家是谁也待不够的。

生活中只有一种英雄主义，那就是在认清生活的真相之后依然热爱生活。

如果家庭中每个成员的付出都是为了使他人安逸舒适，那么这个家庭就会充满欢乐；如果家庭中每个成员的付出都是为了让他人感激，那么这个家庭就会充满敌意。

平静的家庭会助长伟大的事业，因为只有平静才会持久地工作，只有平静才能不懈地努力。

家庭的气氛应该是民主宽松的。要多表扬少批评，多鼓励少指责，多尊重少轻蔑，多交流少积怨，只有轻松愉快才能产生真正和睦的家庭。

愉快的心情、幸福的感受、满意的生活、乐观的希望和自信的行动统合在一起构成积极心态。这几个方面又是相互影响、相互促进的。

在社会生活中，一个人常常要充任多重社会角色，一个人的各种不同的社会角色，往往会产生角色矛盾或角色冲突。有的人对角色矛盾处理得很好，家庭就和和睦睦；有的人处理得较好，家庭就相安无事；有的人处理得不好，家庭战争就会此起彼伏。

因为家庭中几乎都是小事，所以女主人是否善解人意就十分重要，否则就会出现家庭冲突。

许多家庭主妇面对混乱的房间会训斥孩子，这样做虽然转移了秩序混乱的责任，但是也使人加深了女主人脾气不好的印象。

表面上看，家庭暴力的受害者多是女性，因为女性的肌体力量处于劣势。本质上看家庭暴力的受害者多是男性，因为女性比男性更善于进行心灵伤害。所以说，家庭暴力分为精神暴力和物质暴力两种，物质暴力伤害肉体，精神暴力伤害心灵。可以说，家庭暴力的受害者多是女性，而家庭暴力的挑起者也多是女性。

爱好和兴趣如果协调得好，会使家庭生活丰富多彩；爱好和兴趣如果协调得不好，也会引起家庭纠纷。

（三）家庭与亲邻

要与人为善。与配偶为善，就会有一个好婚姻；与父母、子女为善，就会有一个好家庭；与邻居为善，就可以有一个好的生活空间；与同事为善，就会有一个好的工作环境。

婚姻除了为你提供一个配偶之外，还同时为你提供了许多亲友。为此，不仅要处理好婚姻关系，还要处理好亲友关系。

健康的家庭必然会有一个健康的邻里关系，邻里关系紧张就足以证明这个家庭不健康。

退让是处理邻里关系的法宝之一，互助是处理邻里关系的法宝之二。

（四）家教

良驹若不施以驯服会变成野马，好苗如不注意整修要横生枝杈。

自古贤良惜新秀，种花须知百花异，育人要懂百人心。

第一要关注孩子的身体，没有一个健康的体魄就什么都谈不上了；第二要让孩子学会做人，其他皆在其次。

不可以教育孩子学乖弄巧，不可以溺爱孩子为所欲为，不可以放纵孩子骄横霸道。要教育孩子忠厚诚实，要培养孩子心地善良，要引导孩子平等待人。

自信心是成功之本。目标和目标的不断实现是产生自信心的源泉，独立思考和思考的正确是产生自信心的动力，勇敢精神和顽强意志是产生自信心的保证。为此，孩子的自信心来源于一个又一个小小的成功和对成功的肯定。

自尊心是立身之本，自尊心是与人交往的基石。合群能力是待人之本，合群能力是与人交往的结果。

要引导孩子学会交朋友，学会爱他人，学会讲礼貌。学会交朋友才会有朋友，学会爱他人才会有人爱自己，学会讲礼貌才会受人尊重。

培养孩子的勇敢精神，将来才会不畏惧任何险阻；培养孩子的坚强意志，将来才会经受得住任何挫折；培养孩子的是非观念，将来才会爱憎分明、忠诚质朴。

教育子女是父母的天职。尽管教育的方式和内容可以不同，关键在于教育，关键是不可以放任自流。

要尊重孩子,以培养孩子的自尊心;要关爱孩子,以培养孩子的社会责任感;要激励孩子,以启发孩子的求知欲望;要限制孩子,以使孩子不偏离做人的轨道;要钟爱孩子,以使孩子在安全的环境中成长并充满自信;要鼓励孩子,以使孩子在无拘无束的环境中养成创造的能力。

真正的教育是一种感觉,是一种细节上能够说服对象的能力。

好音乐能够带给普通人,给每一个有着进步和发展需要的人,每一个精神上并不完美的人,当你有了坎坷的经历,经历了不幸,你才知道幸福的可贵,音乐往往以这样的方式给人以感悟,所以音乐的精神是伟大的。

在无知的孩子面前,把自己装扮成神是一种教育的需要。为人父母者都会像神一样没有困难、没有恐惧、没有忧虑、没有烦恼、没有争斗,这样孩子才会有安全感。孩子长大了,要及时地让孩子懂得父母不是万能的,如果继续装,那就不是教育的需要,而是装神弄鬼了。

让孩子真正的成熟,不是被习俗磨去了棱角,变得世故、圆滑而实际,而是独特个性的形成,真实自我的发现,精神上的丰富和圆融。

忠言逆耳利于行,这句话对于成熟的人适用,对于孩子则不是真理。对孩子也要进忠言,但是绝对不能逆耳。

对待孩子在行为上要严格约束,在心理上却要无限宽容。

好孩子是夸出来的。要鼓励孩子的长处,表扬孩子的优点,引导孩子的进步。

孩子不喜欢批评是一种健康羞耻。对孩子按成人要求,对孩子指责、挖苦,孩子就会由知耻转为不知耻。

生活要有规矩,做人也要有规矩,不要今天一个样,明天一个样,高兴时一个样,不高兴时一个样。如果这样为人父母,孩子也难免成为变色龙。

对待子女不可以采取高压政策。高压政策会造就三种人:一是奴才,唯命是从,毫无主见;二是骗子,当面一套,背后一套;三是叛逆,时机成熟,离你而去。

在对子女教育问题上,要想培养人才就要牺牲一定的感情,要想培养感情就要牺牲一定的人才,两者几乎是不可兼得的。目前独生子女之所以很难教育,应该说是情感注入过多的缘故。

要千方百计地培养孩子爱动脑的习惯,爱动脑才会爱动手,爱动脑才会有思想。一个人如果没有头脑、没有思想,那么长了脑袋就只好用来吃饭了。

要让孩子从容易获得快乐的小事开始,慢慢培养主动的精神和积极的情绪,学习养成积极的心态。

要培养孩子的合群意识，一个人不能融入群体之中就会为群体所抛弃。

人人都当过学生，人人也都曾为人子，回忆为人子时父母的哪些行为对你有益，回忆做学生时哪位老师的行为令你敬佩，然后用这些对你有益和令你敬佩的行为去教育你的孩子。

鼓励孩子提问，耐心倾听并认真解答孩子提出的各种问题，但不可以信口开河，也不可以故作高深。

不可以用成人心理对待儿童，那将不是教育而是伤害。

许愿是教育子女的大忌。许愿往往会把目标由正道引入歧途，许愿也会把诚实导向欺骗。

爱是慈爱不是溺爱。慈爱是爱孩子的天真活泼，爱孩子的成长进步；溺爱则是爱孩子的蛮泼刁钻，爱孩子的坑蒙拐骗。

让孩子替自己搪塞，等于教孩子撒谎，不管你是有意还是无意。

上一代关心下一代的成长，这是生物的本能和物种得以延续的条件。世界上最著名的孝子，也比不上一个基本合格的母亲。

养育之恩大于天地，只养不育也会恩断义绝。

父母是孩子的生育者、养育者、教育者，因此父母必须充当亲人、仆人和师长三种社会角色。

婴儿学步尽管艰难，但是希望之所在。幼鸟栖林，尽管飞不远，但必然会鹏程万里。为人父母者不能够代步，不能够代学，更不能够包办子女的一生。

父亲是孩子人生道路的设计师。父亲应该是严格的，父亲也应该是宽厚的，父子关系与朋友关系并非不可兼容。

母亲是孩子的保护神，人与人之间的任何一种爱都达不到母爱的程度。母亲是仁慈的，母亲也是孩子人生的楷模，不然就不是一位合格的母亲。

父母是孩子的第一任教师，教师是孩子的第二任父母。

父母创造了孩子的生命，父母也在创造孩子的命运。

通常，父亲是孩子做人的老师，父亲的品行造就了孩子的品行；母亲是孩子做事的老师，母亲的智慧铸成了孩子的智慧。

父母指责孩子太笨，其实是用三十岁的阅历去衡量三岁的头脑，真正愚蠢的不是孩子而是父母，父母三岁时未必比孩子聪明，孩子三十岁时未必比父母更笨。

教育幼儿是一项特殊的本领，只有不厌其烦而又想方设法才是合格的父母。如果动辄发怒或挖苦孩子低能，这不仅会毁了孩子，而且也暴露了父母的低能。

孩子不仅会继承父母的基因，也会克隆父母的品格。

要教育孩子奉献爱心，首先自己要有爱心。父母对孩子的爱心是宽容、是呵护、是不求回报，父母对社会的爱心是同情、是责任、是无私奉献。有爱心的父母必然培养出有爱心的子女。

怕孩子学坏，于是就背着孩子做坏事，这也算是做家长的一片苦心。殊不知，他们正在精心地培养两面人。

你如果虐待老人，就等于告诉孩子，他们将来可以虐待你。你如果孝敬老人，就等于告诉孩子，他们将来必须孝敬你。

父母的言行不仅会影响到孩子的一生，而且还会波及到孩子的后代。

如果做父母的从来不知道感谢他人，那么就不要想从子女身上获得感谢。

一个人欲得孝子，首先本人必须是孝子，没有孝子何来贤孙？

家长的素质低，孩子的参照模式就低。家长的文化素质低可以理解，而家长的品德素质低就不可以理解了。

学校无小事，事事关育人；家庭无小事，事事关教育。

家庭是人生的第一所学校，所不同的是，学生不能选择学校、校长和老师。

最大的生产力就是最大的消费力，在家庭开销中，教育的投资是最大最有意义的部分。

家庭是孩子萌生创造力的故乡，也是孩子创造童话的梦乡。

留给家庭一份洁净的空间，留给家庭一块洁净的土地，才能留给孩子一个洁净的心灵。

规矩是一定时空条件下的要求，规矩具有相对稳定性。要求孩子守规矩，不是对家长的绝对服从，规矩也不能以父母的喜怒为转移，否则孩子就会在无所适从的情况下养成看眼色行事的陋习。

家庭要成为孩子的庇护所，父母要成为孩子的保护神，孩子才会在没有任何后顾之忧的前提下，全力地进行人生拼搏。

一个健康向上的家庭，是一所真善美的学校，只有这种家庭培养出来的孩子，才可能成为人才。

如果家庭环境是宁静、友好和分享的，孩子就会心境平和、内心美好、慷慨待人并积极探索。如果家庭环境是接纳、关怀、容忍的，孩子就会懂得爱心并且增强坚韧性。

热爱社会、信任社会的家庭必然形成积极向上的家庭优势。一个书香门第的家庭，一个对读书学习感兴趣的家庭，一个充满探讨研究气氛的家庭，会形成重视学习的家庭优势。

家庭应该是父母为子女营造的乐园。

没有道德的家庭是低级趣味的家庭，从低级趣味的家庭中走出来的孩子，很可能会在黄、赌、毒市场中供职。

对社会不信任的家庭是自私的家庭，自私的家庭不可能培养出大公无私的社会人才。

为了达到一己之私利，不惜冒险的家庭是危险家庭，危险家庭出身的孩子往往铤而走险。

只图眼前快乐的家庭是享乐型家庭，享乐型家庭培养出来的孩子的特点是短视。

爱动武的家庭是暴力家庭，暴力家庭出身的孩子或者崇尚武力，或者唯唯诺诺。

如果家庭环境是敌意、嫉妒、猜忌的，孩子就会对抗、自责乃至虚伪。

不重德只重才的家庭，不崇尚知识而崇尚武力的家庭，其子女易走上犯罪道路。

做父母的不要一心想给孩子留下财产。对于成才的孩子，财产没有益处；对于不成才的孩子，财产不但没有益处反而有害。

应该留给子女的首先是品德，只有做好人，才能做好事、做好官。应该留给子女的其次是技能，只有具备安身立命的本领才能够立足于世。

把对人的善良，对知识的兴趣，对社会的责任感，对人生的乐观态度，以及对事业的执着精神留给孩子，这才是人间正道。

留给子女的应该是坚韧不拔的勇气和坚不可摧的信心，而不是巨额财产。

要培养孩子勤劳、节俭、谦虚、上进的习惯，这是孩子一生都受用不尽的财富。

作为长辈，能留给孩子的无价资产是热忱、美德和勇气。

礼貌使有礼貌的人喜悦，也使那些受人以礼貌相待的人们喜悦。礼貌是人类共处的金钥匙。礼貌是儿童与青年应该养成习惯的第一件大事。

作为一个人，对父母要尊敬，对子女要慈爱，对穷亲戚要慷慨，对一切人要有礼貌。

人 生 正 能 量
Positive Energy of Life

树立正确的
世界观

世界观就是人们对于整个世界的根本看法。一般来说，唯物主义和辩证法是进步势力的世界观，对社会发展起着促进作用；唯心主义和形而上学是保守势力的世界观，对社会发展起着阻碍作用。总的来说，辩证唯物主义和历史唯物主义是唯一科学的世界观，是认识世界、适应世界、改造世界的理论武器和科学方法。

社会像一个滚动的球体，不同的人对球体的发展、变化和稳定起着不同的作用。从事科学技术、经济的人们，站在球体的后面，推动着球体的发展。从事思想文化、艺术的人们，站在球体的前面，拉动着球体的变化。从事政治法律、管理的人们，站在球体的上面，制动着球体的稳定。

人的眼睛长在头颅的前面，就是让人要直面现实、直面人生、勇往直前，后退就看不到路，这是客观的。

一、习近平总书记要求

（一）坚持历史唯物主义世界观和方法论

2013年12月3日，中共中央政治局就历史唯物主义基本原理和方法论进行第十一次集体学习。习近平总书记在主持学习时强调：

> 推动全党学习历史唯物主义基本原理和方法论，更好认识国情，更好认识党和国家事业发展大势，更好认识历史发展规律，更加能动地推进各项工作。
>
> 马克思主义哲学深刻揭示了客观世界特别是人类社会发展一般规律，在当今时代依然有着强大生命力，依然是指导我们共产党人前进的强大思想武器。
>
> 历史和现实都表明，只有坚持历史唯物主义，我们才能不断把对中国特色社会主义规律的认识提高到新的水平，不断开辟当代中国马克思主义发展新境界。
>
> 社会存在决定社会意识。我们党现阶段提出和实施的理论和路线方针政策之所以正确，就是因为它们都是以我国现时代的社会存在为基础的。党的十八届三中全会对我国全面深化改革作出了总体部署，是从我国现在的社会存在出发的，即从我国现在的社会物质条件的总和出发的，也就是从我国基本国情和发展要求出发的。
>
> 要学习和掌握社会基本矛盾分析法，深入理解全面深化改革的重要性和紧迫性。只有把生产力和生产关系的矛盾运动同经济基础和上层建筑的矛盾运动结合起来观察，把社会基本矛盾作为一个整体来观察，才能全面把握整个社会的基本面貌和发展方向。坚持和发展中国特色社会主义，必须不断适应社会生产力发展调整生产关系，不断适应经济基础发展完善上层建筑。我们提出进行全面深化改革，就是要适应我国社会基本矛盾运动的变化来推进社会发展。社会基本矛盾总是不断发展的，所以调整生产关系、完善上层建筑需要相应地不断进行下去。改革开放只有进行时、没有完成时，这是历史唯物主义的态度。
>
> 要学习和掌握物质生产是社会生活的基础的观点，准确把握全面深化改革的重大关系。生产力是推动社会进步的最活跃、最革命的要素。社会主义的根本任务是解放和发展社会生产力。在全面深化改革中，我们要坚持发展仍是解决我国所有问题的关键这个重大战略判断，使市场在资源配

置中起决定性作用和更好发挥政府作用,推动我国社会生产力不断向前发展,推动实现物的不断丰富和人的全面发展的统一。物质生产是社会历史发展的决定性因素,但上层建筑也可以反作用于经济基础,生产力和生产关系、经济基础和上层建筑之间有着作用和反作用的现实过程,并不是单线式的简单决定和被决定逻辑。我们提出全面深化改革的方案,是因为要解决我们面临的突出矛盾和问题,仅仅依靠单个领域、单个层次的改革难以奏效,必须加强顶层设计、整体谋划,增强各项改革的关联性、系统性、协同性。只有既解决好生产关系中不适应的问题,又解决好上层建筑中不适应的问题,这样才能产生综合效应。同时,只有紧紧围绕发展这个第一要务来部署各方面改革,以解放和发展社会生产力为改革提供强大牵引,才能更好推动生产关系与生产力、上层建筑与经济基础相适应。

要学习和掌握人民群众是历史创造者的观点,紧紧依靠人民推进改革。要坚持把实现好、维护好、发展好最广大人民根本利益作为推进改革的出发点和落脚点,让发展成果更多、更公平惠及全体人民,唯有如此改革才能大有作为。要处理好尊重客观规律和发挥主观能动性的关系。要坚持一切从实际出发,按照客观规律办事,一张蓝图抓到底,抓好打基础利长远的工作。同时,要鼓励地方、基层、群众大胆探索、先行先试,勇于推进理论和实践创新,不断深化对改革规律的认识。

党的各级领导干部特别是高级干部,要原原本本学习和研读经典著作,努力把马克思主义哲学作为自己的看家本领,坚定理想信念,坚持正确政治方向,提高战略思维能力、综合决策能力、驾驭全局能力,团结带领人民不断书写改革开放历史新篇章。(《人民日报》2013年12月5日)

(二)坚持辩证唯物主义世界观和方法论

2015年1月23日,中共中央政治局就辩证唯物主义基本原理和方法论进行第二十次集体学习。习近平总书记指出:

> 辩证唯物主义是中国共产党人的世界观和方法论,我们党要团结带领人民协调推进全面建成小康社会、全面深化改革、全面依法治国、全面从严治党,实现"两个一百年"奋斗目标、实现中华民族伟大复兴的中国梦,必须不断接受马克思主义哲学智慧的滋养,更加自觉地坚持和运用辩证唯

物主义世界观和方法论，增强辩证思维、战略思维能力，努力提高解决我国改革发展基本问题的本领。

要学习掌握世界统一于物质、物质决定意识的原理，坚持从客观实际出发制定政策、推动工作。当代中国最大的客观实际，就是我国仍处于并将长期处于社会主义初级阶段，这是我们认识当下、规划未来、制定政策、推进事业的客观基点，不能脱离这个基点。既要看到社会主义初级阶段基本国情没有变，也要看到我国经济社会发展每个阶段呈现出来的新特点。

准确把握我国不同发展阶段的新变化、新特点，使主观世界更好符合客观实际，按照实际决定工作方针，这是我们必须牢牢记住的工作方法。辩证唯物主义并不否认意识对物质的反作用，而是认为这种反作用有时是十分巨大的。我们党始终把思想建设放在党的建设第一位，强调"革命理想高于天"，就是精神变物质、物质变精神的辩证法。我们必须毫不放松理想信念教育、思想道德建设、意识形态工作，大力培育和弘扬社会主义核心价值观，用富有时代气息的中国精神凝聚中国力量。

要学习掌握事物矛盾运动的基本原理，不断强化问题意识，积极面对和化解前进中遇到的矛盾。问题是事物矛盾的表现形式，我们强调增强问题意识、坚持问题导向，就是承认矛盾的普遍性、客观性，要善于把认识和化解矛盾作为打开工作局面的突破口。我们党领导人民干革命、搞建设、抓改革，从来都是为了解决中国的现实问题。对待矛盾的正确态度，应该是直面矛盾，并运用矛盾相辅相成的特性，在解决矛盾的过程中推动事物发展。我们强调不能简单以国内生产总值增长率论英雄，提出加快转变经济发展方式、调整经济结构，提出化解产能过剩，提出加强生态文明建设等等，都是针对一些牵动面广、耦合性强的深层次矛盾的。

面对复杂形势和繁重任务，首先要有全局观，对各种矛盾做到心中有数，同时又要优先解决主要矛盾和矛盾的主要方面，以此带动其他矛盾的解决。我们提出要协调推进全面建成小康社会、全面深化改革、全面依法治国、全面从严治党，是当前党和国家事业发展中必须解决好的主要矛盾。我们既要注重总体谋划，又要注重牵住"牛鼻子"。在任何工作中，我们既要讲两点论，又要讲重点论；没有主次，不加区别，眉毛胡子一把抓，是做不好工作的。

要学习掌握唯物辩证法的根本方法，不断增强辩证思维能力，提高驾驭复杂局面、处理复杂问题的本领。我们的事业越是向纵深发展，就越要不断增强辩证思维能力。

要反对形而上学的思想方法，看形势做工作不能盲人摸象、坐井观天、揠苗助长、削足适履、画蛇添足……要加强调查研究，坚持发展地而不是静止地、全面地而不是片面地、系统地而不是零散地、普遍联系地而不是单一孤立地观察事物，准确把握客观实际，真正掌握规律，妥善处理各种重大关系。

要学习掌握认识和实践辩证关系的原理，坚持实践第一的观点，不断推进实践基础上的理论创新。我们推进各项工作，要靠实践出真知。理论必须同实践相统一。必须高度重视理论的作用，增强理论自信和战略定力，对经过反复实践和比较得出的正确理论，要坚定不移地坚持。要根据时代变化和实践发展，不断深化认识，不断总结经验，不断实现理论创新和实践创新良性互动，在这种统一和互动中发展 21 世纪中国的马克思主义。（《人民日报》2015 年 1 月 25 日）

（三）七一讲话和"两学一做"相关要求

2016 年 7 月 1 日，习近平总书记在中国共产党成立 95 周年大会上发表重要讲话，同时结合"两学一做"教育实践活动,对世界观相关内容提出新的要求。在七一讲话里，习近平总书记指出：

时代是思想之母，实践是理论之源。实践发展永无止境，我们认识真理、进行理论创新就永无止境。今天，时代变化和我国发展的广度和深度远远超出了马克思主义经典作家的想象。同时，我国社会主义只有几十年实践、还处在初级阶段，事业越发展，新情况、新问题就越多，也就越需要我们在实践上大胆探索、在理论上不断突破。

理论上不彻底，就难以服人。我们要以更加宽阔的眼界审视马克思主义在当代发展的现实基础和实践需要，坚持问题导向，坚持以我们正在做的事情为中心，聆听时代声音，更加深入地推动马克思主义同当代中国发展的具体实际相结合，不断开辟 21 世纪马克思主义发展新境界，让当代中国马克思主义放射出更加灿烂的真理光芒。

方向决定道路,道路决定命运。中国特色社会主义不是天上掉下来的，是党和人民历尽千辛万苦、付出巨大代价取得的根本成就。中国特色社会主义,既是我们不断推进的伟大事业，又是开辟未来文明的根本保证。(《人民日报》2016 年 7 月 2 日）

二、物质与精神

（一）认识世界

　　世界有大、中、小。大世界指宇宙；中世界指地球所有地方；小世界指人类活动的某一方面或某一小部分，如科学世界、两人世界等。世界就是指自然界、社会和人的生活、思维等一切内容。

　　世界的本原是物质，物质决定意识，意识是物质的反映。意识对物质具有能动作用，人能够能动地认识世界，也能能动地改造世界。正确的意识促进客观事物的发展，错误的意识阻碍客观事物发展。意识对人的生理活动具有调节和控制作用，高昂的精神能催人向上，使人奋进。

　　事物的运动变化是有规律的，不以人的意志为转移，既不能被创造，也不能被消灭。规律是普遍的，事物在运动变化发展过程中都遵循其固有的规律。

　　在客观规律面前，人不是无能为力的。人可以发挥主观能动性，在认识和把握规律的基础上，根据规律发生作用的条件和形式利用规律，改造客观世界，造福于人类。

　　生命的载体在于肉体，而生命的内涵却在于精神。

　　人的生活有三种境界：一是物质的境界，大致在衣食住行的层面；二是精神的境界，主要指文学艺术等雅致和情趣；三是灵魂的境界，那就是有信仰，有理想，有终极关怀，有博大情怀。

　　人总是要有精神寄托的，没有任何精神寄托的人不能称作是一个正常的人。

　　物质方面贫穷的人不等于精神方面也贫穷，只有当两个方面都贫穷时，那才是一个真正的穷人。

　　人所面对的世界分成两个部分，可见的和不可见的，以及可说的和不可说的。人生就是接近世界，感受世界，体验世界，融入世界。

　　人是物质与精神的结合体，单纯追求丰富的物质生活就偏离了人生，重要的是精神的追求。清泉可以解饥渴，茅屋两三间也可以生活，人关键的是自己心性的提升而不是欲望的膨胀。生活是灵魂上的化鲤为龙，精神上的破茧成蝶，品德上的超越与新生。

　　人内心的心灵培养、心境提升、对事物的价值判断是最重要的，没有高的

境界，你看世界都是混乱的，对你、对他、对集体往往都是不利的。

每一个学科都有它的意义，都给予了我们一些看问题的方式。一个人有更多的看问题的方式，就可能活得更好，活得更加的自如。

无论中国哲学史还是西方哲学史，每一位哲学家、每一种思潮，都有它深刻的片面，也凸显了真理的一面，然后它还要回到肤浅的全面，最后要回到深刻的全面。

一个建筑里面按标准施工，按要求放钢筋、水泥，这些材料是物质文明，同时又是精神文明，还涉及哲学、伦理、政治、美学等。

在暮春的风雨中花瓣纷纷落下，这是外因的作用；即使没有春残时的风雨，花瓣也会落下，只是不会纷纷，这是内因的作用。

沉默与寂静都不是真正意义上的无声，就像零也是数量一样。沉默是社会的零音阶，寂静是自然的零音阶。确切地懂得零音阶的涵义，比懂得零数量的意义更大。

任何事物都是相比较而存在，相斗争而发展的。没有富裕就没有贫穷，没有快乐就没有忧伤，没有幸福就没有痛苦，没有成功就没有失败。

真与假、善与恶、美与丑以及伟大与渺小、坚强与怯懦、聪明与愚蠢等等，都是对立的统一，都是相对的概念，世间不存在任何绝对的东西。

既然"祸兮，福之所倚，福兮，祸之所伏"，那么得意时就不要忘形，失意时就不要气馁。

世界是不断发展变化的，古往今来、天地四方、万事万物概莫能外，唯一不变的就是变化。

世间事物都具有两重性。"子生而母危，镪积而盗窥。"高兴的后面就是烦恼，苦难的前面就是幸福。

冷极生热，热极生冷。一旦冷成了时尚，那就要往热处思考；一旦热成为潮流，那就要向冷处着眼。悲极生乐，乐极生悲是同一个道理。

涂红不一定都是在美化，比如处决犯人的布告；抹黑也不一定都是在丑化，比如女性描眉；白与清结合叫清白，与事结合成了白事；绿色好，如放在男士头上就是大忌；黄与赌毒连在一起就出大事了，但黄金又是人们非常珍惜的。任何事物都有着形式与内容、现象与本质的区别。

矛盾总是客观存在的，我们只能正视矛盾，而不能回避矛盾。矛盾会随着努力而化解，不会因为回避而消失。遇到矛盾就回避的人，永远也不会成熟，更谈不上成功。

事物是普遍联系的，整个世界就是一个普遍联系的有机整体。要坚持用联系的观点看问题，切忌不要以形而上学、孤立的观点看问题。

联系是事物本身固有的，不以人的意志为转移，具有客观性和多样性。要从事物固有的联系中把握事物，切忌主观随意性。也可以根据事物固有的联系改变事物的状态，调整原有的联系，建立新的联系。

要注意分析和把握事物存在和发展的各种条件，一切以时间、地点、条件为转移，既要注重客观条件，又要恰当运用主观条件；既要把握内部条件，又要关注外部条件；既要认识有利条件，又要重视不利条件。

要辩证地理解整体和部分的关系。整体和部分既相互区别（整体处于主导地位，整体统率着部分），又相互联系、密不可分（关键部分的功能及其变化甚至对整体的功能起决定作用）。这就要求人们树立全局观念，立足整体，统筹全局，选择最佳方案，实现整体的最优目标，从而达到整体功能大于部分功能之和的理想效果；同时必须重视部分的作用，搞好局部，用局部的发展推动整体的发展。

要用综合的思维方式来认识事物，掌握系统优化方法，着眼于事物的整体性；遵循系统内部结构的有序性，注重优化趋向。

事物是变化发展的，发展是事物前进和上升，是新事物代替旧事物的过程。为此，应坚持用发展的观点观察和分析问题。

事物发展的过程是前进性与曲折性的辩证统一。事物发展的方向是前进的、上升的，发展的道路是曲折的、迂回的。

事物的发展是量变和质变的统一。事物的发展总是从量变开始的，量变是质变的前提和必要准备，质变是量变的必然结果。质变又为新的量变开辟道路，使事物在质变的基础上开始新的量变，如此循环往复，不断前进。

矛盾是事物发展的源泉和动力，矛盾双方既对立又统一，推动着事物的运动、变化和发展。因此，要坚持用对立统一的观点看问题，在对立中把握统一，在统一中把握对立。

矛盾具有普遍性，矛盾存在于一切事物中，并贯穿于事物发展的始终，即事事有矛盾、时时有矛盾。因此，要承认矛盾，分析矛盾，勇于揭露矛盾，积极寻找正确的方法解决矛盾。要坚持全面的观点，防止片面性。

矛盾具有特殊性，矛盾着的事物及其每一个侧面各有其特点。表现在：一是不同事物有不同的矛盾，构成了区别于其他事物的特殊本质；二是同一事物在发展的不同过程和不同阶段上有不同的矛盾；三是同一事物中的不同矛盾、同一矛盾的两个不同方面各有其特殊性。因此，想问题、办事情要坚持具体问

题具体分析。

矛盾普遍性与矛盾特殊性是辩证统一的，是共性和个性、一般和个别的关系，二者相互联结。普遍性寓于特殊性中，通过特殊性表现出来，没有特殊性就没有普遍性；特殊性也离不开普遍性。

在复杂事物发展过程中，主要矛盾在事物发展过程中处于支配地位、对事物的发展起决定作用；主要矛盾和次要矛盾是相互依赖、相互影响的，在一定条件下可以相互转化。因此，既要善于抓住重点，要抓住主要矛盾，又要学会统筹兼顾，不能忽视次要矛盾。

事物的性质主要是由主要矛盾的主要方面决定的；矛盾的主要方面和次要方面既相互排斥，又相互依赖，在一定条件下可以相互转化。

辩证的否定，是事物自身的否定，即自己否定自己、发展自己。它不是简单地肯定一切，也不是简单地否定一切，是既肯定又否定，既克服又保留，克服的是旧事物中过时的、消极的内容，保留的是旧事物中积极、合理的因素。辩证否定的实质就是"扬弃"。因此，辩证法要求人们密切关注变化发展着的实际，敢于突破与实际不相符的成规陈说，敢于破除落后的思想观念；注重研究新情况，善于提出新问题，敢于寻找新思路、确立新观念、开拓新境界。

只有清楚地了解自己的内心，才能够找到最基本的出发点，才能够去善待他人。

世界万物，千差万别，站在不同角度，看到的事物就会完全不同。如果仅仅站在自己的角度，以自己的方式，去看或推断所有事物，就会产生巨大的偏差，这是人们难以正确认识自己的第一个障碍。

不要认为只有牛羊看见花草是饲料，其实也有不少人把鲜花看成饲草的时候多，看成鲜花的时候少。

实践和认识是辩证统一的关系。一方面，实践是认识的基础，实践决定认识。具体表现在：实践是认识的来源；实践是认识发展的动力；实践是检验认识真理性的唯一标准；实践是认识的目的和归宿。另一方面，认识对实践具有反作用。正确的认识推动实践的发展，科学的理论对实践有推动作用。因此，要坚持实践第一的观点，积极参加实践活动，坚持理论与实践相结合；另一方面，形成正确的认识，发挥科学理论对实践的指导作用。

认识具有反复性和无限性、上升性。认识受到各种条件的制约，人们对一个事物的正确认识要经过从实践到认识，再从认识到实践的反复多次才能完成；人类认识是无限发展的，追求真理是一个永无止境的过程。这就要求人们要与时俱进，开拓创新，坚持在实践中认识和发现真理，在实践中检验和发展真理。

真理是客观的，是标志主观和客观相符合的哲学范畴，是人们对客观事物及其规律的正确反映。

真理是有条件的、具体的。任何真理都有自己适用的条件和范围；任何真理都是相对于特定的过程来说的，都是主观与客观、理论与实践的具体的历史的统一。

社会存在决定社会意识，社会意识是社会存在的反映。先进的社会意识能预见社会发展的方向和趋势，对社会存在的发展起积极的推动作用；落后的社会意识对社会存在的发展有阻碍作用。

要正确认识社会发展的基本规律，即生产力决定生产关系，生产关系对生产力具有反作用。经济基础决定上层建筑，上层建筑对经济基础具有反作用。

人类能够获得的真正自由，并不是无拘无束，而是在对客观事物规律性认识的基础上的正确行为。

讲实话不等于怎么想就怎么说，做实事也不等于怎么说就怎么做。因为只有依托真理的话才能叫做实话，只有符合规律的事才能叫做实事。

人民群众是社会历史的主体，是历史的创造者，是物质财富的创造者、精神财富的创造者、社会变革的决定力量。要坚持群众观点和群众路线，把实现好、维护好、发展好最广大人民的根本利益作为一切工作的根本出发点。

（二）时间规律

时间是个常数，也是个变数，如果在单位时间内获得了最大的收获，那就等于延长了时间；如果在单位时间内一无所获，那就等于缩短了时间。

"时间好似河中水，流去不流回。"时间只顾自己前行，从不停滞，从不后退，不论人们对它持什么样的态度。

潮起潮落，潮水还会再来；昨夜今晨，时间永离而去。

对于不珍惜时间的人，时间总是缓慢等待；对于特别珍惜时间的人，时间反而加速前行。

时间使一些人变得更加聪明，也使一些人变得更加愚蠢；时间使一些人变得更加成熟，也使一些人变得更加单纯。

时间是历史的见证人。不论多么悠久的往事，时间都知道它的起点；不论多么漫长的过程，时间都知道它的结局。

随着时间的推移，朋友之间的情感会逐渐加深；随着时间的推移，敌我之间的仇恨会逐渐淡漠。这是时间老人所具有的特殊功能。

精神创伤，心灵创伤，无医可治，唯一可以使其平复的就是时间。

每一天，人与人之间可能出现小小的差距；每一年，人与人之间就会出现较大的差距；时间一久，人与人之间就拉开了距离。

赢得时间的人是聪明的人，等待时间的人是愚蠢的人，珍惜时间的人是勤奋的人；荒废时间的人是懒惰的人。

时间顺流而下，人生却不可顺流而下；时间不会逆流而上，人生却要逆流而上。

要有意义地安排一天的时间，这样既主宰了自己，又充实了生活。

在田径竞技场上，跑得快与跑得慢的人之间的差距并不大，因为人人都全神贯注。在生活竞技场上，跑得快与跑得慢的人之间的差距可就大了，因为时间可以铸就结果。

只有不让一日闲过、不让一时闲过、争分夺秒的人，才谈得上没有虚度人生。

一些人让时间白白地流逝了，以至于默默无闻地虚度了一生；一些人把时间紧紧地抓住了，于是轰轰烈烈地成就了一番事业。

心灵由混沌状态到清净境界，再回归混沌状态；生命由生于自然到超于自然，再回归自然；都是一种否定之否定的发展态势，也都是时间沉淀的结果。

世间万物都有盛有衰，都有显赫一时的时候，也都有默默无闻的时候，有所区别的，只是程度不同而已。

世界上最快而又最慢、最长而又最短、最平凡而又最珍贵、最容易被人忽视而又最令人后悔的就是时间。

热爱生命就别浪费时间，因为时间是组成生命的原料。节约时间，也就是使一个人有限的生命更加有效，也即等于延长了人的生命。

时间最不偏私，给任何人都是 24 小时；时间也最偏私，给任何人都不是 24 小时。趁年轻少壮去探索吧，它将弥补由于年老而带来的亏损。

最伟大、最正确、最天才的是时间；放弃时间的人，时间也会放弃他；志士惜日短，愁人知夜长。时间有虚实长短，全看你赋予它的内容。

（三）新陈代谢

生存的问题，生活的问题，生命的问题，生死的问题，人生就是这四个问题，需要我们思考和解决。

任何事物都有一个由新生至巅峰到消亡的过程，作为过程中的一个相对静止阶段，即使是处于巅峰时期也不要颠狂，因为消亡会随之而至。

新生的东西挣扎着，为的是茁壮成长；陈旧的东西也挣扎着，为的是逃避灭亡。

一切事物在发展过程中，都会是不完善的，发展就是为了完善。当事物已经完善了，也就开始走向衰亡了。

新生事物成长壮大之后，必然要逐步走向自己的反面，开始转化为陈旧事物。于是更新的事物又会萌生，更新的事物必将是未来世界的主宰。

只要认准了是新的东西，只要确定了是具有生命力的东西，就要义无反顾，不论遭遇多少次失败，也要坚持到底。

头脑不可以固执，思想不可以僵化，只有在不断接收新东西的同时，才会保持一种和谐的完美。

我们在日常生活中发生的一个思想变化，重要的不是结果，而是参与的过程，这恰恰是一种现代思想，甚至是一种接近后现代的思想。

从新生的思想到新生的事物，中间总是隔着重重险阻。然而，有那么一类人，他们就是为了攻克这重重险阻而到人世间来的，这就是巨人。

一个人的灵魂如果由魔鬼来主宰，这个人就会变成魔鬼；一个人的灵魂如果由天使来主宰，这个人就会变成天使。

身处地狱般的环境，也有人会有天堂般的思想；身处天堂般的环境，也有人会有地狱般的灵魂。

人只能通过自身的努力去创造幸福，如果有不努力就可以获得幸福的途径，那么这条路恐怕早就被神仙们挤满了，谁还顾得上你这个信徒？

心理学研究认为，幸福是一种心境，是希望得到满足的状态，是一种持续时间比较长、对生活感到满足并感到生活的乐趣，而自然而然地希望持续久远的心情。

如果人生是命中注定，那么不用说奋斗，就连修行也没有必要了。

要抚平各种心灵的创伤，只能靠自己，而不能寄希望于任何救世主。

第一辆火车、第一辆汽车、第一架飞机、第一台计算机，今天看来都是那么笨拙和丑陋，然而它们新生时，却是何等的壮美。

没有一个母亲不为孩子迈出的笨拙的第一步而万分惊喜，因为这是孩子成长过程中的一次飞跃。

三、认知社会

（一）社会发展

科技是一种力量，而人文是一种方向。所以科技不能离开人文，没有人文哲学作指导，科学越发达，偏离方向的可能也就越大，对于社会、对于人类的危害可能也就越大。

人跟这个世界的隔离是非常深的，但我们自己不觉得。我们在闹哄哄、喧嚷嚷的世界中，眼中是一层一层的障碍。人类社会的进步依赖于社会认知的完善。如何以科学、理性、平和、善良的角度分析人类社会的问题很重要。要有远见，即透过迷乱的现实看到未来世界的模样。

每个人都有自己的一种活法，关键是你怎么样思考世界，你的眼光是什么样，世界就有什么样的色彩；而你有什么样的一种思维方式，世界对你来说就呈现出什么样的意义。

社会经济生活的本质要求是物质生活富裕和社会分配公平。在社会经济领域，人们永恒的追求是自身能力的扩展。

任何一种经济模式都是利与弊的统一体，任何一种经济模式都要适应本国的经济状况，任何人的经营行为都应符合经营规则。只有这样，经济发展才有希望，国家才有希望。否则不是冒进就是落后，冒进和落后都会阻碍经济发展。

随着科学技术的发展，知识分子越来越成为生产者的主体，科学技术越来越成为生产力的主体。

实践证明，市场经济更适应工业经济，但在实施市场经济的同时，也要有计划调控。

任何经济体制都是收益和损益并存的体制，选择经济体制只是选择收益面大、损益面小的体制。

社会主义的分配原则应该是按贡献分配加按需要分配。前者会激励创新精神，后者会体现社会公平。目前国际上通行的社会保障机制就是按需分配的有益尝试。

人类社会经历了自然经济、农业经济和工业经济三个时代，并将向知识经济时代推进。

农业经济结束了共同劳动，产生了奴隶劳动；工业经济结束了奴隶劳动，产生了雇佣劳动；知识经济将结束雇佣劳动，产生自主劳动。

在农业经济基础上产生了封建大帝国，在工业经济基础上出现了日不落帝国，在知识经济基础上将产生地球村或地球国。

没有民主的秩序是压迫，没有秩序的民主会动乱。

民主制度的实质是制约公共权力，由于权力的支配力有无限扩张的倾向，所以公共权力必须受到制约，必须避免滥用权力。

社会政治生活的本质要求是社会生活民主和社会秩序优良。

不论在什么地方，如果社会造就了过多的贪婪者，那么社会就已经变成了赌场。

人的大脑空间总是有限的，如果让那些杂七杂八的东西充斥了头脑，那么就没有多少真理可以占据的空间了。

社会文化生活的本质要求是精神生活的自由和社会文明的提高。没有自由的文明是专制，没有文明的自由是放纵。

要面向世界发展我们的文化，第一应该开放，第二应该多元，更难得的，作为我们民族的载体，我们要发挥力量，增强自我反思和自我批判的能力。

不应该把所有问题的责任都算在中国文化的头上，也不要把传统和现代绝对对立起来，应该以批判继承、兼容并包的方式发掘中国文化的内在价值，在中国现代文化中发挥积极的作用。

重要的不是看这个社会有多少英雄，多少圣徒，而是看整个社会的和谐氛围。

我们既有责任和义务保护、传承文化，我们还有一种理想，为未来的人类创造未来的文化。只有在未来引领世界的时候，我们的文化才能发扬光大。

儒家希望我们每个人都能够保持赤子之心。所谓赤子之心就是一个人刚出生的状态，那时候最天真、最真实。

如果你手中握有一个由偏见组成的魔方，那么不论你做出多少种组合，也不会产生出正确的思想。

个人主义思想在一定程度上有利于促进社会竞争，在一定程度上推动社会的进步；集体主义思想有利于促进社会协调，从而保证社会的安定。所以，一个组织，既要讲不为名利，又要讲按劳分配；既要提倡公而忘私，又要实行多劳多得；既要讲吃亏光荣，又要讲勤劳致富光荣；既要讲互助友爱，又要讲公平竞争；既要关注社会效益，又要注重自身利益。

任何思想都是不能用暴力来扼杀的,然而历史上却不乏扼杀思想的人和事。

如果说思想就是蓝图,那么不能变成现实的蓝图就是一张废纸。

世间真正能够启迪人们心灵的不是佛像、神像,而是能够照亮人心的思想。

雄伟的山峰不会只藏着一种宝藏,美丽的花朵不会散发出同样的芳香,人类的思想也会有多种存在形式。

修身、齐家、治国、平天下。要以修身为基础,而修身又要从人的思想转变开始。

人的思想,可以超越时空,却不可以超越真善美。无辨别真假、善恶、美丑之能,这不是中庸,而是糊涂。

去掉肌体上的毒瘤比较容易,去掉思想上的毒瘤却要困难得多。

独到的见解,来自于对周围环境中不同事物的相似之处和同一事物重复出现的关注和思考。

能产生火花的独到见解可贵,具有这种思想品质的人更可贵。提出任何一个新的课题,都是有思想的人的行为,都是思想的成果。

说好就毫无不足,说坏就一无是处,持有这种思维方式,对人、对己、对事业、对家庭、对社会、对国家都会有害无益。

当吃饭问题是最重要的问题时,个人主义必然在社会上占主导地位,不论什么样的圣人都动摇不了这个绝大多数人的生存基点。

要善于用发散性思维思考问题,如果对事物发展变化的各种可能性都能预见到,那么不论发生了什么事都会处变不惊。

教育的真正目的是要把前人的经验教训告诉后人。在所有的经验中,创新能力最为可贵;在所有的教训中,生存能力最为重要。

教育作为一种社会现象,它不会孤立存在,它要受到社会经济、政治乃至文化的制约,并反过来为它们服务。

任何智者都是从愚昧的群体中爬出来的,从愚昧的群体中爬出来的智者越多,社会就越有希望。而愚昧群体的逐渐减少,靠的就是教育。

一个人读过多少本书并不重要,一个教师教过多少年学也不重要;学生自身学会学习,教师引导学生学会学习,这才是教学环节中最为重要的。

学生愿不愿意学习,是问题的一个方面;学生会不会学习,是问题的另一个更为重要的方面。

在学生中,有的侧重于文,有的侧重于理。学文的情感丰富,但生活并非时时五光十色;学理的理性至上,但生活不会处处按部就班。

教师感情最深的，往往不是那些在学校里表现最好的学生。这个问题的症结在于：什么样的学生才是好学生？它涉及评价人的标准和培养人的方向。

现代的人就是千古的人，现代的历史就是千古历史的沉淀。

社会生产力发展水平决定一切，包括物质生活和精神生活，包括物质文明和精神文明，包括民主、自由和管理方式以及其他。

社会发展之路像九曲黄河，有时向南，有时向北，甚至有时向西，但毕竟要滚滚东流去。

翻开波澜壮阔的历史画卷，在血雨腥风中找出人类社会的必经之路，然后再朝向它发展的方向。

社会是在不断发展进步的。只有那些不断学习，不断提高，不断进取，又不断成功的人，才能成为社会的主宰。

改革之所以会步履艰难，在于它必将触动一批既得利益者，而这批人手中正握有实权。

即使是符合历史潮流的改革，也必须源于主政者的意志，否则就不会成功。

千秋功过，我们不能完全用今天的标准去评说。

国家、民族、群体、个人都有自己的历史和历史的延续。正视历史就是对曾经创造过那段历史的人们进行公正的评价。

人生活在现实之中，谁都不能够逃离现实。思想逃离了，肌体会受到摧残；肌体逃离了，灵魂会受到虐待。

摆在人们面前的现实是真真假假、虚虚实实的混合体。因此，必须学会透过现象抓住本质，不然你就不会有一个清醒的头脑。要学会面对现实，不管现实对你有利还是不利、愉悦还是痛苦。

人不能只是在回忆中生活，人也不能只是在幻想中生活，人要在现实中生活。因此，不论这个现实对你有利还是不利，理想还是不理想，你都要正视它。

人们喜欢对已经发生的事做出许多假设，人们也喜欢对未曾发生的事抱有许多希望。要知道，客观事物就是客观地存在着、发展着、变化着，太多的假设、太多的希望，都会使你活得不愉快。

（二）环境变化

不要用强烈占有物质的欲望去看待这个世界，而是要与这个世界相契合、相连接、相悠游。

已经流行开来的行为，只要不危及社会，就让它继续流行开去。流行的结果，要么汇入历史的长河之中，要么流行一阵子也就作罢。

人生在世，如果像浮萍之于流水，就不会创造出生命的意义。只有不为不断变换的潮流所动，才可能造就生命的辉煌。

生活像大海，人像大海里的船，既要随波逐流，又要奋斗不止。随波逐流是要适应环境，只有奋斗不止，才能不断提高我们自身的生存能力。

把握住社会潮流的总体趋势，在不迷失方向的前提下，要适度顺应潮流的曲折，以免被淘汰出局。从这个意义上说，个人在社会上、在群体中的命运是由自己主宰的。

天空是静寂的，大地是喧嚣的。人们就生活在这喧嚣的世界上，没有喧嚣，世界是不会更加美好的。理智的人们会告诉你，千万不要讨厌这喧嚣的世界，正是这种喧嚣才编织了多彩的人生。

首先是适应环境，适应多数人遵循的准则，以求生存；然后才是改造环境，创立起自己的行为准则，以求发展。

适应环境又超越环境，才可能走出自己的路。不能适应环境就无法超越，不能超越环境就无法创新。

不要妄想世界、社会、群体、他人会按照自己的意志行事。反之，自己的认识要符合客观事物的规律性，自己的意识要符合社会发展的方向，自己的利益要符合群体的需要，自己的行为要顾及他人的感受。

进入到一个陌生的环境，人们都有一个适应的过程。如果对新环境能够适应，那就会满腔热情，如果对新环境不能够适应那就会悲观失望。任何人都生存在具体的客观环境之中，谁都不可能完全摆脱、驾驭或改变客观环境。既然如此，就应该以平和的心态对待环境中的不利因素，就应该以感激的心情对待环境中的有利因素。

"入芝兰之室，久而不闻其香；入鲍鱼之肆，久而不闻其臭。"一个人如果对自己生存空间的感知达到如此地步，说明其思想已经僵化了，因此也就谈不上知人者智、自知者明。为此，每个人对自己赖以生存的环境，都要学会跳出圈子之外来观察和思考，这样才不至于夜郎自大、固步自封。

对于不可避免的现实，只能顺应不能抗拒，要在顺应中去寻找新的出路，抗拒只能够增添新的困难。

假如你的生存环境不利于发挥你的优势，那么就换一个适应的环境。一般情况下，不要为了适应环境而放弃你的优势，否则你就难以成功。

人们不能离开环境孤立生存，但是人们可以利用自己的优势驾驭环境。

我们的生存环境像一条大河，有平缓也有激流险滩，有开阔也有瀑布飞泉。只有能够驾驭各种环境的人，生活才会更加美好。

不了解环境，不把事物的来龙去脉搞清楚，不对周围的情况了如指掌，就不能做事，也做不好事。

一个时期社会上会滋生一个热点，谁要是随波逐流并乐此不疲，谁将会一事无成。

要想成就事业，天时、地利、人和三项条件缺一不可。天时是客观规律条件，地利是物质环境条件，人和是人际关系条件。

人可以改变环境，环境也可以改变人；只有十分艰难的环境，才会造就十分卓越的人才。

一个人之所以成为他那样的而不是别样的人，取决于他生长的家庭环境和社会环境。

对于同一个事物，不同的人从不同的角度观察会得出不同的结论；对于同一个人，用同一个标准去思考，在不同的环境中也会有不同的感受。

世界是美好的。世界之所以美好，就在于它充满了矛盾。如果一切都天遂人愿，那么这个世界可能就不那么美好了。

世间种种难以克服的困难，世间种种极不公平和极不合理的现象，都能成为促使风云人物成长的特殊生存空间。

当你身处顺境，一帆风顺，事业有成时，一定要防患于未然，因为大意会失荆州；当你身处逆境，困难重重，举步维艰时，一定要充满自信，因为有志者事竟成；当你身处绝境，四面楚歌，行将败北时，一定要心态平和，因为"留得青山在，不怕没柴烧"。

环境顺利时，不要骄傲，因为逆境有可能随时光顾；环境困难时，不要烦恼，因为顺境也会随之而来。

逆境中有希望，是因为只要不怕困难，克服困难，逆境就会变为顺境。顺境中有危险，是因为胜利了就容易头脑发热，就容易忘乎所以，就容易变顺境为逆境。

当你身处逆境时，要学会换位思考：假如自己不是局内人，而是局外人，会如何面对眼前的逆境？这样就可能产生更多更好的办法。积极是一种力量，它能改善我们的生活。

逆境是生活的组成部分，没有人可以把它从生活中剔除掉。为此，当你身

处逆境时，要积极思考、吸取教训、改变方向、继续努力，切不可怨天尤人。

当你身处逆境时，要学会做退一万步的思考：假如你为此轻生，他人会怎样？人群会怎样？生活会怎样？社会又会怎样？

真正危险的是身处险境的人，真正为危险而担心的却是身处险境之外的人。

身处险境又不能脱身的人，本身倒会处之泰然，因为他们已经没有任何心思再去想那些与险境无关的事了。而险境之外的人们，却个个提心吊胆，只有他们才会一门心思地关注着危险。

任何生存环境都不会只有快乐没有忧伤。要学会适应，要学会改变，甚至要学会忍耐，这才是对待工作、对待生活的最好办法。

环境的难易程度，会随着人们的信心程度、能力程度和努力程度而增减。

生活中总会遇到顺心的事和不顺心的事，如果你能够把心情调整到顺心的事情上，你就会愉快；如果你总是把心思放到不顺心的事情上，你就会苦恼。

自身力所能及的事谁都不会担心，自身力所不能及的事担心也没有用。所以，只要自己不再去担心那些担心也没有用的事，那么担心也就不会存在了。

人们在一生中总会遇到困境、逆境、险境乃至绝境。智慧的人可以寻找到环境转化的条件，可以预测到环境转化的结果；愚昧的人只有等到环境转化之后，才会看到希望；怯懦的人可能不等到环境转化，自身就先行转化了。

要接受现实，哪怕是最坏的状况。然后要找出造成现实的原因，并努力去改变现实状况，这是对待突发性不良事件的最理智的选择。

当你身处不可克服的逆境时，只有一条路可走，那就是承认现实，接受现实，然后再选择一条新路。

如果你已经尽力了，但结果还是不理想，那就考虑变换一下环境。人挪活，树挪死，是有一定道理的。如果频频更换环境，还是不如意，那就得考虑彻底地改变一下自己。

遇到无法抗拒的现实时，首先要镇定自若，因为惊慌失措于事无补。然后要尽快地接受现实，不要抱怨，不要后悔，只有这样才能找到使现实损失最小、对未来最为有利的办法。

只要是能够生存的地方，就有生物；只要是能够较好生存的地方，就有人迹。

不幸和逆境会扼杀一批人，同时也会促使特殊的人才创造出独特的奇迹。特别恶劣的环境，呼唤着、也必然会产生特别伟大的人物来。

物竞天择，适者生存。在那些局外人看来不可思议的地方，人们却在默默地耕耘着生机。

面对险境，总会有人挺身而出。挺身而出的人自然认为值得这样做，挺身而出的人不论成败，都展现出了他的人生价值。

人的心理承受能力都是有限度的，这种限度就是内在素质与外在压力之差，当外在压力过大时，大部分人都有支撑不住的时候。

在极其艰难的情况下，几乎人人都会想到一了百了。然而那些最终没有自杀的人全都摆脱了困境，而那些已经自杀了的人却一个也没有再活过来。

面对最坏的情况，如果你不能用理智来对待，而是选择狂暴、责骂、哀伤、悲痛或惊恐，那实际上是在对自己实施慢性自杀。

任何事情都不会一帆风顺。一帆风顺对人也并非就是好事，经常在顺风中的人稍遇风浪就会不知所措，就会垂头丧气，甚至还会前功尽弃。

不断地进取，不断地向上，就会遇到困难，但是没有什么困难可以阻止人们向上；只要停滞，就会下滑，一旦走向没落，那就会灾难重重。

困难是成功的敌人，它总是在前进的途中等候你，如果你战胜不了它，就只能半途而废。如果事事半途而废，就将一事无成。

黎明之前，天空总是格外黑暗，但黑暗过后就是曙光；成功之前，事业总是格外艰难，艰难过后就是胜利。

要想成就一番事业，总会遇到重重阻力：有人制造谣言，有人冷嘲热讽，有人无情打击，有人推波助澜……对待这一切，有的人置之不理，继续走自己的路，终于成功了，于是贬斥变成赞扬，不利变为有利；有的人经受不住，开始怀疑自己，中途放弃了，于是贬斥变为先见，生存更加艰难。

越是困难越向前，越是难办越要办，越是歪风越要顶，越是钉子越要拔。于是困难让路了，难题解决了，歪风收敛了，障碍排除了，于是就胜利了、成功了，勇气就更大了，信心就更足了。

事在人为。困难需要人们去克服，问题需要人去解决。"山重水复疑无路，柳暗花明又一村。"有时看似身处绝境，但只要努力奋斗，就会峰回路转，如果止步不前，就不可能绝处逢生。

如果做事不顺利，可以暂时转移一下，做一些顺利的事，或者干脆暂停一段时间。在暂停中，不顺利的环境可能会改变；在做顺事时，也可能会启发出对付不顺的办法。

河面上不断地泛起美丽的浪花，水中一定有暗礁；事业上取得了突出的成就，前进中一定遇到过特殊的困难。

要自己内心加一点力量抵抗不如意的遭遇，而不要认为那不如意的事该先

被消灭。假如一个人够坚强，懂得怎样安排自己的生活，不受外力的左右，他自然而然就是一个支配环境的人。

中华民族的图腾是"龙"。龙，是我们老祖宗想象出来的。我们的祖先把各种动物的优点集中到龙身上，赋予龙以利剑般的眉毛，象征英武；虎一样的眼睛，象征威严；牛一样的双耳，象征宽厚；鹿一样的双角，象征长寿；蛇一样的身躯，象征灵活；鱼一样的鳞甲，象征坚固；鹰一样的利爪，象征锋锐之势如破竹……

（三）命运转化

不论你遇到多么大的不幸，不论你感到多么的无助，你一定要懂得，世界上有许多人境况不如你、比你还不幸。这时候，要学会比较思考：一个一贫如洗的人较之双目失明的人要强上百倍；一个肢体残疾的人较之失去生命的人要强上百倍。

机遇不会永存，幸运也不会终生相伴。得意时不可忘形，否则不幸就会来临；失意时不可丧志，否则就会更加不幸。

对于理智的人来讲，不幸也可能变成好事；对于糊涂的人而言，幸运也可能变成坏事。

幸运同时也伴随着烦恼，因为幸运而张狂还可能适得其反。更重要的是，人们的一切恶劣品质都可能在幸运时暴露出来。厄运同时也伴随着希望，面对厄运而坚韧不拔就可能发生转化。更重要的是，人们一切美好的品质都会在厄运中显现出来。

人不能靠侥幸。侥幸者，可以成一事，但不能事事成；可以一时成，但不能成一世。

勤奋是幸运之母，这是西班牙人的观点。人生第一要勤奋，不可虚度光阴；第二还是要勤奋，不要间断努力，这样更多的幸运才会主动光临。

幸运是一个最没有骨气的家伙。越是位高权重，它越是亲近，越是地位低下，它越是远离。

两个人同样做了错误的选择，一个人动作快而且失败了，另一个动作慢的人就是幸运。两个人同样选定一个目标，先行者会走弯路，后行者可以取直就是幸运。可见幸运并不总是看重那些敢想敢干、敢于开拓创新的人。

生活的烦心事一定有，如果没有，第一可能是因为你挺傻的，第二个可能就是你没有去好好地看世界。面临这么多不确定性，只要是有爱和同情的人其实都是忧国忧民的，但是我们自己要保持一个积极的心态，这个叫作镇定。

真正的不幸，会使任何智者都不能从中受益；只要还有人能够受益，那就不属于真正的不幸。

立志要高远，心胸要宽阔。志存高远的人很少会满足于当下的幸福和快乐。

心胸宽阔的人很少有痛苦和烦恼。志存高远但心胸狭隘者，注定了将会终生不幸。

谁都不会喜欢不幸，然而不幸却和人们终生相伴。所不同的是，对于有所作为的人，不幸会成为前进的阶梯；对于无所作为的人，不幸会成为后退的滑梯。

不幸是一种痛苦，在经过沉痛的反思之后，不幸就可能变成万幸。

为了能够承受来自四面八方的压力，物可以变成圆球体，人可以变得圆滑世故。世间万物唯有刺猬可以效仿，在十分危险的环境中，变成圆球以防不测；同时，圆外又到处是刺，可以适时适度反击，以利生存。

在实现目标的过程中，有时会遇到人人都束手无策的情况，这时有主见能统一大家的行动就是高明之举。没有办法的办法也是办法，大难临头，无策以对的人，事后没有评头品足的权利。对过去的事越高明的人越不高明，对应急的事卓有成效，对未来的事高瞻远瞩，才是智力超群的表现。

人们遇到的许多困难往往都包涵着人为的因素。困难像弹簧，在困难面前，你越是坚定，越是信心十足，困难就越会向后退；你越是急躁，越是摇摆不定，困难就越会冲你而来。只要你接受了最坏的结局，那就有了信心，有了转机，有了连你自己也意想不到的能力。

命运是强者开拓出来的人生轨迹，命运也是弱者聊以自慰的人生归因；命运是强者手中左右一切的权力，命运也是弱者脚下不断徘徊的道路。

命运是一个欺软怕硬的东西，对于不相信命运的强者，它会无可奈何地悄然离去；对于相信命运的弱者，它会气势汹汹地昂然走来。

命运是网，你冲不破它，你对它就毫无办法；你冲破了它，它对你就毫无作用。

命运是墙，你若能破壁，则前面无墙；你若不能破壁，则四面有墙。

命运是山，望而却步者，山重水复；勇于攀登者，柳暗花明。

命运是海，当巨轮驶过时，微波相送；当小船漂来时，巨浪相迎。

在偶然中寻找必然，就等于把握住了自己的命运；从必然中寻找偶然，就

等于把自己的命运交给了他人。

不承认环境条件的作用是不行的,不同的环境条件,会有不同的人生命运。不承认自身的作用更是不行的,相同的环境条件,人们会有不同的命运。据此,才可以说,人自己的命运掌握在自己手中。

谁能够有意识地调控自己的生活,谁就主宰了自己的命运;命运可以和你开玩笑,你却不可以和命运开玩笑;这样才能够主宰自己。

由自己决定的命运是坚实的,由他人塑造的命运是虚幻的。

一个不能征服命运的人,一定会被命运征服。

如果只是寻求心灵上的慰藉,你不妨相信命运;如果想要创造自己的命运,那就必须迫使自己的心灵升华。

命运是开拓者的伙伴,任何开拓新路的人,好的命运总是左右不离。

在命运面前,一些人倒下了,一些人退却了,然而仍然有人前赴后继,于是命运最终被征服了,于是才有了人间奇迹,于是才有了新生事物。

如果说命运是一只船,那么理想就是船上的帆;如果说命运是海上的孤舟,那么只有你自己才能充当舵手。

人们所以会相信命运,除了客观环境的不能把握之外,主观懒惰也是一个重要原因。因为只要相信了命运,那么就不必再追求,不必再奋斗,甚至于不必再动脑筋想问题,这只能老大徒伤悲。

帝王们相信命运,是因为他们乐于统治他人,认为这是天命所归;科学家不相信命运,所以,才走出辉煌的人生。

(四)机遇得失

机遇偏爱那些智慧和理性的人,成功偏爱那些勇敢和坚强的人。

机遇有必然性也有偶然性。一切必然性都是自身努力的结果,一切偶然性也要以自身的能力为载体。

机遇具有必然性,那是相对于具有不同目标、不同能力、不同韧性的人而言的;机遇具有偶然性,那是相对于同样锲而不舍,又具有同等造诣的人而言的。

机遇与风险并存。抓住了机遇同时也带来了风险,失去了机遇,同时也避免了风险。

不要总是埋怨外界环境,总感到自己怀才不遇。其实机遇如果有知,它也希望更多地展示自己。

机遇不是什么讲感情的东西，对于有所作为的人，它会主动与你交朋友；对于无所作为的人，它会对你不屑一顾。你今天有所作为，它会不肯离去；你明天无所作为，它会片刻不留。

机遇是无情的。它总是默默地走自己的路，它从不问哪些人是否跟了上来，它也从不管跟上来的人是多是少，是有是无。

幸运总是在同时敲响每个人的房门，只不过有的人听得见，有的人听不见罢了。那些听得见的，是心理上、能力上有足够准备的人；那些听不见的，是能力与机遇并不同步的人。

机会随时随地都有，但是它不一定选择你，它也不一定为你所需要。对待机遇最理智的态度，就是要做好一切准备，以等待对自己最为有利的时机。

同处危险境地，弱者只会恐惧，强者却会兴奋。因为只有这种特殊环境，才为强者创造出展示才能的机会。

历史转折关头，为创造者提供了难得的舞台。然而，并不是每一个志存高远的人都能有这种机遇。

机会是送上门来的，因为你是超越机会的人才；机会是争取到的，因为他人也有获得这种机会的能力；机会是寻找到的，因为此处没有机会不等于彼处也没有机会；机会是争取来的，因为此时没有机会彼时还会有机会。

机遇随时随地陪伴在每个人的身边，只不过有人看得见有人看不见，有人抓得住有人抓不住。

你是哪个层次的人才，就去捕捉哪个层次的机遇。如果通过不正当手段获得了本不该属于你的机遇，那也未必是好事，很可能是弊而不是利，是祸而不是福。

从忧患中找到机遇的人是智慧的人，从机遇中找到忧患的人是愚蠢的人。

面对特殊机遇，人们往往面临两难选择。选择对了，将惠及亲友；选择错了，将殃及子孙。

不要去涉猎自己力所不能及的领域，不管那个机会有多么难得。

人们在做一件事之前，总在寻找时机，却又往往认为没有机会，其实许多机会都在犹豫的瞬间失去了。人们开始做一件事之后，却不会放过任何一个可以利用的机会，使自己成功。前者是因为人们可以选择的机会太多，后者是因为人们再也没有了选择的余地。

创造时机强于等待时机，等待时机强于坐失良机。创造时机者是坚强的人，等待时机者是懦弱的人，坐失良机者是懒惰的人。

　　机遇对于不同等的人才是公平的，机遇对于同等的人才永远是不公平的。因此要想获得更大的机遇，唯一可行的办法，就是不断地提高自己的人才层次。

　　伟大的东西，只有在伟大的人手中才会变得伟大。

　　有人哀叹唯独自己没有机遇，其实谁面前会一次机遇也不曾光顾？又有谁能够不放过任何一次机遇？要想获得更多、更大的机遇，只能是努力地提高自己的人才层次。

　　在人生舞台上，角色安排未必合情合理，这就是人世间的不公平现象。小舞台上的演员优于大舞台，同台上的配角强于主角，这在生活中司空见惯。社会，要努力使不同层次的人才进入不同层级，要努力创造更多的舞台，使人人都有用武之地。个体，要无视社会不公，扮演好现任社会角色；也要正视社会不公，从而为自己创造出更好的表演机会。

　　机遇专门等待成熟的人才。然而在不成熟人才群体中，面对机遇知难而上者，许多人就变成了成熟的人才；而面对机遇知难而退者，却没有一个人会成熟起来。

　　一些人正是在不断的自我怀疑过程中，而不敢去大胆往前闯的时候，丧失了许多机遇。

　　人是需要机会的，错过了的机会也许还会再来，如果再来再错过，就可能再一再二不再三了。

　　善于观察时机，才能善于抓住时机。善于抓住时机，才能取得事业的成功。

　　错过难得的机遇固然可惜，但只要是善于提高自己，善于等待时机，那么更为适宜的机遇一定还会到来。

　　社会环境与自身素质的不平衡性是绝对的。当自身素质与社会环境相适应时，要乐观而不忧虑；当自身素质与社会环境不相适应时，要忧虑而不悲观。

　　事业的成功与机遇相关，机遇的获得与人才相关，人才的成长与勤奋相关。只有大勤奋才能成为大人才，只有大人才才能获得大机遇，只有大机遇才能成就大事业。

　　机遇是成功的条件，因为它可以提供相应的人生舞台；机遇也是成才的条件，因为它可以提供全新的实践范围。

　　人生最为可悲的并不在于有没有机遇，而在于人们不去利用现有的条件去创造争取更大机遇的条件。

　　愚者等待机会，智者造就机会。弱者坐失良机，强者制造时机。没有时机，这是弱者最好的说词。

世界上有许多做事有成的人，并不一定是因为他比你会做，而仅仅是因为他比你敢做。

（五）珍惜舞台

在平静的海中，鲸的显赫，鲨的凶猛，珊瑚的美丽，海藻的多姿，几乎没有给贝类留下什么舞台，但贝类也是大海的儿女。

人的需要是多方面的，人的本领也是多方面的，因此，社会就要多方面设置可供各式各样的人表演各式各样本领的舞台。

少年时代是立志的时候，少年壮志海阔天空。少年壮志不言愁，是因为少年不识愁滋味。多数都是人到中年才刚刚获得更大的表演舞台和更多的表演机会。

人生的舞台有大有小，只有在小舞台上做出出色表演的人，才可能有在大舞台上表演的机会。

大舞台是舞台，小舞台是舞台，摆地摊也是舞台。占据大舞台的人不要想去拆小舞台，占据舞台的人不要去砸人家的地摊。不要因为你不知道饥饿是何种感受，就去砸他人用来讨饭的碗。

在社会舞台上，每个人都在充任一定的角色，而且每个人都应该出于自己的缘故，由配角到主角，由小舞台到大舞台，不必为社会舞台上的丑角伤神，更不能去充当生活中的丑角。

人生舞台有不同于戏剧舞台的地方。在戏剧舞台上，有生角、旦角、净角、末角、丑角，其中最受欢迎的当属丑角。在人生舞台上有主角、配角，其中最受欢迎的应是主角。人生在世可以充任主角，也可以充任配角。但是，千万不要充当生活中的丑角，如此才会有平安的人生。

人生是一个故事，人生也像是一场戏，人生这场戏同舞台上的戏有一样的地方。要假戏真唱，冷戏热唱，切不可真戏假唱，热戏冷唱，如此才会有快乐的人生。

在人生舞台上，人人都会做出充分的表演。真诚的人帮人，善良的人救人，丑恶的人害人，奸诈的人整人。

在人生舞台上，要经常想想自己的不足，切莫专看他人的短处。要求他人行为高尚，不如迫使自己加强修养。

如果说人生是一场戏，那么也会有闹剧、喜剧、悲剧。

人不应该具有双重人格，但却应该具有双重身份。当你充任某种角色时，你是社会人，你必须把自己融入角色之中，你就应该是角色，而不再是你自己；当你离开角色时，你是自然人，你必须把自己同角色分开，你是你自己，而不再是某个角色。

人的一生会遇到各式各样的舞台，可以做出各种各样的表演。表演出色者，由配角到主角，由小舞台到大舞台；表演一般者，尚可以维持一个角色；表演失败者就有可能被赶下台来。

在社会生活中，任何人都不可能做旁观者。所不同的是，不同的人扮演相同的角色，有时却会有完全不同的结果。

后台不是戏，但准备却在后台；台外没有戏，但功夫却在台外。

对于人生舞台，人生角色，要能够做到身在戏中，人在戏外，这才能达到较高的人生境界。

如果你是一个最好的演员，那么任谁都无法让你下台；如果你是一个拙劣的演员，即使有人把你留在台上，观众也会喝倒彩。

社会赋予你一个什么样的环境和舞台，有时候是你所始料不及的。但是在一定的环境条件下，不同的人却可以做出不同的表演，并收到不同的效果。仅就这一点而言，这是我们生存的权力。

要珍惜任何一次表演机会，要对观众负责，欺骗观众就是在自掘坟墓。

要珍惜每一次表演机会，表演有一次失败，可能以后就没有表演机会了。

"无巧不成书。"在戏剧舞台上，没有误会就没有兴致；在人生舞台上，误会却只会增添烦恼。

不怕没人用，就怕人没用。只要有真才实学，只要是身怀绝技，总会有供你表演的舞台。如果是头脑空空、两手空空，那就只好空空而来、空空而去了。

舞台也好，擂台也好，总有人上台，有人下台，有人争台，有人让台，有人拆台，有人补台。

舞台是武生的擂台，擂台是武士的舞台。武生手中的刀枪令人眼花缭乱，那是艺术；武士手中的刀枪却格外凝重沉稳，那是实战。虽然说艺术中有实战，实战中有艺术，假如令武生打擂台，令武士登舞台，其结局都是可想而知的。

舞台不同于擂台，舞台上可以耍花架子，擂台上动的是真刀真剑；舞台上胜败来自人心，擂台上胜负来自实力；舞台上可以众人共同表演，擂台上除了挑战者和擂主，其他人都得下台。因此在舞台上表演的人，要有擂台上的真功夫才能问心无愧。

四、人际关系

(一) 交往

人的任何交往行为都是一种希望得到回报的投资。以物质投入来交往者，希望得到更大的利；以精神投入来交往者，希望得到更大的名；以感情投入来交往者，希望得到更大的情。

在现实世界里，如果得不到他人的肯定，人们就会去寻找另外一个自我被肯定的世界，这也是人性之一。

再见，多是分手时的客套话；真心希望再见，那是对现实的留恋；真正能够再见，则是对现实留恋的延续。

只要想一想我们每时每刻都生活在人群之中，就可以懂得，人际交往能力和人际交往状况该是何等的重要。

诙谐、幽默、没有架子，自然平易近人；善于心理换位、富于同情心，自然豁达大度；公道正派、心无私弊，自然平等待人。

任何人都不要自卑，都不要觉得己不如人。其实，人际交往都是同品格、同层次的人与人之间的交流，选择与自己相适应的群体，投入其中，自有其乐。

人生活在世界上，不能与他人和睦相处，就将无法生存；不能得到多数人的拥护，就将无法成就事业。

希望得到他人的保护，那就必然为保护者所控制；不希望被他人控制，也就不易得到他人的保护。

没有谁不需要他人保护，也没有谁不被他人控制，只是保护和控制都不要失去做人的尊严。

与他人合作共事，要讲真话，讲实话，不可以讲过头的话，更不可以传递错误乃至虚假的信息。

要想和他人和睦相处，自己首先要学会和谐生存。

和一些人交往，你会感到一次比一次更深邃；而和另一些人交往，你会感到一次比一次更浅薄。

你对他人记忆深刻，他人对你也会过目难忘。

人与人的交往总是通过事件实现的，一个人对他人可能施德，可能施威，

也可能施害。你对他人赞赏的语言,你对他人伤害的语言,你对他人启迪的语言,都将深藏在他人的记忆之中。

交往与交友的本质区别在于利益,人们所有的交往都和利益有关,而人类所有真正的朋友都同私利无关。

交通、通讯工具的发达,使地球变小了,远在天涯,却如近在咫尺;利益关系的紧张,使人际关系淡漠了,近在咫尺,却感觉远在天涯。

有的人人见人爱,讨人喜欢;有的人要想叫人喜欢,还真得下一番功夫。

只有使他人觉得开心,你才会被接纳;如果只想自己快乐,你就会被疏远。

一个不喜欢任何人的人,可能是狂傲的人,可能是恶劣的人,也可能是心灵创伤太重的人。

人际交往也要讲求质量,并不是交往的人越多越好。由于人生有限,所以谁都不能够无限交往。

从物质运动的规律来看,今天的任何事物,都将它日不再。所以,要倍加珍惜今天,倍加珍惜今天的缘分。

路人尚且是一种缘分,何况是同学、同事、同志乃至夫妻,要珍惜任何一段人生经历。

有些人可以信任又可以交往,有些人只可以欣赏但不可以交往。因为前者表里如一,后者却表里不一。

不可以我行我素,一定要入乡随俗。

罗杰斯倡导的"沟通三要素"——同感共情:换位思维、感同身受;无条件接纳:赏识、肯定、理解、支持;态度一致:实话实说,不开空头支票。

只要是不伤及他人,那么任何人的任何行为方式都无可非议。

假如你自己有一整套独特的人际交往方式,那就走自己的路,当然在自己感到困难的某些方面,也不妨请教他人。

商场上大多不讲交情,交情大多不存在于商场。

有的人爱喝酒,是因为有酒瘾,这种人喝酒时喜欢自斟自饮。多数人喝酒并不是为了酒,而是喜欢众人在一起喝酒时的气氛。

在人际交往中,嬉皮笑脸不好,板着面孔也不好;慌慌张张不好,沉沉闷闷也不好。要大大方方待人,要不卑不亢处事。

记住一个人,等于尊重他人;记住一个人的名字,等于告诉对方他在你心中的地位;记住一个人的故事,说明对方在你的心中非同一般。

你尊敬他人,他人也会尊敬你;你不尊敬他人,他人也不会尊敬你。

尊重是一种相互的行为，即使是上下级之间、父子之间，也是如此。

尊重是一种力量，尤其是对于有极强荣誉感和极度自卑感的人更是如此。

尊重值得尊重的人，是一种真善；尊重不值得尊重的人，是一种伪善。

不论你是什么人，在人际交往中，都不可以肆无忌惮，都不可以旁若无人。

随着社会经济的发展，商人和文人、画家应该建立更加融洽的关系。文人不要清高，因为自己是文人而看不起商人；商人也不能认为文人都是穷酸人。文人和商人最好的结合，就是文人能够懂得市场，商人能够使自己成为儒商，这样社会就变得和谐，变得更加融洽。

要容忍他人的短处才能与人相处，就像自身的长处与短处可以和平共处一样。

人与人之间关系的基础是平等的，离开这一点就会产生不良后果。

只要不是致命的短处，就没有必要去提醒他人，即使是致命的短处，也要善意相劝。

要站有站相，坐有坐相。这种庄重仪态既是社交的需要，也是良好内在素质的外在表现。

要风度翩翩、彬彬有礼，这样才能减少交往的困难，才能扩大交往的层面。

没有礼貌就不会有良好的人际关系。有些人深得众人的拥护并非出于超群的能力，而是来自举止友善。

一个从小没有受到过很好的规矩教育的人，是不会约束自己的，当然也就很难约束他人。一个从小没有受到过很好的礼貌教育的人，自己不会懂得礼貌，对他人也很难有礼貌。一个从小自由散漫的人，长大之后很难养成遵守纪律的习惯。

因为太过于普遍，太过于常用，所以人们对相互称谓并不太在意，其实它是人际交往中至关重要的内容。在所有的交际用语中，称谓至关重要。

尊重和信任是友谊的基础，轻蔑和藐视是友谊的毒剂。

友谊如同美酒，时间越久越甘醇、越珍贵。

人世间爱与恨，光明与黑暗都是永远并存的。你选择了爱，选择了光明，就选择了友谊；你选择了恨，选择了黑暗，也就选择了孤独。

财富不仅不是友谊，它往往还是友谊的阻力。

因为孤独而感到需要友谊和因为缺少友谊而感到孤独，从不同侧面告诉了人们友谊的可贵。

比礼物更珍贵的是临别赠言，一句好话可以让他人终生记起你，并终生记

住你的友谊。

真正的友谊与权力无缘，它是正直无私和真诚友善的产物。

任何友谊都是建立在平等基础之上的。同年龄、同层次、同智力的人们之间的交往如此，不同年龄、不同层次、不同智力的人们之间的交往也如此。

因为友谊，就去破坏规矩不好；因为规矩，就去伤害友谊也不好。处理这对矛盾时，既要讲原则性，又要有灵活性。

不论处理什么问题，技巧都是末，人格才是本。一个极其自私的人，一个严重以自我为中心的人，一个总认为谁都欠他账的人，不仅不会有友谊，也不会有幸福和快乐。

为了私利，他人会戴上假面具，并向你伸出热情之手。

以包庇、纵容、奉承、吹捧、花言巧语为媒介者，或者是邪佞的友谊，或者是把友谊引向邪佞。

为了私利而结交，那不是友谊而是交易。

人生就是一个苏醒的过程，这一刻迷离的面目，下一刻就会清晰；这一刻不能宽恕的人，下一刻就会原谅；这一刻不能接受的事实，下一刻就能够理解。我们不断消除着自我的狭隘、偏激和片面，一点点苏醒着，活到老，并一直醒悟到老。

像朋友的人，其实不是朋友；是朋友的人，当然也不像朋友；越像就越不是，越是就越不像。

人与人之间都会交往，在泛泛的交往中，比较密切者就是朋友。人与人之间所以会交往密切，那是因为志同道合。

以个人主义为圆心，以个人利益为半径，那么就永远跳不出自我的小圈子。谁陷入这个圈子当中，都是一种不幸，因为在这个圈子里，永远也找不到朋友。

你要想保持长久的友谊，就要努力使你的朋友胜过你。如果你胜过了你的朋友，又不想失去这份友谊，那就要保持自身低调的待友风格。

真诚和理智是友谊的双翼，没有真诚就交不到朋友，没有理智就交不到好朋友。

以真诚为前提，以品德为基础的友谊才是可贵的，只有对这样的朋友始终不渝，才会为世人所称道。

朋友之间，性格可以互补，人格不能互补。

如果你的朋友都是些高尚的人，你不会卑劣；如果你的朋友都是些卑劣的人，你不会高尚。

一个智者朋友，胜过一群愚昧的伙伴。

面前送大礼、背后居心不良的朋友无疑于身后的刺客。

忠诚是友谊的灵魂，信任是友谊的核心。

社会生活中总有群体存在，尤其是情感、志向相近的非正式群体。每个人都要结交朋友，这个朋友圈子就是非正式群体。

交友是一种对等的行为。布衣之交是平民身份的对等，莫逆之交是情感投入的对等，刎颈之交是生命归宿的对等，肺腑之交是语言交流的对等，金石之交是交往身份的对等，金兰之交是男女性别的对等。此外，像不计身份的杵臼之交，不计年龄的忘年之交，不拘形迹的忘形之交，不分贵贱的车笠之交都是友谊的对等。不论什么形式的交友，都应该是道义对等的君子之交，否则就不会是真正的朋友。

在朋友之间，如果一方对另一方居高临下，那么友谊就不会持久。

与人交往要坦诚相待，精诚所至就不会缺少朋友和知己。

真正的了解才会有真正的朋友，真正的忠诚才会有真正的友谊。

只有心地善良正直的人才配做朋友，只有心地善良正直的人才会有更多的朋友。

在正义的基础上，才会有朋友间的侠肝义胆；在邪恶的基础上，只会有小人的狼狈为奸。

没有忠实朋友的人是可怜的人，交上狡诈朋友的人更是可怜的人。

积极心理学最核心的概念就是"别人很重要"。心理学和其他学科最大的不同，是讲别人：如何去关心别人，如何去照顾别人，如何去影响别人，如何去促成别人的成功。

朋友不是上天赐予的，朋友是自己选择的。所以选择的能力和选择的结果至关重要。

玫瑰之所以为人所喜爱，是因为美丽；玫瑰之所以带刺，是在寻找真正喜爱它的人。

在人世间具有相同的理想、志向、情趣的人会结合在一起。具有相同的苦恼、怨恨乃至恐惧的人也会结合在一起。只不过后者的结合太过于脆弱罢了。

在权力之下聚集的是食客，在利益之上聚集的是乞丐，他们都不属于朋友的范畴。

选择一个德行很差的人做你的朋友或敌人，都将是终生的不幸。

当你发现已经和坏人交上了朋友，那么就要设法逐渐远离他，否则难免身

受其害。

有多少朋友就可以分享到多少倍的欢乐,有多少朋友就可以化解掉多少分的忧愁。

交上一个好朋友,会使你增长十倍的力量。

诤友不仅是益友,而且是良师,他能使你不偏离人间正道。如果是狐朋狗友,那就不存在偏离,因为他们本来就没有正道。

如果说人生像五光十色的彩虹,如果说生活像五彩缤纷的万花筒,那么友谊就是人生和生活的色彩。离开了友谊,人生会变得黯淡无光,生活会变得枯燥无味。

当一个人需要把内心的幸福告诉他人时,首选目标往往是家人。当一个人需要把内心的痛苦告诉他人时,首选目标往往是朋友。

人与人有情投意合,兽与兽有耳鬓厮磨。没有朋友的人就像笼子里的个体动物,连野兽的情趣也体会不到。

礼貌对于朋友或者夫妻都至关重要。认为亲密、亲近就不需要礼貌,那是人们的一种误解。

当人们感到万分喜悦的时候,一定希望有更多的朋友与之分享;当人们感到极其悲痛的时候,一定想找一个知音一吐为快。事实上,有些困难在他人的帮助下很容易克服,但是在孤立无援的情况下就可能山穷水尽。

一定要经常和朋友们倾述心曲,当你知道所有人都有痛苦时,就不会感到只有自己倒霉了。

朋友之间也需要理解和谅解。只有当相互之间了如指掌,还能够相互敬慕时,才能称得上真正的朋友。

朋友之间也会有分歧或误解,分歧可以共存,误解则必须消除,否则就等于你自动放弃了友谊。

朋友之间的正直,就是要能够互谏,就是要能够开展批评。见到对方致命的缺点也不指出来的人,不能算作真正的朋友。反之,真正的朋友决不会因为批评而反目成仇。

"远亲不如近邻,近邻不如对门",是说近距离便于交往和照应,也是说亲戚在于走动,朋友在于交往,在走动和交往中感情才能够持久。

有相逢必有别离,但只要是两颗心贴在一起,就会如影相随。

因为相聚之后就是别离,所以相聚时待人要亲切,处事要诚恳。因为别离之后也许还会相聚,所以分别后要珍惜友谊、珍重身体。

生离死别是人世间最痛苦的事，也是经常发生的事。因此在朋友们握手言别的时候，要互道一声珍重，今日的互道珍重是为了它日再相逢。

长久的中断之后，还能念念不忘的，就是很难得的挚友。其余的人，经过长久的分离，情感就会逐渐淡漠了。

（二）为人

他人有他人的特点，你有你的独到之处。你不要去模仿他人，他人也不应该模仿你，因为你就是你，你不是任何人。

在人格上要看重自己，在人际交往上要看轻自己；有关人格的事一定要自重，无关人格的小事一般要顺应。

从某种角度上看，人的行为几乎都是为了满足他人利益而发生的。种田的人并不完全是为了自己吃饭，制衣的人并不仅仅是为了自己穿衣，建房的人并不只是为了自己住宿。

一个纯粹的人，是人人都需要的人，但不一定是人人都欣赏的人；一个忠诚的人，是人人都推崇的人，但不一定是人人都效仿的人。

不要记起自己曾经给予他人的益处，不要忘记他人曾经给予自己的好处，更不要忘记自己曾经也有过他人现在正在面对的难处。

如果你低估了对方的实力，那是没有知人之智；如果你过分地以自我为中心，那是没有自知之明。

请求他人帮助会使他人产生自重感，请求者的社会地位越高，被请求者的自重感越强。

在日常生活中，人与人之间难免磕磕碰碰，他人有对不起你的时候，你也有对不起他人的时候。要想不断地提高自己的精神境界，就要对那些对不起自己的事不要太在意，而对那些对不起他人的事却要牢记在心。

对待自己要用自己的观念来看待，对待他人要用他人的观念来看待，因为他人不是你，你也不是他人。

如果你只会无休止地唠叨抱怨，那么他人就会疏远你，自己也会感到痛苦；如果你变成一个快乐的人，那么他人就会接近你，自己也会受到尊重。

当你不得不拒绝他人的求助时，一定要向他人说明理由，并要努力帮助他人找到替代办法，以求两全其美。

你不希望他人那样待你，你就不要那样待人；你希望他人怎样待你，你就

应该怎样待人。

不可以以自我为中心，只有与人为善，自己才不会孤立。不仅要了解并体谅自己，更要了解并体谅他人。

生活中不乏这样的事例，因为有一技之长，于是就拿人一把。其实有相同技能的人绝不止一个，即使他人比你要差一些，但是同样可以胜任。为此，当他人认可你的长处并且求到你的时候，千万不可拒之门外。你拒绝了对方，对方还可以去求他人，事情照样做了，而你却失去了一位信任者，推而论之，你的长处又到何处去发挥呢？

我行也让你行，这是高尚的人；你行我也要行，这是有志气的人；我行你不能行，这是自私的人；我不行你也别想行，这是嫉妒的人。

忘我的人，不会被人遗忘；无我的人，别人心中有他。

忘我并非就是无我，忘我是要忘掉以我为中心的思想和处事态度，忘我是要忘掉自我这个小我，而着眼于群体和社会这个大我。

心底无私天地宽，心之宽广在于无私。只有无私才能进入忘我的境界，只有无私才能坦然面对一切不利于自己的行为。

超越时空，超越过去、现在、未来，超越此地、彼地，也就超越了自我。

要把握对方的心理，尽量地满足对方的心理需求，但行为一定要真诚，而不能虚伪。

要想改变对方对自己的不利行为，要从满足对方的正当利益出发才能达到目的。

首先要研究他人的需要，然后设法满足他人的需要，他人也就会满足你的需要。

对于顾客，符合他需要的东西，他就会买下来。如果是他根本不需要的东西，不要说叫他买，你就是白送给他，他也不一定要。

如果你的目的恰巧符合他人的需要，他人就会全力地支持你的事业。人人为我是一种客观存在，且具有规律性质。我为人人是社会的一种教育、一种倡导，也是个人的一种风格、一种品质。

人人最关心的大都是他自己的事。尤其是那些小事情，摊上了的人会耿耿于怀，而其他人对这件事或者一转身就忘掉了，或者根本就没有记起过。

人的任何社会性行为，都涉及他人利益，在这些行为发生时，一定要想想他人的利益是不是受到了伤害，做到这一点，你就是一个高尚的人。

大多数人关心自己的程度都高于关心他人，为此，洪水的威胁大不过"非典"的威胁。

如果你和他人的关系紧张，那么首先要转变的是自己的思想，而不要总是试图改变他人的行为。

不要用自己的标准去衡量他人，也不要用自己的思想去理解他人。

让他人以自己的好恶为转移，无异于勉强自己去迎合他人的好恶。

不喜欢任何人的人一定是一个不幸的人，因为任何人也不会喜欢他。

人生活在群体之中，人与人总要打交道，人与人也总会分手，为了让未来对今天的回忆更加美好，就应该在相处时少留下一点遗憾。

当一个人处境孤独的时候，不论来自什么人的关怀，都会令他没齿难忘。

那些生存环境好的人，要对那些生存环境差的人抱有同情心，因为生存环境在很大程度上并不是自为的结果。

同情、宽恕、慈悲、善举等，都是以不平等的形式来寻求平等的慰藉。同情是强者对弱者的行为，宽恕是受害者对施害者的行为，慈悲是长者对幼者的行为，善举是富有者对贫穷者的行为。

是人就要有人味，人味就是人情味。在人际交往中热情、真诚地替对方着想是人情味的集中表现。

真正的狼是不会有人去救的，然而狼要是披上羊皮，那就另当别论了。

东郭先生对狼的本性没有认识，这是他愚蠢的一面；同时，他也过高地估计了自己的能力，这是他可怜的一面，这也正是他不值得同情之所在。

与人为善，却不能与狼为善。为此，东郭先生和狼的故事，才流传至今，并且还会继续流传下去。

你如果只想着他人的好处，而不是专门盯着他人的错处，那么他人能不喜欢你吗？

一个人在人们心中的地位取决于他的人品和热忱，没有人格的人不会有人信任，没有热忱的人不会受人欢迎。

你自己有信心，才会信任他人，假如你所信任的人值得信任，那么你会更有信心。

一个人如果自己所要做的每一件事，都能够以让他人快乐为出发点，那就不会不受欢迎。

一个真心关爱他人的人，也会真诚地接受他人的关爱，并从中获得自身的依靠力量。

一个乐于助人且和他人相处融洽的人，可以激发人们对他的友爱和感激之

情,而他获得的这种内心的温暖又可以化解自身常有的内心焦虑。

一个心怀恶意、损人利己、与人相处极不融洽、甚至违法犯罪的人,其精神压力会源源不断。

"减米散同舟,路难思共济",在他人遇到困难的时候,一定要给予帮助。许多人的行为却正好与此相反。为此,有权有势者接受了过多的礼物,生活窘迫者却无人问津。殊不知帮助急需者,人家会铭记在心;给予不需要者,无异于画蛇添足。

理解是光明的通道,是情感的桥梁,是幸福的基石;理解是坦诚的象征,是信任的产物,是热爱的别名。

愉快的交谈就像一条小溪,清澈见底又自由流淌。

与人交谈要因人而异。政治家喜欢听结论性意见,思想家喜欢听独创性意见,老太太喜欢听故事性描述。

与人交谈时,只有讲他人感兴趣的话,而不是讲你自己感兴趣的话,才能引发他人与你谈话的兴趣。

有些谈话可以直截了当,有些谈话则必须迂回,尤其是当对方对你十分戒备的时候。

与人交谈,不一定说得多就好。对于你所不熟悉的领域,不妨真诚地静听,并不断地发问,这也是一种十分有效的谈话方式。

人人都希望引起他人的注意。为此,与人交谈时要多听少说。实际上,学会听他人讲话,比学会对他人讲话还要难。

当你对某项谈话内容十分熟悉时,既不要打断他人的谈话,也不要纠正他人的错误,只是偶尔插上一句高深的见解就足够了。

对于他人兴趣不减的话题,不要随意叉开,尤其是不要千方百计地把话题引到只有你才熟悉的领域。那样可能不是在谈话,而是在演说,那样也可能是在告诉他人,除此之外,本人一无所知。

含而不露未必就是高深,故弄玄虚也未必能使他人疑惑。最高超的谈话本领是用朴素简洁的语言,说清深奥的道理。

对他人的见解要表示尊重,对他人的不正确意见要委婉地指出,千万不要直接地否定对方。

打断他人的谈话之所以十分讨厌,在于你为了自己的自重,而剥夺了他人的自尊。

不可以提出测试性的问题,不可以连续发问,当对方觉得你是在考察他时,谈话就无法进行下去了。

不要只谈论你所关心的事，不要东拉西扯、漫无边际，不要与人争论，这是与人谈话成功的关键。

轻率地回答问题会显得你无知，漫不经心的态度会显示出你对他人的轻视。

谈话中不要攻击未在场的人，你攻击的人如果是对方的朋友，会引起对方的反感；你攻击的人如果是对方的敌人，你就会成为可被对方利用的武器。

（三）辩论

即使你完全是对的，也不应该采取正面冲突的形式取胜。因为世间常有认识上的不同，于是就产生了辩论。辩论仍然是各说各的理，通过辩论一方压倒另一方的事从来都没有发生过。

古往今来大的辩论，一直争论不休，也还将争论下去。辩论的目的，与其说是为了战胜对方，倒不如说是为了争取听众。所以当辩论双方没有听众时，那么辩论的唯一目的就是伤害对方。

两个人争辩的结果，你败了会感到难堪；如果你胜了，他人也会感到难堪。所以争辩的结果不是伤了自己，就是伤了他人。

人与人吵架都希望自己的话更多、声更响、调更高，从而造成一种气势压倒对方。其实有理不在言多，有理也不在声高，人对人的威慑力量在于理。

对他人轻蔑，有时是自认为自己过于强大；对他人轻蔑，有时也是自认为自己过于渺小。

有的时候，他人最为奉承你的地方，往往是你最无优势的地方；他人最为贬低你的地方，往往是你最为优秀的地方。

面对诽谤和攻击，如果你心里感到滑稽可笑，脸上又能布满笑容，那么攻击者就会无地自容。

不要太过于看重来自他人的伤害，你越是看重，他人越会变本加厉；你若是置之不理，他人反倒会偃旗息鼓。

太在乎他人的攻击，反倒扩大了他人的影响，助长了他人的气焰；如果你根本不在乎，各种攻击反倒会自消自灭。

多疑，不仅会葬送友谊，而且会制造敌人。疑心特重的人，不会有真正的朋友，却会有真正的敌人。

不是说怀疑就不好，由他人对自己的伤害所引起的怀疑是正当的，由他人

对自己的欺骗所引起的怀疑也是正当的。然而经常地毫无根据地疑神疑鬼,却是心胸狭窄和心理不健康的表现。

"谁人人前不说人,谁人背后无人说。"对于他人,还是不背后议论为好;对于他人的背后议论,还是不要往心里去为好。

不要养成背后议论人的习惯。在非议论不可的情况下,也要实事求是,也要一分为二,也要多讲他人的长处和好处。一个人如果能够做到在背地里讲的话都可以摆到明处,那他就接近于伟大了。

谣言也是一种欺软怕硬的东西。面对弱者,谣言四起;面对败者,谣言肆虐;面对强者,谣言顿失;面对智者,谣言消止。

对于谣言,对于诽谤,最好的应对办法就是置之不理,就像根本没有发生过这种事一样。

对于流言蜚语,只有涉及到的人才会产生心理压力,而无关的人其实只是听听而已。

诬告、诬陷都来自于诬。诬言即巫人之言,巫人之言即空穴来风。巫人之言虽属无稽之谈,但却有害人之功能,故不可不防,不可不除,又不可为之所害。

发牢骚的本意是争取他人的同情,但是所有发牢骚的人都只能是被他人轻蔑。

爱发牢骚的人胸中有一股怨气,或者是对工作不满,或者是对生活不满,或者是对上司不满,或者是对同事不满。不满的结果,只能招来更多更大的怨恨。

你责怪别人的同时,既伤害了别人的自尊心,也伤害了别人对你的感情。

来自他人善意的批评,有助于提高你的素养;来自他人恶意的攻击,有助于抬高你的身价。

过多的恩惠,过密的交往,过深的影响,过重的伤害,都会使人难以忘却。

以眼还眼,以牙还牙,会使仇恨加深。以爱止恨,以德报怨,会使仇恨化解。

只要能设身处地地替他人着想,想想他人的难处,想想他人对自己的好处,许多矛盾就会自动化解。

挖苦人、讽刺人都不是解决问题的办法,只有感激人才可以化解矛盾。然而感激也必须真诚,否则就会变成变相的讽刺。

携起手来,共同走完人生历程。在人生旅途中,对落伍者要拉一把,对软弱者要扶一把,对误入歧途者要拽一把。与此同时,也要把不愿意做人的"鬼"送入"地狱",还要把为人楷模的"神"送进"天堂"。

不要念念不忘你对他人的恩德,哪怕是大恩大德,因为它会因为你的不断表白而不断减少。

假如你自己有一个平和的心境，那么仇恨你的人就无机可乘；假如你自己心怀怨恨，那么就直接帮助了仇恨你的人。

你如果想得到一个终身仇恨自己的敌人，你只要在言词上尖酸刻薄就可以达到目的。

对抗往往会使人变得神经质，变得刻薄，变得更加不幸。

任何自残行为，都不能对他人构成报复，而真正遭受损失的还是自己。

指责、责骂，必然招来怨恨乃至报复。如果遭到反击之后，不再指责、责骂，也算是一种进步；如果在没有遭到反击之前，就能和睦待人，岂不更好？

"君子报仇，十年不晚"，很有道理。人生并不是为了报仇活着的，何况君子？急于报仇，可能迅速地毁掉他人，同时也迅速地毁掉自己。十年之后，为君子者仍然怀恨在心，恐怕就不是君子了。其实能过得去的事情就让它过去，人为什么活着都比为怀着仇恨活着要好。

以德报怨是处世之本，以德服人是治世之本。怨恨来自于对自身利益的侵犯。如果以牙还牙，怨恨会越积越深；如果以德报怨，一般人都会因心存感激而化解矛盾。当然此类哲学在不能称之为"人"的人身上是毫无意义的。

不要同他人过不去，那样会增添烦恼；不要同自己过不去，那样会无法生存。

要容忍他人因过失对自己的伤害，也要容忍自己因过失对自己的伤害，否则就会带来更大的痛苦和不幸。

如果你是对的，那么就不要去攻击你的对手，并且还要尽量地去援救他们，使他们也能有一个光明正大的人生。

报复行为往往出于丧失自身利益后的恼怒。殊不知，报复的结果将使自己失去更多的利益。

参考书目

1. 习近平. 之江新语. 杭州：浙江人民出版社，2007.
2. 习近平. 干在实处走在前列. 北京：中共中央党校出版社，2013.
3. 习近平. 摆脱贫困. 福州：福建人民出版社，2014.
4. 习近平. 习近平谈治国理政. 北京：外文出版社，2014.
5. 习近平总书记系列讲话精神学习读本. 北京：中共中央党校出版社，2013.
6. 习近平关于党风廉政建设和反腐败斗争论述摘编. 北京：中央文献出版社. 北京：中国方正出版社，2015.
7. 人民日报评论部. 习近平用典. 北京：人民日报出版社，2015.
8. 《培育和践行社会主义核心价值观》编委会. 培育和践行社会主义核心价值观. 北京：人民出版社，2014.
9. 杨伯峻. 论语译注. 北京：中华书局，2012.
10. [美] 理查德·格里格，[美] 菲利普·津巴多. 心理学与生活（中文版第16版）. 王垒，王甦，周晓林等译. 北京：人民邮电出版社，2003.
11. 柏杨. 丑陋的中国人. 北京：人民文学出版社，2008.
12. 林语堂. 吾国与吾民. 长沙：湖南文艺出版社，2012.
13. 柏杨. 中国人史纲. 北京：人民文学出版社，2011.
14. [美] 斯蒂芬·P. 罗宾斯，[美] 玛丽·库尔特. 管理学（第11版）. 李原，孙健敏，黄小勇等译. 孙健敏 校. 北京：中国人民大学出版社，2012.
15. [美] 斯蒂芬·P. 罗宾斯，[美] 蒂莫西·A. 贾奇. 组织行为学（第14版）. 孙健敏，李原，黄小勇等译. 北京：中国人民大学出版社，2012.
16. [美] 曼昆. 经济学原理. 梁小民，梁砾 译. 北京：北京大学出版社，2012.
17. 傅佩荣. 哲学与人生（第2版）. 北京：东方出版社，2012.
18. 梁漱溟. 中国文化要义. 上海：上海人民出版社，2011.
19. 冯友兰. 中国哲学简史. 北京：北京大学出版社，2013.
20. 费孝通. 乡土中国. 北京：人民出版社，2008.
21. [英] 伯特·罗素. 西方哲学简史. 文利 译. 西安：陕西师范大学出版社，2010.

22. [美]卡耐基.人性的弱点.陶曚 译.天津：天津人民出版社，2014.

23. [美]卡耐基等.羊皮卷.胡宝林编译.北京：华文出版社，2009.

24. [美]哈伯德等.致加西亚的信.文昊编译.北京：中国商业出版社，2014.

25. [美]史蒂芬·柯维.高效能人士的七个习惯.高新勇，王亦兵，葛雪蕾 译.北京：中国青年出版社，2015.

26. [美]克里斯托弗·彼得森.积极心理学.徐红 译.北京：群言出版社，2010.

27. [美]路桑斯.心理资本.李超平 译.北京：中国轻工业出版社，2008.

28. [英]理查德·莱亚德.幸福的社会.侯洋 译.杭州：浙江人民出版社，2015.

29. 时勘.员工援助师.北京：中国劳动社会保障出版社，2012.

30. [荷]Wilmar Schaufeli，[中]时勘，[荷]Pieternel Dijkstra.工作投入心理奥秘：活力专注奉献.北京：机械工业出版社，2014.

31. 涂子沛.大数据.南宁：广西师范大学出版社，2013.

32. 陈英和.认知发展心理学.北京：北京师范大学出版社，2013.

33. [美]阿尔伯特·班杜拉.社会学习理论.郭本禹 编.陈欣银，李伯黍 译.北京：中国人民大学出版社，2015.

34. 俞国良.社会心理学.北京：北京师范大学出版社，2010.

35. 许燕.人格心理学.北京：北京师范大学出版社，2009.

36. 杨中芳.如何研究中国人.重庆：重庆大学出版社，2009.

37. 王道俊，郭文安.教育学.北京：人民教育出版社，2009.

38. 刘瑜.观念的水位.杭州：凤凰出版传媒集团，2014.

39. 刘瑜.民主的细节：当代美国政治观察随笔（修订版）.上海：上海三联书店，2011.

40. 钱穆.中国历代政治得失（第3版）.北京：生活·读书·新知三联书店，2012.

41. 黄仁宇.中国大历史.北京：生活·读书·新知三联书店，2014.

42.《朱镕基答记者问》编辑组.朱镕基答记者问.北京：人民出版社，2009.

43. 傅高义.邓小平时代.上海：上海三联书店，2013.

44. 许俊.中国人的精气神：社会主义核心价值观国民读本.北京：人民出版社，2014.

45. 李华民，李惊殊.旋转的陀螺.长春：吉林人民出版社，2004.